Kaj-Gunnar Sievert

Kommandounternehmen

Verdeckter Zugriff – Special Forces im Einsatz

Kaj-Gunnar Sievert

Kommandounternehmen

Verdeckter Zugriff – Special Forces im Einsatz

Vorwort von

Dr. h. c. Klaus Naumann

General a. D.

E.S. Mittler & Sohn GmbH
Hamburg • Berlin • Bonn

Bildquellen:

Defense Visual Information Center (DVIC)
George H. W. Bush Library
Getty Images
Maltesische Behörden
National Oceanic and Atmospheric Administration (NOAA)
Privatarchiv Robert Doss
Privatarchiv Werner Fischdick
Privatarchiv Dr. h. c. Klaus Naumann
Stadtarchiv Bern
Ted Carlson
US Army
USCG Visual Imagery
Warner Bros.

Der Autor ist unter sievert.book@gmail.com erreichbar. Hinweise, Bemerkungen oder Anregungen bitte an diese Mailadresse.
Ein Verzeichnis der lieferbaren Titel des Verlages E.S. Mittler & Sohn schicken wir Ihnen gerne zu. Senden Sie bitte eine E-Mail mit Ihrer Adresse an:
vertrieb@mittler-books.de
Sie finden uns auch im Internet unter: www.mittler-books.de

Bibliografische Information der Deutschen Nationalbibliothek
Die Deutsche Nationalbibliothek verzeichnet diese Publikation in der Deutschen Nationalbibliografie; detaillierte bibliografische Daten sind im Internet über http://dnb.d-nb.de abrufbar.

ISBN 978-3-8132-0916-7

Layout und Produktion: Dörte Brockmann
Produktionsmanagement: impress media GmbH, Mönchengladbach
Printed in Germany

Inhaltsverzeichnis

Vorwort 7

Operation »Nimrod« – 5. Mai 1980
Speed – Aggression – Surprise (SAS) 9

Operation »Polnische Botschaft« – 9. September 1982
Mit der Präzision eines Schweizer Uhrwerks 48

Operation »Flight 648« – 24. November 1985
Desaster in Malta 84

Operation »Acid Gambit« – 20. Dezember 1989
»In« und »Out« in sechs Minuten 108

Operation »Eastern Exit – Rettung vom Meer« – 5./6. Januar 1991
Out of Africa 137

Abkürzungen und Glossar 185

Literaturverzeichnis 188

Umrechnungstabelle 193

Fußnoten 194

Danksagung des Autors 206

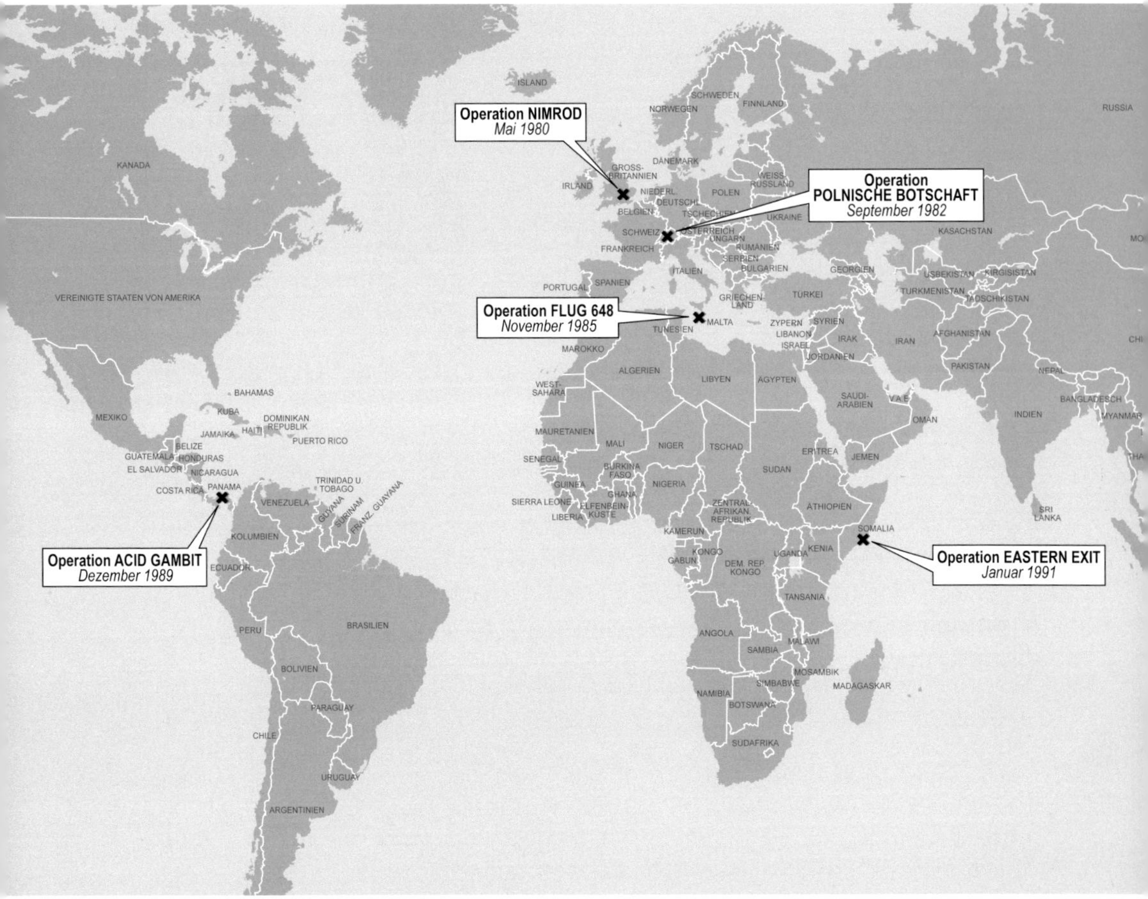

Übersicht der beschriebenen Einsätze

»Ihr könnt uns herausfordern, aber ihr werdet niemals gewinnen.«

General Dr. h. c. Klaus Naumann

Vorwort

Das vorliegende Buch beschreibt Operationen von Special Forces im weitesten Sinn, von Spezialeinheiten der Streitkräfte oder der Polizei, und es beschreibt sie im denkbar weitesten Spektrum derartiger Einsätze vom rein zivilen Umfeld über Operationen in einem Bürgerkrieg bis hin zur Aktion im Rahmen einer kriegsähnlichen Operation. Der Verfasser ist ein Offizier der Schweiz, der selbst Kommandant eines Spezialverbandes der Schweizer Armee war, der Fallschirm-Aufklärer.

Es ist Kaj-Gunnar Sieverts zweites Buch zu diesem Thema und es zeichnet sich erneut durch gründliche Recherche, präzise Sprache, klare Darstellung der einzelnen Operationen und durch deren nüchterne Analyse aus. Es ist ein Buch, das Einblick in die oft mit dem Schleier der Geheimhaltung verhüllte Welt der Planung und Durchführung von Operationen der Special Forces gibt und sie so eindringlich und detailliert schildert, dass es in die Hand jeden Ausbilders solcher Spezialkräfte gehört, aber auch von denen gelesen werden sollte, die über solche Einsätze politisch wie militärisch zu entscheiden haben. Letztere werden aus dem Buch erkennen, welche Verantwortung sie mit dem Einsatzbefehl übernehmen, aber auch, welche Risiken sie denen aufbürden, die ihre Entscheidungen unter Einsatz ihres Lebens ausführen. Einsätze von Spezialkräften dürften in den unruhigen Jahren, die vor Europa und der Welt zu liegen scheinen, vermutlich noch häufiger werden, als dies in der Vergangenheit der Fall war, gewiss häufiger als große Interventionen wie Kosovo oder die Interventionen im Irak 1991 und 2003, weil zunehmend nichtstaatliche Akteure, seien es Kriminelle oder Terroristen, die Staatenwelt durch verdeckte oder offene Gewaltanwendung herausfordern werden.

Das Buch setzt aber auch den Angehörigen der Spezialeinheiten ein mehr als verdientes, wenn auch nur geschriebenes Denkmal und drückt damit aus, was moderne Gesellschaften allzu oft vergessen: den Respekt vor dem Opfer derer, die aus den Einsätzen nicht zurück kamen oder in ihnen verwundet wurden, und den Dank an die, die durch ihre Erfolge dazu beitrugen, dass unsere Staatenwelt und ihre Bürger weiterhin in Sicherheit leben, weil sie den Gegnern von Freiheit und Recht durch ihr Handeln die klare und eindeutige Botschaft übermittelten: Ihr könnt uns herausfordern, aber ihr werdet niemals gewinnen.

Dr. h. c. Klaus Naumann
General a. D.
Generalinspekteur der Bundeswehr 1991–1996
Vorsitzender des Militärausschusses der NATO 1996–1999

Speed – Aggression – Surprise (SAS)
Der britische Special Air Service (SAS) stürmt vor laufenden Kameras die besetzte iranische Botschaft in London

Codename	Operation »Nimrod«
Auftrag	Erstürmung der iranischen Botschaft und Befreiung der Geiseln sowie Neutralisation der Terroristen
Datum	5. Mai 1980
Ort	London/Großbritannien
Involvierte Einheit	22nd Special Air Service (SAS) Regiment, B Squadron Pagoda Troop

Vorgeschichte

Im Verlauf der siebziger Jahre des 20. Jahrhunderts ziehen mehrere Terroristengruppen eine blutige Spur durch verschiedene Länder und Regionen der Welt. Einigen Terrorkommandos gelingt es, durch spektakuläre Aktionen, wie zum Beispiel Flugzeugentführungen, Geiselnahmen oder Anschlägen, medienträchtig auf sich und ihre politischen Ziele aufmerksam zu machen.

So überfällt zum Beispiel am 5. September 1972 das achtköpfige palästinensische Terrorkommando »Schwarzer September« die Mannschaftsunterkünfte der israelischen Olympiadelegation in München. Dabei werden zwei Sportler getötet und neun weitere Personen als Geiseln genommen. Ein Tag später endet das Drama auf dem Flughafen Fürstenfeldbruck bei München bei einem missglückten und schlecht geplanten Befreiungsversuch der deutschen Polizei. Alle Geiseln und fünf Attentäter kommen ums Leben.

Nur vier Jahre später wird am 3. Februar 1976 in Dschibuti am Horn von Afrika ein Bus mit Schulkindern von französischem Luftwaffenpersonal entführt. Die Anti-Terroreinheit Groupe d'Intervention de la Gendarmerie Nationale (GIGN) der französischen Gendarmerie übernimmt die Befreiungsaktion, welche jedoch blutig endet. Sieben Geiselnehmer und zwei Schulkinder sterben.

Vier Monate später trifft es erneut die Franzosen. Am 27. Juni 1976 entführen palästinensische Terroristen ein Verkehrsflugzeug der Air France. Die Maschine wird in Entebbe, Uganda, zur Landung gezwungen. Eine wagemutige Aktion durch israelische Kommandos führt am 3./4. Juli zur Befreiung.

Am 23. Mai 1977 stürmen in den Niederlanden molukkische Terroristen gleichzeitig einen Zug und eine Schule. Die Zugentführung in De Punt wird am 10. Juni gewaltsam beendet, wobei sechs Terroristen und zwei Geiseln ums Leben kommen. Die Besetzer der Schule in Groningen geben auf.

Im selben Jahr trifft es eine weitere Luftfahrtgesellschaft. Eine Verkehrsmaschine der Deutschen Lufthansa wird durch Palästinenser entführt. Die Odyssee endet am 17./18. Oktober 1977 mit der Erstürmung der Boeing 737 durch die Grenzschutzgruppe 9 (GSG 9) in Mogadischu, Somalia.

Um in einer angespannten Zeit, in welcher die westliche Staatengemeinschaft jederzeit mit Terroranschlägen zu rechnen hatte, nicht gänzlich wehrlos dieser

Gefahr ausgesetzt zu sein, verstärkten die betroffenen Regierungen ihre Bemühungen, entsprechende militärische und polizeiliche Spezialkräften auf- und auszubauen. Die Staaten wollen wenigstens für reaktive Maßnahmen gewappnet sein.

Auch in Großbritannien ist die Sicherheitslage in dieser Zeit angespannt. Die britische Gesellschaft und mit ihr die zivilen und militärischen Sicherheitskräfte sehen sich seit einiger Zeit unterschiedlichen terroristischen Bedrohungen ausgesetzt. Während in Nordirland die Polizei- und Armeekräfte[1] seit vielen Jahren die Irisch-Republikanische Armee (IRA) als inländische Bedrohung bekämpften, gerät im Frühling 1980 die englische Hauptstadt London wegen einer bisher unbekannten ausländischen Terroristengruppe in den Fokus der Weltöffentlichkeit. Die Stadt an der Themse wird zu einem Nebenschauplatz der Auseinandersetzung zwischen den beiden verfeindeten Staaten Irak und Iran am Persischen Golf.[2]

Am Vorabend[3] des Krieges zwischen den beiden Golfstaaten Irak und Iran ist dem irakischen Machthaber Saddam Hussein jedes Mittel recht, um seinen Nachbarstaat unter der Führung des 1979 aus jahrelangem Exil zurückgekehrten charismatischen muslimisch-fundamentalistischen Geistlichen Ajatollah Ruhollah Khomeini zu destabilisieren. Vor diesem Hintergrund unterstützt er eine politische Gruppierung aus der in Europa kaum bekannten erdölreichen Region Arabistan – auch Khuzestan genannt – im Südwesten Irans. Die fortschreitende Revolution im Iran führt in der Hoffnung auf Unabhängigkeit zur Vereinigung von verschiedenen Gruppierungen aus Arabistan. Der irakische Geheimdienst Mukhabarat bildet deshalb auch eine ganze Reihe militarisierter Anhänger dieser Volksgruppe in einem Ausbildungscamp der Hauptstadt Bagdad für Terroraktionen aus.[4]

Der Geheimdienst Saddam Husseins wollte die Männer für eigene Ziele missbrauchen und mit ihrer Hilfe eine »zweite« Front eröffnen. Als eines von verschiedenen Zielen einer solchen Operation soll eine iranische Botschaft im Ausland ins Visier genommen werden. Die Terrorplaner werden schließlich in London fündig.

Die Verantwortung für die Operation wird dem Iraker Same Mohammed Ali übertragen. Dem Führungsoffizier des irakischen Geheimdienstes gelingt es, einige Mitglieder der Democratic Revolutionary Movement for the Libaration of Arabistan (DRMLA) zu rekrutieren. Weiter gelingt es Geheimdienstmann Same, die jungen Männer in den fatalen Irrglauben zu versetzen, dass die bevorstehende Operation lediglich einen Tag dauern wird und sie anschließend unversehrt und als »Helden« nach Bagdad zurückkehren würden. Die Männer willigen ein. Sie erhalten ein kurzes Training für ihren Auftrag in Großbritannien und werden nach der Ausbildung nach Europa losgeschickt.

Entwicklung der Lage

30. März 1980/Sonntag

Begleitet vom Führungsoffizier Same Mohammed Ali treffen Ende März Awn Ali Mohammed (alias Salim), Shakir Abdullah Fadhil (alias Feisal), Makki Hounoun Ali (alias Makki), Thamir Mohamed Husein (alias Abbas) und Shakir Sultan Said (alias Shai) in der britischen Hauptstadt London ein.

31. März 1980/Montag

Einen Tag nach ihrer Ankunft in Großbritannien mietet die Gruppe am 20. Nevern Place eine Wohnung. Die Männer fallen in dieser Umgebung nicht auf, denn der Stadtteil Earl's Court wird von vielen verschiedenen Nationalitäten bewohnt. Die gemietete Wohnung soll ihnen für die kommenden Wochen als Basis für die bevorstehende Aktion dienen. Es kommt jedoch anders. Wegen ihres ungebührenden Verhaltens werden die Araber bereits eine Woche später aus der Wohnung geworfen.

Zwischen dem 7. April 1980/Montag und dem 29. April 1980/Dienstag

Die Suche nach einer neuen Wohnung dauert nicht lange. Noch am selben Tag werden sie am No. 3 105 Lexham Gardens fündig. Bis zum geplanten Beginn der Aktion verhalten sie sich in ihrer unmittelbaren Umgebung ruhig und unauffällig. Um die Männer bei Laune zu halten und um die Zeit zu verkürzen, verteilt Führungsoffizier Same den jungen Männern ausreichend Geld, welches sie auf ausgedehnten Streifzügen durch Bars, Striplokale, Bordelle und auf Einkaufstouren unter anderem im weltberühmten Warenhaus Harrods ausgeben. Mit dem Eintreffen von Fowzi Badavi Nejad (alias Ali), dem sechsten Mitglied des Kommandos, ist die Gruppe schließlich komplett. Während der nächsten drei Wochen finden mehrere weitere Planungstreffen an zwei verschiedenen Orten in Kensington statt, so zum Beispiel an der 24 und 55 Queens Gate. Beide Örtlichkeiten befinden sich in unmittelbarer Nähe der Büros des irakischen Verteidigungsattachés.

30. April 1980/Mittwoch/1. Tag der Besetzung

09.40 Uhr/Lexham Gardens/London/Großbritannien

Es ist ein kühler Frühlingsmorgen, als die Männer die Wohnung verlassen. Anführer der Gruppe ist Awn Ali Mohammed (alias Salim), ein 27-jähriger junger Mann aus einer mittelständischen Familie aus Khuzestan. Salim hatte an der Universität der ira-

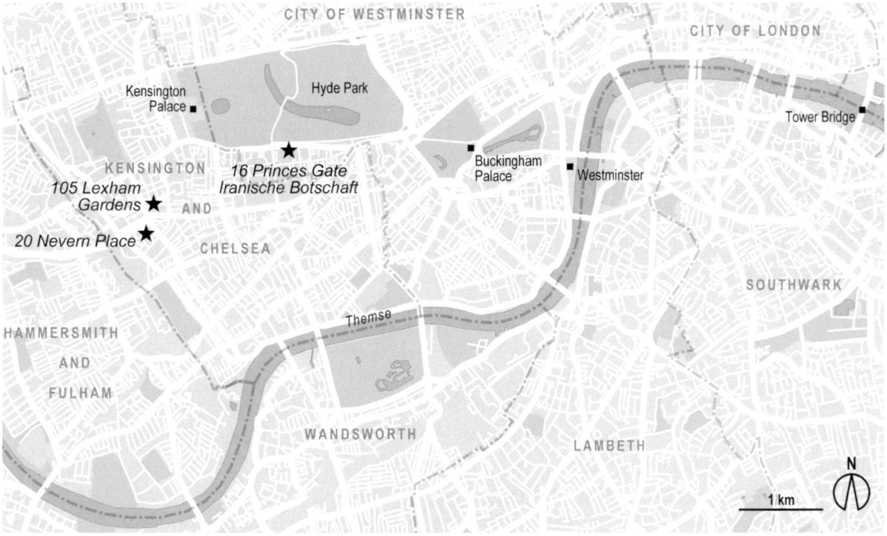

Kartenausschnitt der britischen Hauptstadt London

nischen Hauptstadt Teheran studiert und spricht neben Farsi auch Arabisch, Englisch und Deutsch. Für seine vorgesehene Aufgabe musste Salim nicht motiviert werden, saß er doch für seine politische Überzeugung in einem iranischen Gefängnis und wurde auch gefoltert.

Das Ziel der Gruppe – die iranische Botschaft im Londoner Stadtteil Knightsbridge – liegt im Südwesten der britischen Hauptstadt an der No. 16 Princess Gate. Bewaffnet sind die Männer mit zwei belgischen 9-mm-Maschinenpistolen vom Typ M2 »Skorpion«, drei Browning-9-mm-Pistolen, einem 38-Revolver und einigen russischen Handgranaten des Typs RGD-5. Die Waffen organisiert und übergeben hat ihnen »ihr Freund« Same. Nachdem Same den Männern alles übergeben hat, setzt er sich am selben Tag ab und verlässt Großbritannien auf dem Luftweg. Seine angeworbenen »Freiheitskämpfer« überlässt er ihrem Schicksal.

11.25 Uhr/Iranische Botschaft/No. 16 Princess Gate/London

Zwei Stunden später – es ist zirka 30 Minuten vor 12.00 Uhr – biegt die Gruppe, die zu Fuß unterwegs ist, auf die Princess Gate ein. Das Haus, in dem die Botschaft untergebracht ist, wurde im georgianischen Stil erbaut und ist in Sichtweite. Die Männer fallen nicht auf. Es scheint, als ob sie einen Termin in der Botschaft hätten.

In der iranischen Botschaft verlief der Morgen bis zu diesem Zeitpunkt wie ein normaler Bürotag. Der größte Teil der knapp über 30 Personen im Gebäude gehört zum Botschaftspersonal, und die restlichen Besucher und Personen haben einen Termin oder halten sich im Wartezimmer auf. Zu den Besuchern an diesem Tag gehören auch zwei Mitarbeiter der British Broadcast Company (BBC), Simeon »Sim« Harris und Christopher »Chris« Cramer. Sie sind für ein Visum in die Botschaft gekommen, weil sie demnächst eine geschäftliche Reise in den Iran unternehmen wollen.

Als die sechs Männer in den Eingang zur Botschaft eindrehen und auf die erste Tür zur Botschaft zugehen, will ihnen Police Constable (PC) Trevor Lock von der Diplomatic Protection Group (DPG)[5] der Metropolitan Police die Tür aufmachen. PC Lock befindet sich im Innern der Botschaft. Normalerweise steht PC Lock vor dem Haupteingang. Doch an diesem kühlen Tag hatte ihm Abbas Fallahi, ein Mitarbeiter der Botschaft, freundlicherweise einen warmen Tee angeboten. Aus diesem Grund steht er zu diesem Zeitpunkt nicht auf seinem gewohnten Posten. Die iranische Botschaft wird im Frühling 1980 als eine nicht besonders gefährdete diplomatische Vertretung betrachtet.[6] Aus diesem Grund ist sie lediglich durch einen einzigen DPG-Beamten bewacht, welcher mit einem 0.38-Revoler nur leicht bewaffnet ist. PC Trevor Lock, welcher an diesem Tag für einen Kollegen eingesprungen ist, hat eben erst seinen Dienst angetreten.

11.32 Uhr/Iranische Botschaft/No. 16 Princess Gate/London

Als PC Lock dem ersten Besucher die Tür öffnen will, bemerkt er, dass der Mann bewaffnet ist. Geistesgegenwärtig versucht er die Tür zuzuschlagen. Doch die Araber sind schneller. Einer der Männer stürzt sich durch die Tür und ein Zweiter schießt durch das Fenster. Innert Sekunden sind sie auch durch die zweite Sicherheitstür gebrochen und gelangen in den Empfangsraum der Botschaft. Beim Betreten der Botschaft eröffnen die Terroristen sofort das Feuer. Sie schießen mit ihren Waffen wild in die Decke. Glassplitter und Verputz von den Wänden fliegen umher. Der 41-jährige Wachmann wird später aussagen, dass er aufgrund der umherfliegenden Splitter, welche ihn treffen, zuerst geglaubt habe, getroffen worden zu sein. Erst kurze Zeit später habe er realisiert, dass er überhaupt nicht verletzt sei.

Trotz des Chaos, der Überraschung des Angriffs und im Durcheinander der ersten Sekunden und noch bevor er überwältigt wird, gelingt es PC Lock geistesgegenwärtig, einen versteckten stummen Alarm auszulösen.

Die Eindringlinge rennen durch die Räume auf der Suche nach dem iranischen Botschafter und weiteren anwesenden Personen und Botschaftsangestellten. Auf ihrer Suche rufen die Terroristen den Namen des Chargé d'Affaires »Ali Afrouz, Ali Afrouz«. Als der iranischen Chargé d'Affaires seinen Namen hört, schließt er sich in seinem Büro ein. Auch mehrere andere in den verschiedenen Büros und Etagen der Botschaft arbeitende Mitarbeiter sind durch die Schüsse in der Eingangshalle alarmiert worden und versuchen sich entweder einzuschließen oder zu flüchten. Für viele ist die Flucht nur von kurzer Dauer. Auch der Versuch, sich in den oberen Etagen in Sicherheit zu bringen, misslingt. Einer, der zuerst noch flüchten kann, ist der britische Botschaftsangestellte Ronald Morris. Es gelingt ihm noch, einen Telefonhörer abzunehmen und den Polizei-Notruf »999« zu wählen. Als er jedoch die näher kommenden Eindringlinge hört, legt er den Hörer wieder auf. Auch er wird gefangen genommen. Der Chargé d'Affaires Dr. Afrouz wird später schließlich von den Eindringlingen gefunden und zu den anderen Geiseln geschleppt. Er blutet am Kopf und ist am Bein verletzt. Er ist benommen und wird erst gegen Abend wieder voll ansprechbar sein. Obwohl die Terroristen die ersten Augenblicke und Minuten des Sturms geschickt genutzt haben, gelingt es drei Personen, aus dem Botschaftsgebäude zu flüchten. Zusammen mit einer weiteren Frau flüchtet die Leiterin der medizinischen Abteilung, Zari Afkhami, aus dem Fenster. Auch der zweithöchste Vertreter in der iranischen Botschaft, Farhad City, der sich zum Zeitpunkt des Angriffs im ersten Stock aufhält, kann sich seinen Verfolgern entziehen. Er flüchtet über ein Fenster im vierten Stock in die äthiopische Botschaft im Nebengebäude.

11.35 Uhr/Iranische Botschaft/No. 16 Princess Gate/London

Nur wenige Minuten nach dem Angriff auf die Botschaft sind die ersten DPG-Angehörigen vor dem Gebäude. Sie kommen von anderen ausländischen Vertretungen in der Nachbarschaft der iranischen Botschaft.

In den Minuten nach Auslösung des Alarms/New Scotland Yard/London

Der Empfänger des Alarms ist das Hauptquartier der Metropolitan Police. Unmittelbar nach dem Alarm werden verschiedene Einheiten aufgeboten und in die unmittelbare Nachbarschaft von No. 16 Princess Gate verlegt: So zum Beispiel werden

- die Spezialisten der Special Patrol Group (A9),
- die Spezialisten der Electronic Intelligence C7 von Scotland Yards Technical Support Branch,
- die Metropolitan Police C13 Antiterrorist Squad[7]
- die Polizeischarfschützeneinheit D11 »Blue Beret«, sowie
- weiteres Personal und Spezialisten, wie zum Beispiel Unterhändler[8], Psychiater[9] oder medizinisches Personal, für die Abriegelung des unmittelbaren Umfelds der iranischen Botschaft sowie für andere Aufgaben aufgeboten.

Auf politischer Ebene wird COBRA einberufen. Benannt nach der Bezeichnung des Raums – Cabinet Office Briefing Room (COBRA) –, ist COBRA ein Gremium auf höchster Regierungsebene, welches sich in einer Krise mit dem Management derselben beschäftigt. In COBRA sind alle wichtigen Entscheidträger zusammenge-

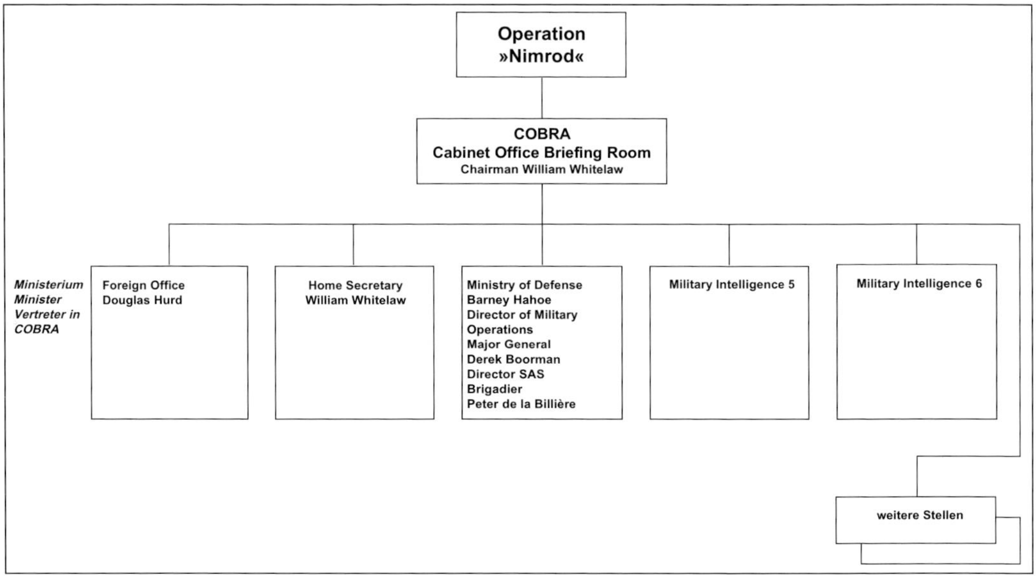

COBRA (Cabinet Office Briefing Room)

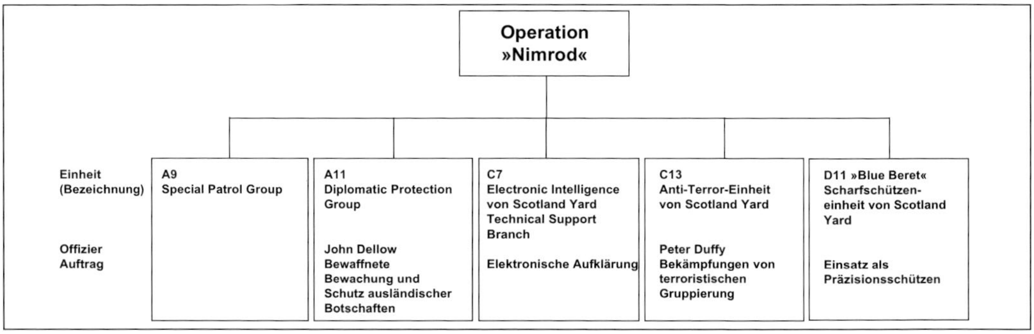

Einheiten der Metropolitan Police und von Scotland Yard

fasst, wobei die effektive Zusammensetzung jeweils abhängig von der Lage ist und wechseln kann. Die genaue Ausgestaltung sowie die Namen der Einsitzer sind teilweise klassifiziert. Bekannt ist jedoch, dass COBRA zu diesem Zeitpunkt unter dem Vorsitz von Home Secretary und stellvertretendem Premierminister William Whitelaw steht.

Der Angriff auf die iranische Botschaft wird Minuten nach dem von PC Lock ausgelösten Alarm auch durch jene Botschaftsangehörigen bestätigt, welche erfolgreich flüchten konnten.

11.42 Uhr/New Scotland Yard/London

Rund zehn Minuten nach der Erstürmung kann New Scotland Yard bestätigen, dass ein Offizier des DPG in der Botschaft festgehalten wird und dass Schüsse gehört worden sind. Um diese Zeit ist auch Commander Brian Dobey, kommandierender Offizier des DPG, unterwegs an die »Princess Gate«.

11.44 Uhr/Bradbury Lines/Hereford

Aber nicht nur in der Hauptstadt selber werden Einheiten alarmiert. Durch einen Anruf von Dusty Gray, eines ehemaligen Sergeant des D Squadron des Special Air Service (SAS), erfährt auch das Hauptquartier des 22 SAS Regiment, Bradbury Lines, im rund 200 Meilen[10] entfernten Hereford vom Zwischenfall in der iranischen Botschaft.

Da der Anrufer, der nach seinem Austritt aus dem aktiven Dienst bei der SAS nun als Hundeführer bei der Metropolitan Police Counterterrorist »hard dog« Section auf dem Flughafen Heathrow arbeitet, die sich entwickelnde Lage für einen möglichen Job für das Special Projects Team (SPT) des SAS Counter Revolutionary Warfare Wing (CRW) hält, informiert er seine frühere Kollegen. Zu jedem Zeitpunkt ist in Hereford, dem Hauptquartier der SAS, ein rund 25-köpfiges SPT in einem 24-Stunden-Stand-by-Alarm. Ein zweites SPT kann nach einer vorgängigen Warnung zu einem späteren Zeitpunkt das erste Team verstärken, sollte sich ein längerer Einsatz abzeichnen. Das informelle Netzwerk der ehemaligen SAS-Mitglieder, der »kleine Dienstweg«, funktioniert.[11]

Unmittelbar nach Erhalt der Information aus London telefoniert der kommandierende Offizier des 22 SAS Lieutenant Colonel Michael Rose mit dem Direktor SAS, Brigadier Peter de la Billière. Die beiden SAS-Offiziere besprechen das weitere Vorgehen. Später bricht Lieutenant Colonel Rose mit dem Hubschrauber nach London auf.

11.48 Uhr/Bradbury Lines/Hereford

Während der Anruf im Hauptquartier der SAS entgegengenommen wird, trainieren zum selben Zeitpunkt Mitglieder des B Squadron Pagoda Troop im regimentseigenen »Killing House« den Häuserkampf (Close Quarter Battle). Als ihre Pager[12] losgehen, brechen sie ihr Training augenblicklich ab. Wie für solche Situation vorgesehen und vorbereitet, ist ihre persönliche Ausrüstung bereit und die Männer der SAS preschen mit ihren speziell modifizierten Land Rovern in Richtung London los.[13] Zudem führen sie auch alles Material mit sich, um vor Ort unmittelbar in den Einsatz gehen zu können.

Ungefähr vor 12.00 Uhr/Irgendwo in Schottland

Während seines Urlaubs in Schottland hört auch Sir David McNee, Commissioner der Metropolitan Police, die BBC-News und erfährt vom Zwischenfall in London. Sofort bricht er seinen Aufenthalt ab und nimmt noch am Nachmittag einen Flug zurück in die britische Hauptstadt.

Nach der Besetzung/Iranische Botschaft, zweiter Stock/No. 16 Princess Gate/London

Nachdem die Terroristen die Botschaft gesichert haben, ziehen sie alle Geiseln zusammen. Insgesamt halten sie 26 Geiseln fest. Die 20 Männer und sechs Frauen werden in drei Gruppen in Nationalität und Geschlecht unterteilt:

1. iranische Männer,
2. iranische Frauen und
3. Nichtiraner.

Aus religiösen Gründen werden die Frauen und die Männer getrennt festgehalten.

12.09 Uhr/Iranische Botschaft/No. 16 Princess Gate/London

37 Minuten nach dem Angriff trifft Deputy Assistant Commissioner John Dellow, an diesem Tag verantwortlicher Einsatzoffizier bei Scotland Yard, am Schauplatz ein. Die nächsten sechs Tage wird er vor Ort verantwortlich sein.

13.09 Uhr/Nachbarschaft der iranischen Botschaft/Princess Gate/London

Die Scharfschützen (D 11) beziehen verschiedene Stellungen rund um die iranische Botschaft. Sie werden in der Folge auch als Mittel zur Nachrichtenbeschaffung respektive für die Überwachung eingesetzt werden.

Zu diesem Zeitpunkt ist bereits die Evakuierung der Gebäude rund um das Botschaftsgebäude eingeleitet sowie die Straßen in der Nachbarschaft für den Durchgangsverkehr gesperrt.

Um 14.00 Uhr/Iranische Botschaft/No. 16 Princess Gate/London

Um 14.00 Uhr betritt Salim den so genannten Botschaftsraum »Room 9«, wo die Terroristen einen Großteil der Geiseln zusammengezogen haben. Er verkündet ihnen, dass sie Gefangene der DRMLA sind. Er liest ihnen deren Forderungen sowohl in Englisch als auch in Farsi vor.

Um 14.25 Uhr/Nachbarschaft der iranischen Botschaft/Princess Gate/London

Zwei weitere Spezialeinheiten der Polizei treffen vor Ort ein: die vom 52-jährigen Peter Duffy geführte C13 (Anti-Terrorist Squad), eine Eliteeinheit von Scotland Yard, sowie die A9, die Special Patrol Group (SPG) von Scotland Yard. Die A9 ist eine Einheit, welche in Fällen von schweren Demonstrationen (Riot-Control) zum Einsatz kommen kann.

14.35 Uhr/Iranische Botschaft/No. 16 Princess Gate/London

Der erste Kontakt zwischen den Terroristen und der Außenwelt findet rund drei Stunden nach dem Angriff statt. Der syrische Journalist Mustapha Karkouti, der Europa-Korrespondent der libanesischen Zeitung »As-Afir«, war für ein Interview mit dem iranischen Kulturattaché Dr. Abul Fazi Ezzatti in die Botschaft gekommen, telefoniert jetzt im Auftrag von Salim mit der BBC. Am anderen Ende der Leitung ist Michael Brown, Senior Duty Editor des BBC External Services. Brown nimmt die Forderungen der DRMLA entgegen:

1. Legitime Rechte und Menschenrechte für die Bevölkerung,
2. Frieden, Freiheit und Anerkennung für das Volk von Arabistan,
3. die Freilassung von 91 inhaftierten arabischen Gefangenen[14] in Arabistan und
4. ein Flugzeug, das die Geiseln sowie die Botschaftsbesetzer außer Landes fliegt.

Darüber hinaus fordern die Terroristen, dass die Repräsentanten des Iraks, Jordaniens und Algeriens eingeflogen werden sollen, um die Verhandlungen mit ihnen zu führen. Sollten ihre Forderungen nicht bis um 12.00 Uhr des folgenden Tages erfüllt werden, drohen sie mit der Tötung aller Geiseln und der Sprengung des Botschaftgebäudes. Weiter stellt Karkouti richtig, dass die Botschaftsbesetzer aus dem Iran und nicht aus dem Irak kommen.

Im Verlauf des Nachmittags/Princess Gate/London

In der Zwischenzeit hat die Polizei in der Nachbarschaft der iranischen Botschaft an der No. 24 Princess Gate zwei Kommandoposten eingerichtet:

- »Alpha Control«, der vorgeschobene Posten in einem blauen Fahrzeug unmittelbar vor der Botschaft und
- »Zulu Control«, das eigentliche »Nervenzentrum« in der Royal School of Needlework. Geführt wird »Zulu Control« von Deputy Assistant Commissioner John Dellow. In diesem Kommandoposten laufen alle Fäden zusammen. Hier arbeiten, sitzen und sind vertreten: die Unterhändler, die Übersetzer, die Techniker sowie die

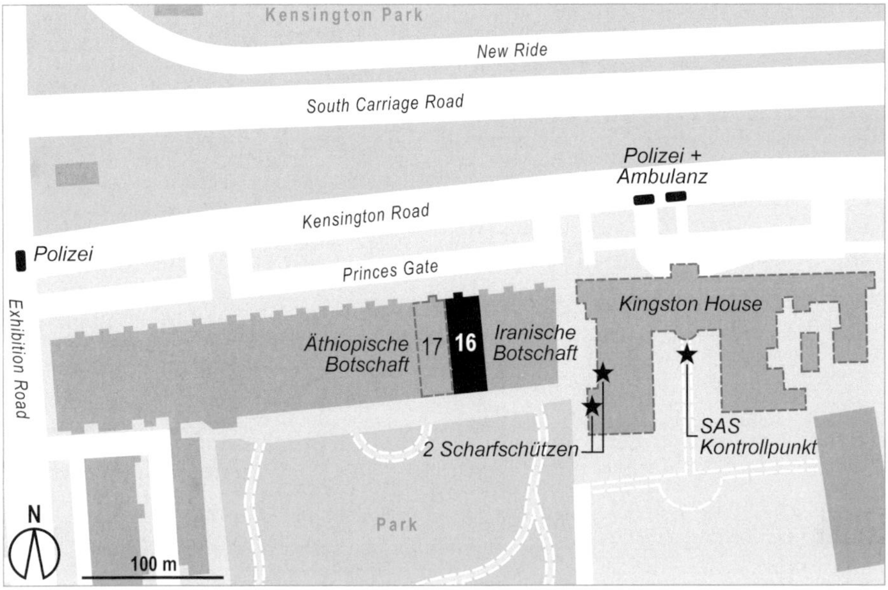

Karte des Quartiers

Psychologen. Die Aufgabe der Psychologen ist es, aufgrund der mitverfolgten Telefongespräche zwischen den Terroristen und »Zulu Control« Informationen und Eindrücke über den mentalen Zustand der Botschaftsbesetzer zu gewinnen.

Über die Herkunft der Terroristen sind sich die Behörden bis zu diesem Zeitpunkt immer noch im Unklaren. Niemand weiß, was oder wo Arabistan ist. Auch Abklärungen bei den beiden britischen Nachrichtendiensten MI5 und MI6 bringen keine Erhellung der Situation. Telefonanrufe in verschiedene britische Botschaften im Nahen und Mittleren Osten werden gemacht. Auch diese Versuche bringen vorerst nicht viel an neuen Erkenntnissen.

Mit welchen Problemen sehen sich die Behörden und Deputy Assistant Commissioner Dellow zu diesem Zeitpunkt konfrontiert:

- Die Behörden wissen wenig bis gar nichts über die Botschaftsbesetzer.
- Die Behörden müssen feststellen, dass im Gegensatz zu früheren Besetzungen und Geiselnahmen in London, welche in überschaubaren Gebäuden stattgefunden haben, die iranische Botschaftsvilla sehr groß ist.
- Sie stellen weiter fest, dass diese Geiselnahme im Unterschied zu vorhergegangenen Zwischenfällen nicht spontan entstanden ist, sondern vermutlich von langer Hand geplant und vorbereitet wurde.
- Die Polizei hat zudem ein Sprach- und Verständigungsproblem mit den Botschaftsbesetzern. Selbstverständlich sind nun auch arabische und farsi sprechende Übersetzer und Unterhändler anwesend, doch die Verhandlungen, die nicht in der Muttersprache geführt werden, erschweren die Problematik zusätzlich.
- Die Polizei muss befürchten, dass einzelne iranische Geiseln einen Märtyrertod vorziehen und somit eine Eskalation der Situation herbeiführen, welche schwierig bis gar nicht zu kontrollieren oder zu beeinflussen ist.

- Im Verlauf der Botschaftsbesetzung wird es später noch zu Unterstützungsdemonstrationen von iranischen Studenten in der unmittelbaren Nachbarschaft kommen. Eine für westliche Verhältnisse und Gepflogenheiten eher bizarre Szene.

Zwischen 14.45 Uhr und 16.20 Uhr/Iranische Botschaft/No. 16 Princess Gate/London

Zwischenzeitlich erleiden in der Botschaft mehrere Geiseln gesundheitliche Probleme. Frieda Mozafarian, die Sekretärin des Presseattachés, muss sich mehrere Male übergeben. Salim fordert per Telefon einen Arzt an, doch dieser Forderung wird nach einem Rückruf rund 60 Minuten später von den Behörden nicht entsprochen. Sie machen den Terroristen jedoch den Vorschlag, die Geisel als Zeichen des guten Willens frei zu lassen und ihr die nötige medizinische Hilfe zukommen zu lassen.

16.20 Uhr/Iranische Botschaft/No. 16 Princess Gate/London

Knapp fünf Stunden nach der Besetzung der Botschaft wird die erste Geisel, Frieda Mozafarian, freigelassen. Sie wird sofort von den Behörden ins St Stephen Hospital gebracht. Sie ist die erste Person, welche Informationen aus dem Innern der Botschaft vermitteln kann.

17.45 Uhr/Iranische Botschaft/No. 16 Princess Gate/London

Karkouti muss auf Geheiß von Salim noch einmal mit dem BBC External Service telefonieren. Nachdem der Kontakt hergestellt ist, nimmt Salim selber den Hörer in die Hand und stellt seine Forderungen noch einmal klar. Sollten sie nicht erfüllt werden, werden am folgenden Tag um 12.00 Uhr die ersten Geiseln erschossen und die Botschaft in die Luft gesprengt.

Am Abend/Iranische Botschaft/No. 16 Princess Gate/London

Die Terroristen sind mit dem Fortgang der Entwicklung nicht zufrieden. BBC hat ihre Forderungen nicht ausgestrahlt, und als sie schließlich übertragen werden, nicht in ihrem Sinn.

23.30 Uhr/Iranische Botschaft/No. 16 Princess Gate/London

Eine halbe Stunde vor Mitternacht muss Dr. Afrouz mit dem iranischen Außenministerium in Teheran telefonieren und die Forderungen der Terroristen wiederholen.

Anschließend/Aus dem arabischen Raum[15]

Kurze Zeit nach dem Anruf aus London in den Iran, ruft der iranische Außenminister Sadegh Gohtzbadeh in der Botschaft an. Er beschuldigt die Botschaftsbesetzer, Handlanger der Vereinigen Staaten von Amerika zu sein. Es entsteht ein heftiges Wortgefecht zwischen den beiden Männern, das in einem wütenden Ende gipfelt.

Im Verlauf der Nacht/Regents Parks Barracks/London

Gegen Abend kommen die Männer des Special Air Service (SAS) in London an und beziehen eine Basis in Regents Parks Barracks, etwa drei Meilen vom eigentlichen Ort der Geschehnisse von No. 16 Princess Gate.

Nach der Ankunft werden zuerst verschiedene Maßnahmen ergriffen:

- Als erstes muss sich der kommandierende Offizier einen Überblick der Lage verschaffen.
- Anschließend beginnt das Sammeln, Einholen und Auswerten jeglicher Informationen für den Zugriff sowie
- das Entwerfen eines sofortigen Zugriffsplans. Dies ist nötig, sollte sich die Situation aus irgendwelchen Gründen innerhalb der nächsten Stunden noch vor der Pla-

nung des eigentlichen Zugriffs zuspitzen und verändern und ein sofortiger Zugriff nötig werden. Da ein solcher Zugriff nicht auf einer großen und umfassenden Planung basiert, wäre eine solche »Immediate Action«[16] einem eigentlichen Frontalangriff gleichzusetzen. Ausgerüstet mit Vorschlaghämmern wären die SAS-Angehörigen auf verschiedene Arten in die Villa eingedrungen und hätte auf dem Weg durch die Botschaft einerseits versucht, möglichst viele Geiseln zu retten, andererseits die Terroristen zu neutralisieren. Ein solcher Angriff ist stets mit einem enormen Risiko verbunden.

Um die ersten Informationen sammeln zu können, ziehen zwei SAS-Angehörige in zivilen Kleidern los, um die Umgebung der iranischen Botschaft zu erkunden. Dabei steigen sie auch auf das Dach von No. 16 Princess Gate.

Die restlichen SAS-Trooper kontrollieren in der Zwischenzeit ihre Ausrüstung. Alles soll bereit sein, wenn es losgeht. Bewaffnet sind die Männer mit einer Heckler & Koch MP5A3 mit 30-Schuss-Magazinen und einer 9-mm-Browning High Power als zweitrespektive Seitenwaffe. Zum Schutz tragen sie Bristol Body Armour, leichte Northern-Ireland-Schuhe sowie eine S6-Schutzmaske mit verdunkelten Augengläsern. Die Schutzmasken sind nötig, um auch unter CS-Situationen (Tränengas) atmen und operieren zu können. Darüber hinaus soll der Anblick der vollständig in Schwarz gekleideten SAS-Soldaten die Terroristen zusätzlich erschrecken. So genannte »Flash-Bang« Stun Granades und während des Zugriffs eingesetztes Tränengas sollen für zusätzliche Verwirrung sorgen und den eindringenden Soldaten den extra Bruchteil einer Schrecksekunde für den Angreifer geben, um den desorientierten Terroristen erschießen zu können.

1. Mai 1980/Donnerstag/2. Tag der Besetzung

Am zweiten Tag der Besetzung erklärt der iranische Außenminister, dass sein Land nicht auf die Forderungen der Terroristen eingehen wird. Zu diesem Zeitpunkt der Verhandlungen sind die britischen Behörden recht zuversichtlich, dass sich die Situation vorerst nicht dramatisch verändern wird. Erst als Salim in einem Gespräch mit dem Unterhändler erwähnt, dass der iranische Außenminister seine Aussagen noch bereuen würde und dass nach dem zeitlichen Ablauf des Ultimatums die Geiseln erschossen würden, änderte sich die Beurteilung.

10.00 Uhr/Albert Hall/London

In einer Pressekonferenz bestreitet Deputy Assistant Commissioner Dellow die Anwesenheit des Special Air Service.[17]

Im Verlaufe des Morgens/Iranische Botschaft/No. 16 Princess Gate/London

Nachdem die Metropolitan Police von der Geiselnahme in der Botschaft erfahren hatte und vor Ort war, werden unter anderem auf ihr Geheiß die Telefonleitungen zwischen der Botschaft und der Außenwelt gekappt. Um die wichtige Kommunikation jedoch weiterhin aufrechterhalten zu können, wird eine separate Verbindung zwischen der Botschaft und den Behörden installiert. Ein Feldtelefon wird via den ersten Stock in die Botschaft geführt und mittels einer Leitung sind die Unterhändler und die Terroristen verbunden.

Zu Beginn der Geiselnahme gestaltet sich die Kommunikation zwischen den Terroristen und den Verhandlungsbehörden als sehr schwierig. PC Trevor Lock und ein

Ägypter namens Mustapha sind der Dreh- und Angelpunkt der Konversation. Der Gesundheitszustand von Chris Cramer, dem BBC-Tontechniker, der wegen eines Visums in der Botschaft weilte, verschlechtert sich zunehmend. Es scheint, als ob er an ernsten Magenproblemen leidet.[18] Er soll deshalb freigelassen werden. Bevor dies geschieht, hat PC Lock kurz die Gelegenheit, um unentdeckt einige Worte auszutauschen. Sie besprechen, welche Informationen er im Falle einer Freilassung an die Sicherheitsbehörden übergeben soll. Als besonders essentiell betrachtet Lock die Tatsache, dass die Terroristen russische Handgranaten dabei haben. Für die Vorbereitung einer gewaltsamen Erstürmung der Botschaft sind diese Informationen sehr wichtig.

11.20 Uhr/Iranische Botschaft/No. 16 Princess Gate/London

Rund 40 Minuten vor Ablauf des Ultimatums wird Chris Cramer von den Terroristen freigelassen. Kurz bevor er die Botschaft verlassen kann, entschuldigt sich einer der Terroristen bei ihm! Weil diese Freilassung nicht mit den Behörden abgesprochen war, dauert es eine Weile, bis die Sicherheitskräfte realisieren, dass eine weitere Geisel auf der Straße steht. Wie in solchen Situationen vorgesehen, wird auch er nach einer ersten medizinischen Versorgung durch Angehörige der Polizei und der SAS befragt. Cramer kann den Planern wertvolle Informationen und Erkenntnisse liefern. Jedes Detail kann enorm wichtig sein und Schlüsselinformation für einen Zugriff darstellen. Seine Informationen werden umgehend an die Einsatzleitung weitergegeben.

Vor dem Ablauf des ersten Ultimatums/Auf der Straße vor der Botschaft/ No. 16 Princess Gate/London

Der Hauptverantwortliche für die Verhandlungen, Chief Superintendent Fred Luff von der Metropolitan Police, erscheint mit einer Farsi-Übersetzerin vor dem Gebäude und will mit Salim über eine Verlängerung des Ultimatums verhandeln. Beide sind unbewaffnet und tragen eine Schussweste.

12.00 Uhr/Iranische Botschaft/No. 16 Princess Gate/London

Mit großer Spannung wird der Ablauf des ersten Ultimatums erwartet. Als 12.00 Uhr verstreicht und nichts passiert, sind die verängstigten Geiseln in der Botschaft überglücklich. Auch die Behörden sehen im Umstand, dass nichts passiert ist, ihr Urteil bestätigt, dass die Terroristen lediglich bluffen.

Etwa gleichzeitig/London

Noch immer weiß man bei COBRA nicht, mit welcher Gruppierung oder Splittergruppe man es eigentlich in der Botschaft zu tun hat. Das Wissen um den Gegner ist in jeder Verhandlungssituation von entscheidender Bedeutung. Aufgrund dieser Informationen kann ein Verhandlungspartner eingeschätzt werden. Dabei sind zum Beispiel Hintergründe wichtig, wie etwa:

- Haben die Terroristen respektive die Gruppierung bereits in der Vergangenheit Entführungen oder Besetzungen geplant und durchgeführt?
- Wie sind diese Aktionen ausgegangen?
- Wie lange haben sie gedauert (kurz oder lang)?
- Wo sind die Terroristen ausgebildet worden?
- Wer hat die Terroristen ausgebildet?
- Über welche Fähigkeiten verfügen sie?
- Welches sind ihre primären Absichten?

- Sind sie politisch/ideologisch gesteuert respektive motiviert?
- Wollen sie während und mit der Aktion »untergehen«?
- Welche weiteren Instanzen, zum Beispiel religiöse oder politische Führer, haben oder können einen Einfluss haben?
- Für welche Maßnahmen sind sie zugänglich?
- Sind die Männer – sofern namentlich bekannt – schon früher aufgefallen?
- Wie sind sie ins Land gekommen?
- Wo war ihr Versteck vor Beginn der Aktion?

In der Zwischenzeit hat sich die SAS auch einen ersten Plan für einen Zugriff zurechtgelegt.

Der Plan für eine Erstürmung sieht vor, sich durch die Fenster im Parterre sowie im ersten Stock gewaltsam Zutritt zu den Botschaftsräumen zu verschaffen.

Einmal im Gebäude, würden die SAS-Teams gleichzeitig, aber unabhängig voneinander vorher festgelegte Stockwerke und Zimmer durchkämmen und dabei die Geiseln befreien und die Terroristen »neutralisieren«. Natürlich würde das primäre und schnellstmöglich zu erreichende Ziel die Befreiung der Geiseln sein.

Als die Planer jedoch erfahren, dass die Fenster im ersten Stock gepanzert sind, muss dieser Plan fallen gelassen werden. Die Fenster sind mit roher Gewalt nicht zu durchbrechen, sondern können nur gesprengt werden.

Mit dieser neuen Ausgangslage machen sich deshalb die Planer und die Spezialisten sofort daran, Sprengladungen zu berechnen, zu entwickeln und vorzubereiten, die genügend stark sind, die Fenster zu durchbrechen. Parallel dazu haben die Männer seit Beginn der Operation begonnen, ein dreidimensionales Modell der Botschaft zu bauen. Im Verlauf der Zeit wird das Modell ständig verfeinert.

Dabei werden Fragen besprochen wie zum Beispiel:

- Auf welche Seiten gehen die Türen auf?
- Sind sie verschlossen?
- Wie sieht es in den Räumen aus?
- Gibt es Gegenstände, welche als Deckung verwendet werden können?

Die Männer müssen die iranische Botschaft mit mehr als 50 Räumen in- und auswendig kennen. Jeder Raum erhält eine Nummer, um die Orientierung und Zuweisung im Gefecht erleichtern zu können. Dabei wird es keine Rolle spielen, ob es taghell oder dunkel sein wird. Es erweist sich in diesem Zusammenhang auch als nützlich, dass der SAS noch während der Zeiten des Schahs von Persien das Botschaftsgebäude schon einmal unter dem Aspekt der Sicherheit genauer betrachten und untersuchen konnte.

12.40 Uhr/Iranische Botschaft/No. 16 Princess Gate/London

Salim ruft an und diktiert ein Statement. Das Ultimatum wird auf 14.00 Uhr verlängert. Für den Fall, dass seinen Forderungen nicht entsprochen wird, habe die iranische Regierung die Verantwortung zu tragen, lässt der Anführer verlautbaren.

14.00 Uhr/Kommandoposten der Metropolitan Police Codename »Zulu Control«/ No. 24 Princess Gate/London

Auch das zweite Ultimatum verstreicht ohne Konsequenzen. Aus der Botschaft ist nichts zu hören; es erfolgt auch kein Anruf.

15.00 Uhr/Nähe der iranischen Botschaft/London

Am Nachmittag halten proiranische Studenten die erste Demonstration ab. Sie bieten sich als Märtyrer im Austausch mit den Geiseln an. Die Londoner Polizei nimmt elf Teilnehmer der Demonstration fest.

16.30 Uhr/Iranische Botschaft/No. 16 Princess Gate/London

Am späteren Nachmittag wird Verpflegung in die Botschaft geliefert.

20.43 Uhr/Iranische Botschaft/No. 16 Princess Gate/London

Im Auftrag der Terroristen übergibt Issa Naghizadeh der Polizei eine Nachricht für die iranische Regierung.

Am Abend/SAS-Einsatzraum/Regents Parks/London

Am Abend entscheidet das Kommando der SAS, dass die Männer des B Squadron näher an das Geschehen herangebracht werden. Die Männer nehmen ihre Ausrüstung zusammen und verschieben mit gemieteten zivilen Kastenwagen in die Nähe von Princess Gate No. 16. Sie lassen ihre Fahrzeuge zurück und gehen durch Gärten verdeckt in das Gebäude Princess Gate No 14.

Während der ganzen Nacht/Regents Parks/London

Während sich der SAS auf den Einsatz vorbereitet und das 3D-Modell der Botschaft weiter verfeinert wird, gehen die Verhandlungen mit den Terroristen weiter.

Im Verlauf der Nacht/Äthiopische Botschaft/No. 17 Princess Gate/London

Um weitere Informationen sammeln zu können, wollen die Spezialisten von Scotland Yard C7 Mikrofone im Haus installieren. Unter anderem wird eine Spezialausrüstung durch einen Kamin in das Gebäude abgesenkt. Auch spezielle Fiberglaskabel, an deren Enden sich Minikameras befinden, werden eingesetzt. Zu diesem Zweck werden mit Handbohrern winzige Löcher in die Mauer zwischen der iranischen Botschaft und dem angrenzenden Gebäude gebohrt.

Mit diesen beiden Maßnahmen erhalten die Planer zusätzliche wertvolle Informationen über die Situation innerhalb des Hauses. So wissen die Behörden nun, dass

- sich die Terroristen hauptsächlich in drei Etagen aufhalten,
- die Geiseln in zwei Räumen im ersten Stock zusammengezogen sind, nämlich im so genannten »Room 9«, wo vier weibliche Geiseln, alles Angestellte der Botschaft, festgehalten und im so genannten »Room 10«, wo sich die fünfzehn männlichen Geiseln befinden.

Obwohl die Techniker unter Zeitdruck stehen, gehen sie mit äußerster Sorgfalt vor und versuchen jeglichen Lärm zu vermeiden.

2. Mai 1980/Freitag/3. Tag der Besetzung

Am Morgen/Iranische Botschaft/No. 16 Princess Gate/London

Am Morgen des dritten Tags werden PC Trevor Lock und Sim Harris geweckt. Die Terroristen sind in Aufregung und nervös. Seit der letzten Nacht haben sie seltsame Geräusche vernommen, welche aus einer Wand zu kommen scheinen. Harris versucht die Situation zu entschärfen. Er versucht Salim, der in heller Aufregung umherläuft, zu erklären, dass es sich bei diesen Geräuschen um Mäuse in der Wand handelt. Dummerweise versteht der Anführer der Terroristen das Wort »Maus« nicht. Ein Loch, das Lock unter einem Teppich findet, erklärt er Salim als Mausloch. Die Erklärungen scheinen nicht zu greifen. Es scheint, als ob Salim durchzudrehen droht. Er droht Lock und Harris mit der Erschießung von Geiseln zu beginnen, sollte der Lärm nicht aufhören.

Auch COBRA erfährt davon, dass die Geräusche die Terroristen in Aufregung versetzt haben und es zu einer Eskalation kommen könnte. Wie weiter? Wie kann die Lage entschärft und gleichzeitig mit dem Einbau der Kameras weitergefahren werden? Es wird eine kreative Lösung für das Problem gefunden.

Die Geräusche in der Wand sollen mit Lärm bekämpft werden. Ein Anruf auf dem internationalen Flughafen von Heathrow, welcher in der Umgebung der Botschaft liegt, führt dazu, dass der Flugplan für die Landungen geändert wird. Ab sofort erhalten anfliegende Passagierflugzeuge einen leicht geänderten Kurs zugewiesen, und während des Überflugs über die Häuser an der Princess Gate haben die Techniker jeweils genügend Umgebungslärm, um ihrerseits die Bohrungen für die Minikameras vorantreiben zu können.

Auch mit fingierten Arbeiten an einer Gasleitung in der Nachbarschaft in Enismore Garden lenkt die Metropolitan Police von den Abhörbauarbeiten ab. Darüber hinaus werden auch die Presslufthämmer in eingeschaltetem Zustand auf den Boden gelegt und somit einerseits Lärm, andererseits Vibrationen auf dem Boden erzeugt. Diese Maßnahme muss jedoch wieder abgebrochen werden, weil die Botschaftsbesetzer mit der Zeit ungehalten werden.

08.30 Uhr/Iranische Botschaft/No. 16 Princess Gate/London

Um die Terroristen zu besänftigen und Druck abzubauen und auch um den guten Willen der Unterhändler demonstrieren zu wollen, wird am Morgen ein Frühstück in die Botschaft geliefert.

Im Verlauf des Morgens/Iranische Botschaft/No. 16 Princess Gate/London

Die Nervosität von Salim hält im Verlauf des Morgens an. Erneut droht er Geiseln zu erschießen, sollte nicht endlich eine Entwicklung absehbar sein. Anlässlich einer neuerlichen Verhandlung, welche von PC Trevor Lock geführt wird, hält Salim, um seine Drohungen zu unterstreichen, Dr. Abdul Fazl Ezzatti, dem Kulturattaché der Botschaft, der neben ihm am Fenster steht, eine Schusswaffe an den Kopf.

12.50 Uhr/Iranische Botschaft/No. 16 Princess Gate/London

Zur Mittagszeit werden erneut Lebensmittel geliefert. Jede Übergabe ist eine Möglichkeit, um sowohl mit den Terroristen als auch den Geiseln Kontakt zu haben oder wenigstens einen Blick auf die Personen zu werfen, um einen Eindruck der Situation erhalten zu können.

Im Verlauf des Tages/Iranische Botschaft/No. 16 Princess Gate/London

Die Situation nimmt einen neuen, überraschenden Verlauf. Aufgebrachte iranische Studenten veranstalten vor dem Botschaftsgebäude eine Demonstration und wollen mit dieser Aktion ihre Unterstützung für den iranischen Revolutionsführer Ajatollah Ruhollah Khomeini zum Ausdruck bringen. Sie wollen sogar noch mehr. Sie wollen gegen die Geiseln in der Botschaft ausgetauscht werden, damit sie allenfalls als Märtyrer im Namen von Khomeini für die heilige Sache sterben können. Die Metropolitan-Polizei versucht die Demonstranten zu vertreiben, ist aber nicht erfolgreich. Zu diesem Zeitpunkt muss die Polizei mit allen Varianten einer Eskalation rechnen. Mögliche Szenarien sind zum Beispiel:

Die iranischen Studenten

- ziehen friedlich ab,

- sie stürmen die Botschaft oder
- sie werden aus der Botschaft heraus durch die Besetzer beschossen.

Für die Verhandlungsbehörden gilt es in der Folge, die Situation innerhalb und außerhalb der Botschaft zu entschärfen und zu entspannen. Sie greifen zu einer einfachen, aber wirkungsvollen Maßnahme: Es werden Zigaretten und Lebensmittel in die Botschaft geliefert, wo die Waren dankbar angenommen werden.

Der Kontakt mit der Botschaft und den Terroristen wird aber noch für etwas Weiteres genutzt. Bei der Übergabe der Waren werden die Männer verdeckt fotografiert. Dadurch gelingt es den Behörden, auch Fingerabdrücke der Männer zu nehmen. Sie können anschließend identifiziert werden. Dies ist für die Erstellung eines Profils der Männer notwendig, denn immer noch sind die englischen Behörden sich über die Herkunft und den Hintergrund der Terroristen nicht im Klaren.

Die Fotos und Fingerabdrücke werden schnellstmöglich ausgewertet, doch sie erweisen sich vorerst als Fehlschlag. Die Männer sind nirgends vermerkt oder registriert. Erst ein Anruf in der britischen Botschaft in Bagdad führt zum entscheidenden Hinweis. Die sechs Männer haben einen Visumantrag gestellt. Ab diesem Zeitpunkt sind die Botschaftsbesetzer den Behörden namentlich bekannt. Die Abklärungen bei den verschiedenen Behörden ergeben auch eine weitere Spur. Der Name ihres Begleiters und Geheimdienstoffiziers wird auch bekannt: Same Mohammed Ali.

Die Ultimaten kommen und verstreichen. Der Anführer der Terroristen ist über den Verlauf der Geschehnisse nicht zufrieden. Langsam kommen die ersten Zweifel unter den DRMLA-Freiheitskämpfern auf. Es scheint, als ob die Botschaftsbesetzer langsam ihre Lage realisieren. Die Männer um ihren Anführer Salim haben die Situation nicht im Griff:

- Sie werden vollständig von außerhalb kontrolliert.
- Sie haben zu wenig Lebensmittel.
- Das Wasser und der Strom wurden abgestellt.
- Ihr Freund ist »abgehauen« und sein Versprechen, die Aktion würde nicht lange dauern, ist auch nicht erfüllt. Das Ziel, als »Helden« in Bagdad einzuziehen, ist in weite Ferne gerückt.

Das Verhältnis zwischen den Geiseln und den Botschaftsbesetzern ist während der ersten Tage schwankend. Mehrfach wird den nicht arabischen Geiseln versichert, dass ihnen nichts passieren wird, um anschließend wieder in Drohungen umzuschwenken.

Die Forderungen werden geändert. Jetzt wird nur noch ein Bus für einen Transport auf den Flughafen sowie ein Flugzeug, welches alle außer Landes bringen soll, gefordert.

3. Mai 1980/Samstag/4. Tag der Besetzung

09.00 Uhr/Iranische Botschaft/No. 16 Princess Gate/London

Am Morgen beginnen die Verhandlungen und die Gespräche zwischen »Zulu Control« und der Botschaft von neuem. Sie werden den ganzen Tag mit Unterbrechungen anhalten. BBC-Reporter Sim Harris, PC Trevor Lock und der Syrer Mustapha

Übersicht der Namen der freigelassenen Geiseln.

Name	Funktion	Nationaliät	Varia
Frieda Mozafarian	Sekretärin Presseattaché	Iranerin	Freigelassen aufgrund gesundheitlicher Probleme am 1. Mai
Chris Cramer	BBC Newsman	Brite	War wegen eines Visa in der Botschaft/Freigelassen aufgrund gesundheitlicher Probleme
Ali-Ghoil Ghazanfar	Besucher	Pakistani	War als Tourist in der Botschaft
Hiyech Sanei Kanji	Sekretärin	Iranerin	War im dritten Monat schwanger
Mustafa Karkouti	Europa-Korrespondent der libanesischen Zeitung »As-Afir«	Syrer	War wegen eines Interviews mit dem Kulturattaché in der Botschaft/Freigelassen aufgrund gesundheitlicher Problemen

verhandeln weiterhin mit der Polizei. Auf der Suche nach gewaltfreien Lösungen treten Varianten auf, wie zum Beispiel jene, dass die Geiseln ohne Schaden freikommen, die Terroristen aufgeben und die Medien in den Berichten das Schicksal von Arabistan im Iran aufgreifen können und somit zur öffentlichen Wahrnehmung in der britischen Bevölkerung etwas beitragen können. Anführer Salim ist von der Idee einer Medienberichterstattung begeistert und fordert, dass die nationale BBC in den 21.00-Uhr-Nachrichten ein Statement verbreitet.

Harris, Lock und auch Mustapha bearbeiten daraufhin die Behörden, diese Forderung zu ermöglichen. Auf der einen Seite sind sich die drei Männer sicher, dass die Ausstrahlung der Meldung eine merkliche Reduktion des Drucks bringen, eine Verweigerung der Ausstrahlung aber zur Exekution einer Geisel führen würde.

Die Nachricht wird aus dem Fenster der Botschaft gerufen und von einem Beamten auf der Straße aufgeschrieben. Aufgrund dieser jetzt positiven Entwicklung sollen nach der Ausstrahlung der Nachricht über BBC TV News zwei weitere Geiseln, Ali Guil Ghazanfar und Hiyech Sanei Kanji, freigelassen werden.

20.17 Uhr/Iranische Botschaft/No. 16 Princess Gate/London

Frau Hiyech Sanei Kanji wird freigelassen. Für die junge Frau, welche im dritten Monat schwanger ist, ist die Tortur vorbei. Sie wird ins Spital gebracht.

21.05 Uhr/»Zulu Control«/Royal School of Needlework/London

Mit Schrecken stellt DCI Max Vernom fest, dass die BBC in ihren Neun-Uhr-Abend-Nachrichten lediglich einen Teil des Statements verbreitet. Wie wird die Reaktion auf diese Meldung sein?

Kurz nach 21.05 Uhr/»Zulu Control«/Royal School of Needlework/London

Kurz nach Ende der BBC-Nachrichten läutet das Telefon. Als DCI Vernom den Hörer abnimmt, rechnet er mit dem Schlimmsten. Doch zu seiner großen Überraschung ist ein euphorischer Salim am anderen Ende der Leitung. Das Statement wurde auf einem anderen Kanal in seiner ganzen Länge ausgestrahlt.

21.15 Uhr/Iranische Botschaft/No. 16 Princess Gate/London
Ali Guil Ghanzafar, ein pakistanischer Tourist, wird ebenfalls freigelassen.
Zirka 23.00 Uhr/Royal College of Physicians/No. 14 Princess Gate/London
Die Männer der SAS kümmern sich wenig um die entspannte Situation in der Botschaft. Ihre Überlegungen und Vorbereitungen sind immer noch und ausschließlich auf die Planung und die Ausführung eines möglichen Zugriffs fokussiert. Weil es nie genügend Informationen geben kann und weil sie auch mit einem Hausmeister der Botschaft gesprochen haben, bricht im Verlauf der Nacht und im Schutze der Dunkelheit ein Vier-Mann-Team zu einer Erkundung auf. Vom Dach des benachbarten Gebäudes No.14 klettern und schleichen sie verdeckt auf das Dach der iranischen Botschaft Princess Gate No. 16. Die Ziele dieser Erkundung sind unter anderem:
- Erkunden der Situation auf dem Dach,
- Suchen und Abklären eines möglichen Einstiegs in die unterhalb des Dachs liegende Etage und
- Abklärung möglicher Befestigungspunkte für Seile im Falle eines Abstiegs vom Dach.

Während der Erkundung finden die Männer heraus, dass das Dach in keinem guten Zustand ist. Durch eine Dachluke hoffen die SAS-Soldaten, in das Gebäude einsteigen zu können. Vorsichtig wird die Luke aufgebrochen. Von einem Kollegen gehalten, reckt ein Soldat zuerst seinen Kopf und später seinen Oberkörper hinein. Er schaut in das Badezimmer des fünften Stocks. Was er erkennen kann, lässt die Planer hoffen. Sie haben eine gute Einstiegsmöglichkeit in das Gebäude gefunden. Sie funken diese Erkenntnis in ihre Einsatzzentrale und ziehen sich anschließend wieder lautlos zurück. Dabei sind sie bemüht, keine Spuren zu hinterlassen. Vorerst sollen jedoch keine weiteren Handlungen unternommen werden. Die Verhandlungen mit den Terroristen sind in einem kritischen Stadium, doch der Special Air Service ist bereit.
23.57 Uhr/Iranische Botschaft/No.16 Princess Gate/London
Kurz vor Mitternacht werden noch einmal Lebensmittel in die Botschaft geliefert.

4. Mai 1980/Sonntag/5. Tag der Besetzung

Am Morgen/Iranische Botschaft/No. 16 Princess Gate/London
Am fünften Tag der Besetzung der Botschaft macht sich unter den Terroristen sowohl eine gewisse Ernüchterung über die eigene Situation als auch Ermüdung breit. Es scheint, als ob der richtige Zeitpunkt nahe ist, dass das Kommando aufgeben kann. DCI Vernom spricht erneut mit Salim und es entsteht der Eindruck, als ob er zu einer gewaltfreien Lösung bereit ist.

Plötzlich schlägt die Stimmung wieder abrupt um. Salims Stellvertreter, Shakir Abdullah Radhil Faisal, beginnt in einem Raum, in welchem die Geiseln festgehalten werden, beleidigende Slogans gegen den iranischen Geistlichen Ajatollah Ruhollah Khomeini und gegen die islamische Revolution an eine Wand zu schreiben. Der 28-jährige Presseattaché der iranischen Botschaft, Abbas Lavasani, kann sich nicht zurückhalten, als er die Beleidigungen sieht. Die Situation eskaliert. Verantwortlich für die islamische Disziplin innerhalb der Botschaft kann Lavasani die Beleidigungen nicht hinnehmen und beginnt seinerseits Faisal zu attackieren. Mustapha Karkouti springt auf und stürzt sich auf Lavasani, um ihn zurückzuhalten. Es gelingt ihm. Er kann den Presseattaché zu Boden drücken. Auch Trevor Lock greift in das Geschehen ein. Er befiehlt Mustapha Karkouti, Presseattaché Lavasani zum Schweigen zu bringen, ansonsten er mit seinem Verhalten alle Geiseln in Gefahr bringen wird. Der streng religiöse Lavasani ist völlig von Sinnen. Schon vorher hat Lavasani mehrfach mit den Terroristen über religiöse Themen intensiv argumentiert. Er ist nicht zum Schweigen zu bringen und sagt erneut, er sei bereit, als Märtyrer zu sterben. Faisal scheint nur darauf zu warten, Lavasani erschießen zu können. Faisal wird später von verschiedenen Geiseln als der gefährlichste von allen sechs Terroristen bezeichnet.

20.20 Uhr/Iranische Botschaft/No.16 Princess Gate/London

Der Druck, dem der Syrier Mustapha Karkouti seit dem Beginn der Besetzung ausgesetzt war, hat ihn über die Tage gesundheitlich angeschlagen. Karkouti, der bis zu diesem Zeitpunkt einen beruhigenden Einfluss auf die Situation innerhalb der Botschaft hatte und auch einer der »Keyplayer« in der Verbindung zur Außenwelt war, leidet zunehmend unter dem Stress. Trotzdem hält er den Kontakt zur Außenwelt in Zusammenarbeit mit Lock auf Geheiß der Botschaftsbesetzer aufrecht. Schließlich wird es ihm zu viel. Er kann nicht mehr; er bricht unter Tränen zusammen.

Auch Salim hat bemerkt, dass die Belastungen nicht ohne Spuren an Mustapha vorbeigingen. Er spricht mit ihm und bietet ihm an, dass er die Botschaft verlassen kann. Mustapha Karkouti nimmt das Angebot an. Seinem Wunsch, sich von allen Geiseln zu verabschieden, wird nicht entsprochen. Lediglich Trevor Lock und Sim Harris können einige Worte des Abschieds mit ihm austauschen. Anschließend verlässt der Syrer die Botschaft und wird von den Behörden in Empfang genommen. Er ist die letzte Geisel, welche die Botschaft verlassen kann. Die Botschaftsbesetzung dauert nun schon rund 100 Stunden.

5. Mai 1980/Montag/6. Tag der Besetzung/Bank Holiday

Die Besetzung geht in den sechsten Tag. Die Männer um Salim sind frustriert. Bisher ist keine der Versprechungen von Same eingetroffen. In dieser Situation flüchtet sich der Anführer in eine Vorstellung, dass die britische Polizei die drei Botschafter, welche sie hätten abholen sollen, zurückhält. Er glaubt zu wissen, dass sie nicht gerettet werden können, weil die Retter gar nicht bis zu ihnen gelassen werden! Die Möglichkeit, dass ihr Kommando lediglich ein Spielball in der Auseinandersetzung zweier Staaten am Persischen Golf gewesen sein könnte, realisiert er entweder nicht oder sie wird von ihm einfach verdrängt. Die Unzufriedenheit steigt weiter an. Aufgrund von abgehörten Gesprächen zwischen den Terroristen erhalten die Behörden den Eindruck, dass sie sich keine großen Hoffnungen mehr auf eine Flucht machen.

11.00 Uhr/Iranische Botschaft/No. 16 Princess Gate/London

Vor dem Mittag entdeckt Salim eine Ausbuchtung in einer der Wände. Der Grund für diese Beule ist das Abtragen des Verputzes und von Backsteinen einer Trennwand zwischen Princess Gate No. 16 und No. 19. Die Wand wurde von Spezialisten für eine Sprengung vorbereitet. Salim rastet aus. Er lässt alle männlichen Geiseln in den Telexraum der Botschaft im zweiten Stock mit Front zur Straße bringen. Er will die Geiseln besser im Griff haben.

11.40 Uhr/Iranische Botschaft/No. 16 Princess Gate/London

Rund 40 Minuten später zeigen sich Police Constable Trevor Lock und BBC-Journalist Sim Harris an einem offenen Fenster der Botschaft. Sie teilen der Polizei mit, dass innerhalb der nächsten 30 Minuten eine Geisel erschossen wird, sollten sich innerhalb dieser Zeitspanne keine neuen Nachrichten über die Erfüllung der Forderungen der Botschaftsbesetzer ergeben. Die Polizei versucht zu beruhigen. Sie sagt, dass die Gespräche im Gange sind.

13.00 Uhr/Iranische Botschaft/No. 16 Princess Gate/London

Später ergreift ein wütender Salim das Telefon und ruft bei der Polizei an. Er erklärt, dass die Zeit abläuft und dass nun nicht mehr verhandelt würde. Wenn nicht innerhalb von 45 Minuten ein Botschafter ans Telefon kommt, würde die erste Geisel erschossen.

Über den Mittag/Iranische Botschaft/No. 16 Princess Gate/London

Abbas Lavasani, Sim Harris und Trevor Lock werden durch die Terroristen wieder zu den anderen Geiseln geführt.

13.31 Uhr/Iranische Botschaft/No. 16 Princess Gate/London

Kurz nach halb zwei Uhr am Nachmittag sind innerhalb der Botschaft drei Schüsse zu hören. Für die Unterhändler und die Behörden ist zu diesem Zeitpunkt unklar, was in der Botschaft vorgefallen ist. War es lediglich ein Bluff der Terroristen, haben sie in die Luft geschossen oder wurde tatsächlich eine Geisel oder gar mehrere Geiseln getötet? Was ist passiert? Mit zwei Schüssen in den Kopf und einem Schuss in die Brust hat Faisal den Iraner Abbas Lavasani hingerichtet. Die Terroristen haben eben eine »unsichtbare, verbotene Linie« überschritten.

13.45 Uhr/Kommandoposten der Metropolitan Police Codename »Zulu Control«/ No. 24 Princess Gate

Die Metropolitan Police bekommt die Schüsse in der Botschaft mit. Ab diesem Zeitpunkt sind sämtliche verfügbaren Kräfte der SAS in einer erhöhten Alarmbereitschaft. Die Männer von Major Jeremy Phipps machen sich bereit.

Von 13.45 Uhr bis 19.00 Uhr/Kommandoposten der Metropolitan Police Codename »Zulu Control«/No. 24 Princess Gate/London

Im Verlauf des ganzen Nachmittages werden verschiedene Versuche gemacht, die Situation zu beruhigen. So nimmt zum Beispiel ein Senior Officer des Anti-Terrorist Squad der Metropolitan Police, Superintendent Bernhard Hodgets, telefonisch Kontakt mit der Zentral-Moschee in Regent's Park auf. Er spricht mit Dr. Sayyed Darsh, einem Imam der Moschee. Er bittet ihn, in der Botschaftsbesetzung als Mediator tätig zu werden. Weil sich Dr. Sayyed Darsh nicht in die Politik einmischen will, weigert er sich anfänglich, die Polizei zu unterstützen. Als er jedoch den Ernst der Lage erkennt, willigt er ein zu helfen. Um 15.30 Uhr wird er abgeholt und in die Polizeistation im Hyde Park gefahren.

16.45 Uhr/Kommandoposten der Metropolitan Police Codename »Zulu Control«/ No. 24 Princess Gate/London

Die Metropolitan Police ruft in der Botschaft an. Der Unterhändler erklärt dem sichtlich wütenden Salim, der das Telefon abnimmt, dass ein Brief von Commissioner Sir David McNee der Metropolitan Police nicht bis zum Ende des Ultimatums um 17.00 Uhr in der Botschaft eintreffen wird. Wieder ist es PC Trevor Lock, der den wütenden Salim beruhigen kann. Er erklärt ihm, dass der Brief möglicherweise wichtige Informationen, wie die Lage entschärft werden kann, enthalten könnte und dass es sich lohnt zu warten. Salim streckt daraufhin das Ultimatum auf 18.30 Uhr.

17.00 Uhr/Kommandoposten der Metropolitan Police Codename »Zulu Control«/ No. 24 Princess Gate/London

Während um fünf Uhr am Nachmittag des sechsten Tages Lieutenant Colonel Michael Rose dem Deputy Assistant Commissioner Dellow die Männer des Pagoda Troop für eine militärische Lösung der Situation bereit meldet, bringt auch ein Treffen von arabischen Botschaftern in London um 17.00 Uhr nicht das gewünschte Resultat. Es scheint, als ob die SAS-Angehörigen, welche sich seit der Meldung von Rose in einem zehnminütigem Stand-by-Alarm befinden, bald zum Einsatz kommen werden.

Zwischen 17.00 Uhr und 18.20 Uhr/Iranische Botschaft/No. 16 Princess Gate/London

Der Brief von Commissioner Sir David McNee wird in den Briefkasten gelegt. Salim lässt ihn holen und wird erneut wütend. Der Inhalt des in Englisch und Farsi geschriebenen Briefes: Die Polizei unternimmt alles, um die Situation unter Kontrolle zu halten. Sie bittet die Terroristen, ebenfalls ruhig und vernünftig zu bleiben und versichert, dass sie nicht als erste Gewalt einsetzen würden, solange die Botschaftsbesetzer keiner Geisel etwas antun werden.

18.20 Uhr/Kommandoposten der Metropolitan Police Codename »Zulu Control«/ No. 24 Princess Gate

Der Imam, Dr. Sayyed Darsh, trifft in »Zulu Control« ein. Während eines Gesprächs erklären ihm die Unterhändler, welche Form der Unterstützung sie von ihm wünschen. Dr. Darsh findet schnell heraus, dass es weniger um eine Mediation als vielmehr um eine Unterstützung zur Aufgabe handelt. Er ruft trotzdem in der Botschaft an. In einem arabisch geführten Gespräch beschwört er Salim, die Geiseln zu schonen, das Ultimatum zu verlängern. Er weist darauf hin, dass der Islam solche Taten verbietet und dass es für ihre Taten keine Rechtfertigung gebe. Salim erwidert ihm, dass bereits eine Geisel tot sei und er in fünf Minuten die nächste Geisel erschießen werde, sollten seine Forderungen nicht erfüllt werden. Anschließend hängt er auf.

Daraufhin wird Dr. Darsh erklärt, dass die arabischen Botschafter immer noch eine Besprechung abhalten. Noch während dieses Gesprächs zwischen dem Imam Dr. Sayyed Darsh und den Unterhändlern klingelt das Telefon. Es ist Salim. Er habe seine Meinung geändert. Nicht in fünf, sondern in zwei Minuten wird die nächste Geisel erschossen, erklärt er Dr. Darsh. Dann hängt er wieder auf.

Kurze Zeit später klingelt es erneut. Als Dr. Darsh den Hörer abnimmt, sind laut und klar drei Schüsse zu hören.

18.50 Uhr/Iranische Botschaft/No. 16 Princess Gate/London

Die Schüsse sind auch außerhalb der Botschaft zu hören. Was ist passiert und was geschieht in der Botschaft? Die Klarheit erhält die Öffentlichkeit, als kurz vor 19.00 Uhr der leblose Körper von Abbas Lavasni vor die Tür geworfen wird.

Zwischen 18.50 und 18.55 Uhr/Vor der iranische Botschaft/No. 16 Princess Gate/London

Kurze Zeit später nähern sich in gebückter Haltung zwei zivil gekleidete Männer der Polizei. Sie tragen eine Bahre. Kurz bevor sie am Eingang zur Botschaft ankommen, treten drei bewaffnete Männer aus einem Nachbarsgebäude auf den Gehsteig hinaus. Sie decken die beiden anderen Männer ab. Am Eingang angelangt, heben sie den regungslosen Körper von Abbas Lavasani auf die Bahre und decken ihn mit einem Tuch zu. Als sie denselben Weg wieder zurückgehen, ist der leblose Arm des Iraners zu sehen, der kraftlos nach unten hängt und unter den schnellen

Schritten der beiden Träger mitschwingt. Der ganze Vorgang dauert rund 90 Sekunden. Die Medien, welche sich seit Beginn der Besetzung in Sichtweite des Botschaftsgebäudes positioniert haben, verfolgen diese Szene mit. Die laufenden Kameras nehmen den Abtransport des Toten auf.

Zwischen 18.50 und 18.55 Uhr/Iranische Botschaft/No. 16 Princess Gate/London

Im Innern der Botschaft versucht Harris zu diesem Zeitpunkt verzweifelt, Salim davon zu überzeugen, dass nun der absolut letzte Moment gekommen ist, um aufzugeben. Ein sinnloses Blutvergießen könne jetzt noch verhindert werden. Es ist für die beiden Briten, Harris und Lock, absolut klar, dass ab diesem Zeitpunkt die Chancen für eine friedliche Lösung auf Null gesunken sind. Sie müssen mit einer Erstürmung der Botschaft rechnen.

Der Anführer geht nicht auf die Beschwörungen der Briten ein. Im Gegenteil, in einem Telefongespräch mit der Metropolitan Police sagt Salim, dass, wenn nicht innerhalb der nächsten 45 Minuten ein Bus vor der Botschaft steht oder sonst ein Zeichen erkennbar ist, dass es mit seinen Forderungen vorwärts geht, eine weitere Geisel erschossen wird.

Gleichzeitig/New Scotland Yard/London

Mit der Exekution von Abbas Lavasani muss DCI Max Vernom erkennen, dass seine Bemühungen und Anstrengungen, die Botschaftsbesetzung friedlich zu beenden, gescheitert sind. Ob sich die Männer aus Arabistan dessen bewusst sind, darf in Frage gestellt werden. Sir David McNee, Metropolitan Police Commissioner, telefoniert mit COBRA und informiert William Whitelaw über den Stand der Lage. Whitelaw ruft augenblicklich Premierministerin Margaret Thatcher an und bittet um die Bewilligung, die Lösung des Geiseldramas in der iranischen Botschaft dem Special Air Service zu übergeben. Seinem Antrag wird entsprochen.

Auftrag

Die Operation erhält den Decknamen »Nimrod«. Die Aufträge für die Angehörigen der SAS sind:

- Erstürmung der iranischen Botschaft,
- Befreiung der festgehaltenen Geiseln sowie
- Neutralisation der sechs Angehörigen der DRMLA.

Planung

Seit Beginn der Botschaftsbesetzung haben Lieutenant Colonel Michael Rose und Major Jeremy Phipps einen Angriffsplan ausgearbeitet und diesen mit jeder erhaltenen neuen Information verfeinert oder überprüft.

Der Angriff soll in verschiedenen Phasen stattfinden:

1. Alle Teams verschieben in die Ausgangsstellung (für diesen Vorgang benötigen sie etwa zehn Minuten).
2. Gleichzeitiger Angriff von verschiedenen Seiten. Unterstützt wird der Zugriff durch ein Ablenkungsmanöver (Zündung einer Sprengladung, die auch als Startzeichen für den Zugriff gilt, sowie durch den Einsatz von Tränengas). Jedes Team erhält klar definierte Einsatzräume respektive Stockwerke in der Botschaft zugewiesen.

3. Rettung der Geiseln, Neutralisierung der Terroristen und Sicherung aller Personen.
4. Sicherung und Durchsuchung des Gebäudes nach weiteren Terroristen oder Geiseln sowie Sprengfallen oder Sprengsätzen.
5. Rückgabe der Kontrolle an die Metropolitan Police und Rückzug respektive Abzug.

Die größten Erfolgsaussichten für einen erfolgreichen Zugriff versprechen sich die Planer des Special Air Service durch einen zeitgleichen Angriff von mehreren Teams.

Zwei Teams würden sich demnach auf der Rückseite des Botschaftsgebäudes vom Dach abseilen. Während das eine Team sich nur bis in den zweiten Stock abseilt und anschließend über den Balkon in das Gebäude eindringt, greift das zweite Team nach einem Abseilen bis zum ersten Stock von vorne an.

Das dritte Team schließlich würde auch auf der Vorderseite des Gebäudes, jedoch über den Balkon eines Nachbarhauses, No. 15 Princess Gate, in das Geschehen eingreifen. Die ganze Aktion würde durch Scharfschützen abgedeckt werden, darüber hinaus stehen weitere Kräfte als Reserve zur Verfügung respektive halten sich bereit, die Geiseln nach der Erstürmung in Empfang zu nehmen.

Die wichtigen Faktoren für den Zugriff sind »Speed« (Geschwindigkeit), »Aggression« (Aggressivität) und »Surprise« (Überraschung/Ablenkung).

Ausführung

Gleichzeitig/London

Nachdem COBRA von der neuen Entwicklung an der Princess Gate erfahren hat, werden die Verantwortlichkeiten neu geregelt. John Dellow übergibt die Lösung des Problems an die Angehörigen des Special Air Service. Premierministerin Margaret Thatcher soll angeblich noch persönlich mit den Verantwortlichen des SAS den Auftrag und die Situation besprochen haben.

Für die Männer des SAS spielt es keine Rolle, wer ihnen den Auftrag erteilt. Sie sind bereit. Die letzten sechs Tage haben sie Informationen gesammelt und ausgewertet, ein Modell der Villa gebaut und auswendig gelernt. Sie haben während dieser Zeit ihre schwarzen Anzüge nie ausgezogen und ihre Waffen und Ausrüstungen stets in Griffnähe gehalten. Ein Mitglied wird später sagen: »Ich wollte nicht, dass die Situation diplomatisch gelöst wird. Ich wollte einfach rein und meinen Job tun.«

19.07 Uhr/No. 24 Princess Gate/London

Sieben Minuten nach sieben Uhr abends übergibt die London Metropolitan Police in einer handschriftlichen Erklärung formell die Einsatzverantwortung für den Zugriff an Lieutenant-Colonel Michael Rose[19], kommandierender Offizier des 22 Special Air Service Regiment. Der Text der Erklärung, welche auf einem normalen Stück Papier aufgeschrieben wird, lautet: »At 19:07, on 5th May 1980, I, John Dellow, passed control of Iranian Embassy incident to Lt Col HM Rose«.[20] Unterschrieben ist das Dokument durch Lieutenant Colonel Rose und John Dellow. Die Operation »Nimrod« ist definitiv gestartet und ab sofort in den Händen und Verantwortung der Armee.

Wie geplant, verschieben sich die drei Teams von der Öffentlichkeit, den Botschaftsbesetzern und Geiseln unbemerkt in ihre verschiedenen Ausgangspositionen.

Was in den nächsten Minuten folgt, ist ein fein säuberlich choreografierter Ablauf für den Zugriff.

Zwischen 19.07 und 19.23 Uhr/Kommandoposten der Metropolitan Police Codename »Zulu Control«/No. 24 Princess Gate/London

Um die Terroristen vom bevorstehenden Angriff abzulenken, sind die Unterhändler angehalten, die Terroristen im Gebäude telefonisch abzulenken. Sie rufen in der Botschaft an.

Gleichzeitig/Iranische Botschaft/No. 16 Princess Gate/Im ersten Stock/London

In der Botschaft klingelt das Telefon. Salim nimmt den Telefonhörer ab und hört den Unterhändler am anderen Ende der Leitung. Der Unterhändler versichert Salim, dass sie intensiv an seine Forderung arbeiten, dass demnächst ein Bus vor der Botschaft erscheinen werde und sie mit den Geiseln auf den Flughafen Heathrow fahren werden, von wo sie mit einem Flugzeug Großbritannien mit Ziel »Mittleren Osten« verlassen können. Alles sei geplant und er, Salim, werde nicht getäuscht.

Die Absicht der Planer mit dem Telefongespräch ist zweifach. Einerseits wird der Anführer der Gruppe durch das Telefongespräch abgelenkt und andererseits ist mit der Annahme des Telefons seine exakte Position während des Gesprächs bekannt.

Mit dieser einfachen Maßnahme ist bereits einer von sechs Standorten der Terroristen bekannt. Gelingt die Erstürmung des Gebäudes nach Plan und können sowohl Tränengas-Granaten (CS) als auch Spezial-Blend-Lärmgranaten[21] geworfen werden, ist der Überraschungsmoment auf Seiten der Angreifer. Die Wahrscheinlichkeit, dass der Anführer immer noch neben oder wenigstens in der Nähe des Telefons steht, ist dabei sehr groß. Er wird somit zu einem unmittelbar zu neutralisierenden Ziel in den ersten Sekunden des Zugriffs.

Salim ist im Glauben, dass die Polizei endlich auf seine Forderungen eingeht und der angeforderte Bus in wenigen Augenblicken zur Verfügung stehen wird. Während

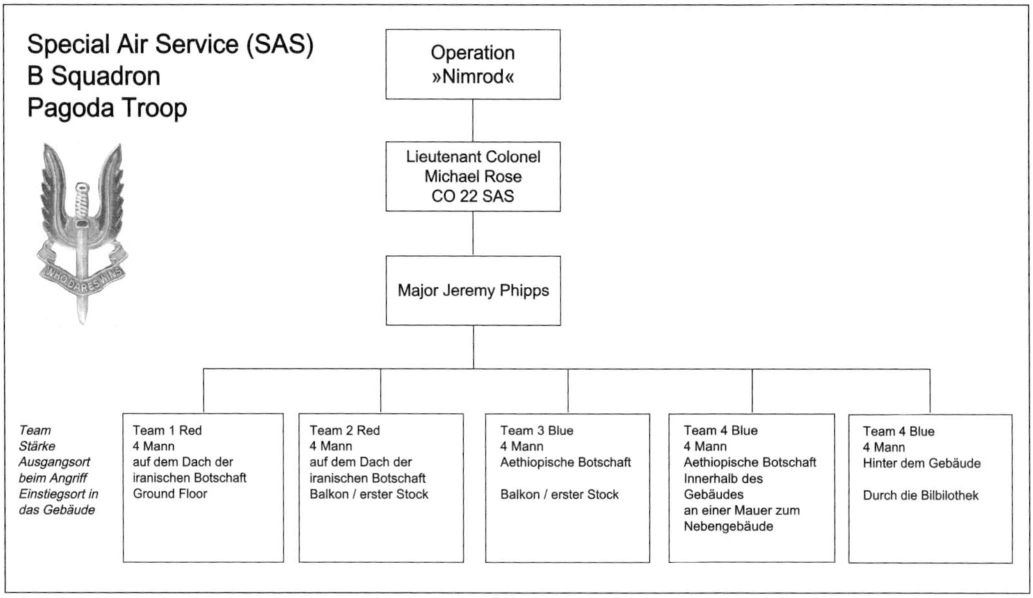

Special Air Service (SAS) B Squadron Pagoda Troop

des Gesprächs hört Salim plötzlich verdächtige Geräusche von außerhalb der Botschaft. Noch während des Gesprächs versichert ihm der Unterhändler, dass niemand um das Gebäude unterwegs sei. Er glaubt den Beteuerungen des Unterhändlers nicht, legt den Hörer ab und will nachschauen.

Zirka 19.20 Uhr/»Team Red«/Rückseite, iranische Botschaft/No. 16 Princess Gate

Von den Medien unbemerkt haben sich in den letzten Minuten zwei SAS-Teams von »Team Red« auf dem Dach der Botschaft in Stellung gebracht. Sie haben sich in vier Zweierteams aufgeteilt. Zu diesem Zeitpunkt sind die Seile, welche sie in wenigen Augenblicken für den Abstieg verwenden werden, schon fest installiert, gesichert und überprüft. Auf den Befehl »London Bridge« werden alle Teams gleichzeitig den Zugriff starten.

Zwischen 19.20 und 19.23 Uhr/»Team Red«/Rückseite, iranische Botschaft/No. 16 Princess Gate/London

Die beiden SAS-Teams, welche von der Rückseite der Botschaft den Zugriff beginnen werden, erhalten den Befehl »Road Accident«, den Befehl, um in Position zu gehen. Die Teams sind bereit. »London Bridge«, das Codewort für den Angriff, wird gefunkt. Es geht los!

Während auf der Vorderseite ein SAS-Team von »Team Blue« gleichzeitig daran ist, die Sprengladung zu platzieren, beginnt um 19.23 Uhr mit der Zündung einer Sprengladung, welche im dritten und zu diesem Zeitpunkt leeren Stock explodiert, für alle hörbar der Angriff.

Ein Angehöriger des Special Air Service dringt über den Balkon im ersten Stock in die iranische Botschaft ein. Sekunden zuvor wurden Schockladungen und Tränengasgranaten gezündet. Im Innern des Gebäudes bricht ein Feuer aus.

Die acht SAS-Angehörigen von »Team Red« seilen sich vom Dach ab. Ihre Ziele sind der erste und der zweite Stock. Die ersten beiden Paare kommen ohne Probleme und unbemerkt auf den Balkon. Doch dann genau passiert es: Ein SAS-Trooper blockiert sich beim Abseilen vom Dach in der Art, dass er genau auf Höhe eines der Fenster hängen bleibt. Mit seinem Schuh kommt er ans Fenster und das Geräusch ist auch im Inneren zu hören. Der SAS-Trooper meldet seinen Zwischenfall via Funk an seine Einsatzzentrale. Die Konsequenz dieses Zwischenfalls ist, dass die beiden anderen SAS-Trooper, welche über ihm am Seil hängen, in dieser Situation nicht die Sprengladungen anbringen und zünden können, ohne die Gefahr einzugehen, ihre eigenen Soldaten zu verletzen. Sie lösen das Problem, indem sie die Fenster mit Vorschlaghämmer einschlagen und ihre »Stun Grenade« in das Gebäude werfen. Der durch einen Knoten im Seil blockierte SAS-Trooper schneidet sich in der Zwischenzeit ab und fällt auf den Balkon, von wo er wieder aufsteht und an der Erstürmung – wenn auch an einer anderen als ursprünglich geplanten Stelle – teilnimmt. Bei einer bei der Erstürmung in Brand geratenen Gardine verletzt er sich leicht.

Nach 19.23 Uhr/»Team Red«/Iranische Botschaft, zweiter Stock/No. 16 Princess Gate/ London

»Team Red« dringt durch drei Fenster in zwei Räume des zweiten Stocks ein. Bevor sie den Raum stürmen, werfen auch sie »Stun-Granaten« in den Raum. Als sie unmittelbar nach der Explosion der Granaten in den Raum kommen, müssen die Männer zu ihrer Überraschung feststellen, dass die Geiseln nicht, wie ursprünglich angenommen, im Raum sind. Aufgrund ihrer Vorbereitungen und des Modells mit allen Räumen der Botschaft können sie jedoch erahnen, wo sie festgehalten werden. Sie brechen durch zwei geschlossene Türen und befreien die Frauen, welche im Chiffrierraum festgehalten werden.

Dass sich im zuerst gestürmten Raum wegen der eingesetzten Granaten Zeitungen entzünden, bemerken sie vorerst nicht. Sie sind auf andere Dinge fokussiert. Anschließend preschen sie in Richtung des Telexraums, wo sich die kontroverseste Situation während der Erstürmung abspielen wird. Dabei unterscheiden sich in einigen entscheidenden Details auch die Schilderungen der Beteiligten.

Die Terroristen Makki Hanoun und Shakir Sultan Said bewachen zum Zeitpunkt des Angriffsbeginns den Raum mit den meisten der Geiseln. Als »Nimrod« losbricht, die Explosionen und Schüsse aus dem Gebäude zu hören sind, realisieren die beiden Araber sofort die Lage. Sie erheben ihre Waffen und beginnen auf die Geiseln zu schießen. Zwei im Raum befindliche Geiseln werden von den Kugeln tödlich getroffen. Der 31-jährige Ali-Akbar Samadzadeh, einer der beiden Presseattachés der Botschaft, bricht tödlich getroffen zusammen; der 37-jährige medizinische Berater Ahmed Dadgar wird von sechs Kugeln schwer getroffen. Er hat großes Glück und überlebt schwer verletzt. Eine Kugel geht knapp am Herzen vorbei, zwei weitere Kugeln treffen seine Hüften. Er bricht zusammen, kann aber bei vollem Bewusstsein die folgenden Augenblicke noch miterleben. Sowohl Dr. Ali Afrouz, der von zwei Kugeln verletzt wird, als auch der getroffene Abbas Fallahi überleben.

Unter den laufenden Kameras stürmen die SAS-Angehörigen das Gebäude. Die Männer tragen schwarze Uniformen und Gasmasken mit getönten Gläsern. Die bewusst bedrohlich und martialisch aussehende Ausrüstung hat unter anderem den Zweck, einen Gegner für einen Sekundenbruchteil einer Sekunde zu irritieren, in welche der SAS-Angehörige schießen kann.

Als die beiden Terroristen, welche eben noch die Geiseln bedroht und beschossen haben, realisieren und hören, dass sich die SAS-Trooper nähern und ihnen auch die Geiseln zurufen, aufzugeben, werfen sie ihre Waffen fort. Fernsehaufnahmen werden später zeigen, dass Waffen aus dem Fenster geworfen wurden und ein weißes Kleidungsstück als Zeichen der Aufgabe zu sehen ist. Als schließlich zwei SAS-Soldaten den Raum stürmen, finden sie eine Gruppe von Personen, welche mit den Händen über dem Kopf am Boden sitzen. Die Soldaten schreien sofort die Personen an: »Who are the terrorists?« Mit einem Fingerzeig auf die Terroristen besiegeln ehemalige Geiseln das Schicksal und das Leben ihrer beiden Bewacher. Die Männer werden von den Geiseln separiert und noch im selben Raum erschossen.

Im Nachgang werden andere Geiseln aussagen, die Männer hätten in Farsi »Tasleem, Tasleem!« – »Wir ergeben uns!« gerufen.

Die SAS-Angehörigen beschreiben die Szene anders. Sie wären nicht sicher gewesen, ob ihre Gegner noch Pistolen oder Granaten auf sich trugen, weshalb sie geschossen haben. So habe sich zum Beispiel Makki bei der Festnahme gewehrt und zudem eine verdächtige Bewegung gemacht. Bei seiner Durchsuchung wird eine russische Handgrante gefunden.

Das andere Team, welches auch im zweiten Stock von der Rückseite in die Botschaft eingedrungen ist, trifft auf dem Weg durch die Räume auf einen Terroristen, welcher in Richtung des Telex-Raumes rennt. Sofort wird das Feuer eröffnet. Der Terrorist bricht tot zusammen.

Zirka 19.22 Uhr/»Team Blue«/Vorderseite, außerhalb der Botschaft, erster Stock/ Princess Gate/London

Zirka um 19.22 Uhr erscheinen aus den beiden Gebäuden links und rechts der iranischen Botschaft schwarz gekleidete Gestalten. Während zwei SAS-Soldaten mit einer Leiter vom Balkon von No. 15 auf den Balkon von No. 16 klettern, sichert ein einzelner SAS-Trooper von einem Balkon von No. 17 das Vorgehen der beiden anderen Trooper ab.

Zirka 19.23 Uhr/»Team Blue«/Vorderseite, außerhalb der Botschaft, erster Stock/ Princess Gate/London

Auch auf der Vorderseite geht der Angriff weiter. Innerhalb von nur rund 30 Sekunden sind die beiden SAS-Männer auf den Balkon im ersten Stock hinübergeklettert, haben eine der vorbereiteten und berechneten Sprengladungen »frame charge« platziert und kehren in ihre Ausgangsstellung zurück.

Als die Sprengladung gezündet wird, entwickelt sich, nach einer lauten Explosion, eine große grauweiße Wolke. Für eine kurze Zeit nimmt die Wolke jegliche Sicht auf die Fassade der Botschaft. Erst als sie aufsteigt und sich langsam auflöst, ist die Sicht wieder frei. »Team Blue« nutzt die Verwirrung und klettert auf den Balkon No. 16 zurück, um von der Frontseite den Angriff zu starten. Die mit einer Schutzmaske ausgerüsteten SAS-Trooper dringen in den ersten Stock des Gebäudes ein. Im Innern des Gebäudes teilen sie sich sofort in zwei Zweiergruppen auf. Als sie den Raum stürmen, kommt ihnen BBC-Mann Sim Harris entgegen, der sich vom Angriff auf der Rückseite in Sicherheit bringen will. Zum Glück für ihn wird er von den SAS-Trooper als Geisel erkannt und nicht erschossen. Er kann aus dem Gebäude auf einen Balkon klettern und sich in Sicherheit bringen. Später wird er in das Gebäude No. 17 klettern.

Durch die Sprengladung sind die Vorhänge des Raums in Brand geraten, und es entsteht ein Feuer, das in den nächsten Minuten immer intensiver wird. Noch während die Erstürmung im Gange ist, wird von der gegenüberliegenden Seite durch die Feuerwehr versucht, das Feuer einzudämmen. Außerhalb der Botschaft sind die

BBC-Journalist Sim Harris bringt sich über den Balkon der iranischen Botschaft in Sicherheit. Während seine Flucht von außen abgedeckt ist, stürmen die Angehörigen des Special Air Service (SAS) das Gebäude.

verzweifelten Schreie der Geiseln zu hören und das charakteristische Geräusch der HK5-Maschinenpistolen im Einsatz.

Gleichzeitig/Äthiopische Botschaft/No. 15 Princess Gate/London

Während außerhalb der Botschaft die Vorbereitungen für den Zugriff im vollen Gange sind, hat sich ein weiteres SAS-Team in der äthiopischen Botschaft bereit gemacht. Das Team wird im Augenblick des Zugriffs die bereits vorbereitete Wand zwischen den beiden Häusern sprengen und durch das entstandene Loch in der Wand in die iranische Botschaft eindringen.

Auch außerhalb der Botschaft sind SAS-Teams in Stellung gegangen. Um den Einsatz zu unterstützen, schießen sie Tränengas-(CS-)Granaten durch die Fenster. Unter aggressiven CS-Bedingungen wird es für die Terroristen, welche keine Schutzmaske tragen, schwieriger werden, geführt, konzentriert und überlegt den Zugriff der SAS abzuwehren. Des Weiteren sind die Scharfschützen der Metropolitan Police entsprechend vorbereitet und bereit einzugreifen, sollten die Vorbereitungen des SAS durch die Terroristen entdeckt werden.

19.24 Uhr/»Team Blue«/Iranische Botschaft, erster Stock/No. 16 Princess Gate/London

Als Salim einen Raum im ersten Stock betritt und in Sekundenbruchteilen realisiert, dass der Angriff losgeht, und entdeckt, wie ein SAS-Angehöriger im Begriff ist, durch das Fenster zu brechen, hebt er seine Waffe und will auf ihn schießen. PC Trevor Lock, der erkennt, dass der Terroristenanführer auf den SAS-Mann schießen will, stürzt sich kurzerhand auf den Terroristenanführer und reißt ihn zu Boden. Trevor Lock, der die ganze Zeit seine Dienstwaffe – einen 0.38-Revolver – versteckt bei sich getragen hat,

Dramatischer Moment in der Anfangsphase der Erstürmung der iranischen Botschaft. Während aus dem Innern Schüsse zu hören sind, versucht sich eine Geisel über den Balkon zu retten.

will Salim erschießen. Ein heftiges Handgemenge zwischen den beiden Männern entsteht. Der Kampf dauert so lange, bis sich der SAS-Mann den Weg durch das Fenster in der Raum bahnen kann. Er geht schreiend auf die beiden am Boden kämpfenden Männer zu und ruft PC Lock zu: »Trevor leave off!«[22] Lock reagiert sofort richtig. Er rollt sich zur Seite und ermöglicht dadurch dem SAS-Trooper ein freies Schussfeld. Dieser zögert auch nicht lange und leert ein ganzes Magazin seiner Heckler & Kock MP5 in den noch am Boden liegenden Anführer. Salim wird unter anderem im Kopf getroffen und ist sofort tot. Für seine Taten während der gesamten Botschaftsbesetzung wird Police Constable Trevor Lock später das George Cross[23] erhalten.

Ein weiterer Terrorist wird von den Angehörigen des »Team Blue« entdeckt. Sofort wird geschossen. Obwohl verletzt, versucht dieser sich in das Büro des Botschafters zu retten. Erfolglos. Zwei Angehörige von »Team Blue« werfen »Stun Granades« in das Büro, um unmittelbar nach der Explosion in den Raum zu stürmen. Ein weiterer Terrorist wird erschossen.

Zwischen 19.24 Uhr und 19.40 Uhr/Iranische Botschaft, Rückseite/ No. 16 Princess Gate/London

Sobald die Lage einigermaßen übersichtlich ist, beginnen die Männer der SAS, die befreiten und verängstigten Geiseln nach unten zu führen. Bei dieser Gelegenheit wird

Schwarze Rauchwolken quellen aus dem ersten Stock, da bei der Erstürmung die Vorhänge in Brand geraten sind.

ein weiterer Terrorist entdeckt, welcher mit gesenktem Kopf und einer Granate in der Hand unter den Geiseln versteckt im Begriff ist, das Gebäude zu verlassen. Da er sich unter den Geiseln aufhält, ist es zu diesem Zeitpunkt unmöglich, das Feuer auf ihn zu eröffnen. Aus diesem Grund schickt ein SAS-Trooper den Terroristen mit einem Schlag mit dem Kolben einer MP5 zu Boden. Er fällt eine Treppe hinunter; weg von den Geiseln, jedoch genau in die Feuerlinie zweier weiterer SAS-Trooper am Ende der Treppe, welche sofort beide auf ihn schießen. Zum Glück ist der Pin der Granate, welche er in den Händen hält, noch nicht gezogen. Die Granate kann nicht explodieren. Die spätere gerichtsmedizinische Untersuchung wird ergeben, dass der fünfte Terrorist insgesamt 78 Einschusslöcher aufweist. Jetzt fehlt nur noch ein Terrorist. Irgendwo muss er sein.

Zwischen 19.28 Uhr und 19.40 Uhr/Iranische Botschaft, Rückseite/ No. 16 Princess Gate/London

Kurz vor 19.30 Uhr werden die ersten Geiseln außerhalb der Botschaft in Empfang genommen. Bis zur genauen Erklärung jeder Identität gelten prinzipiell alle Personen primär als feindlich. Aus diesem Grund werden die Geiseln von einem »Empfangskomitee« begrüßt, welches sich sofort und mit Nachdruck allen Personen annimmt. Sämtliche Personen, welche eben noch der Gefahr einer Erschießung durch die Terroristen ausgesetzt waren, müssen bis zur endgültigen Identifikation bewacht und festgehalten werden. Das geht so weit, dass die Geiseln mit Handschellen mit dem Gesicht nach unten im Garten hinter der Botschaft liegend sichergestellt werden. Anlässlich einer neuerlichen Durchsuchung wird schließlich der fehlende sechste Terrorist, der 23-jährige Fowzi Badavi Nejad, durch Sim Harris identifiziert. Er wird durch einen SAS-Trooper aufgenommen und in Richtung der Botschaft zurückgeführt. Zum Glück für den sechsten Terroristen bemerkt ein anderer SAS-Trooper die Absicht seines Kollegen und hält ihn zurück. Hätte der SAS-Trooper den Mann in die Botschaft zurückgeführt und ihn im Innern erschossen für die Medien, welche den Vorgang mitverfolgen konnten, wäre es einer öffentlichen Hinrichtung gleichgekommen.

Fowzi Badavi Nejad wird der einzige Terrorist sein, welcher die sechstägige Besetzung der iranischen Botschaft überleben wird. Für seine Beteiligung an der Botschaftsbesetzung wird er später von einem britischen Gericht zu 25 Jahren Haft verurteilt.

Die Durchführung der Operation »Nimrod« dauerte nur 17 Minuten. Als sich der Rauch und der Lärm wieder senken, werden die Resultate der Erstürmung sichtbar:

- Mit Ausnahme einer Geisel haben alle Geiseln die Erstürmung überlebt.
- Fünf der sechs Terroristen sind tot.
- Die Erstürmung der »schwarzen Männer des Special Air Service«, welche vor laufenden Kameras stattgefunden hat, war ein klares Signal der britischen Regierung an alle Terrororganisationen, was sie für den Fall zu erwarten haben, wenn sie im »britischen Mutterland« angreifen oder operieren wollen.

19.40 Uhr/Iranische Botschaft/No. 16 Princess Gate/London

Noch bevor die Männer des Special Air Service abziehen, werden sämtliche Räume der Botschaft durchsucht, um sicherzustellen, dass sich nicht noch irgendwo eine Geisel oder sogar ein Terrorist versteckt. Der SAS-Angehörige, der sich beim Zugriff leichte Brandverletzungen zugezogen hatte, ist zu diesem Zeitpunkt bereits in einem Spital.

19.53 Uhr/Iranische Botschaft/No. 16 Princess Gate/London

Sieben Minuten vor acht Uhr wird die formelle Kontrolle wieder an die Metropolitan Police zurückgegeben und die Männer des 22 SAS Regiment ziehen sich zurück.

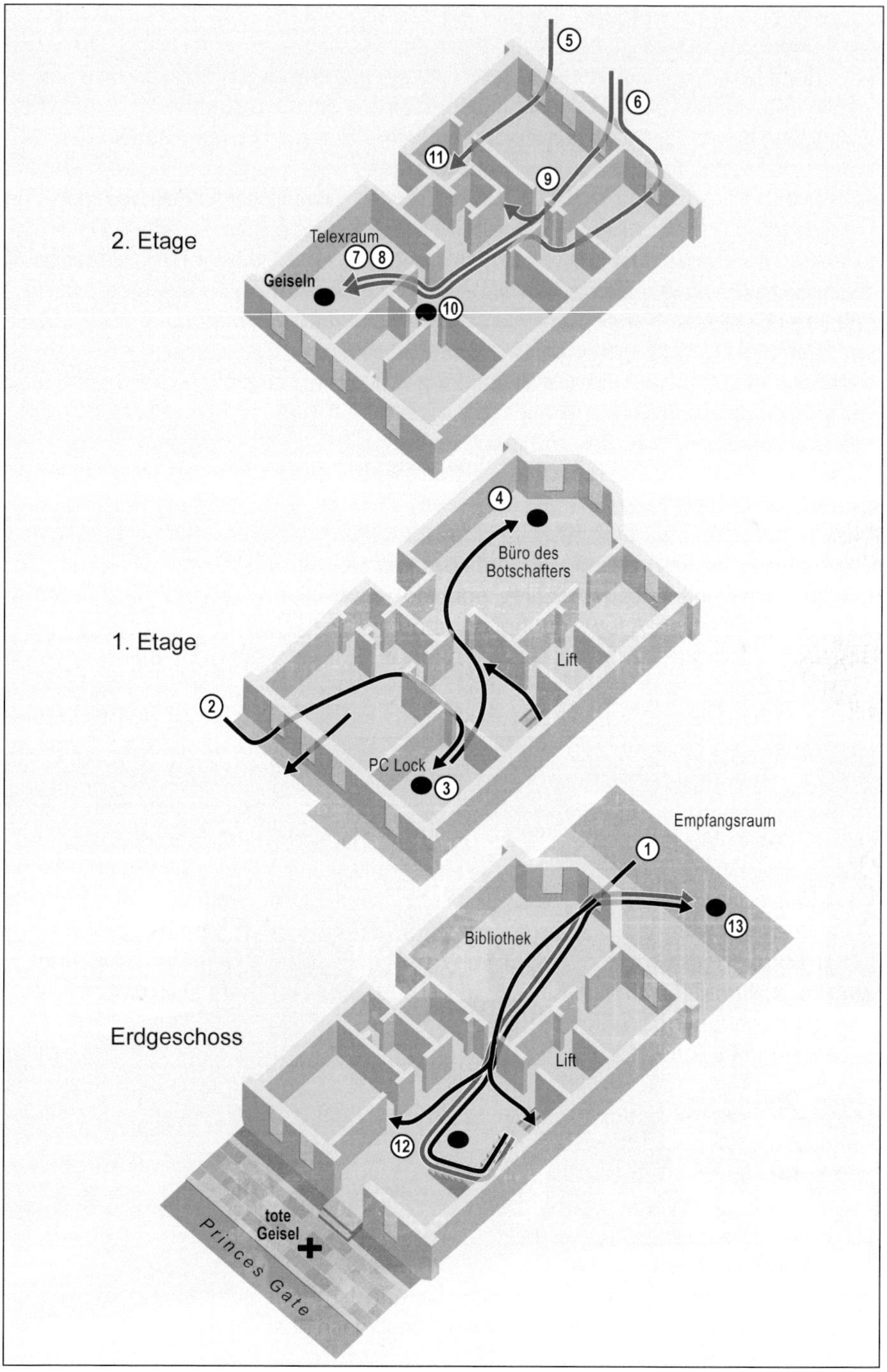

Schematische Darstellung des Zugriffs in die Räume der Botschaft.

1. Operation »Nimrod« begann mit dem gleichzeitigen Zugriff verschiedener Teams.

2. Auf der Vorderseite dringt ein Vier-Mann-Team durch die Fenster in die erste Etage ein und rettet BBC-Journalist Sim Harris.

3. Im Nebenzimmer stürzt sich Trevor Lock auf einen der Terroristen und ringt ihn zu Boden. Als ein SAS-Mitglied in den Raum stürmt und ihm zuruft, er solle auf die Seite rollen, macht er es wie befohlen, wonach der SAS-Mann den Terroristen mit seiner HK MP5 erschießt.

4. Ein weiterer Terrorist versucht sich in das Büro des Botschafters zu retten. Nachdem zwei SAS-Mitglieder »Stun Granades« ins Büro geworfen haben, stürmen sie unmittelbar nach der Explosion den Raum. Auch dieser Terrorist fällt im Kugelhagel der Spezialeinheit.

5. Auf der Hinterseite versucht »Red Team« ins Backoffice zu gelangen, doch ihre »Stun Granades« lösen im Raum einen Brand aus.

6. Ein SAS-Mitglied des »Red Team« verfolgt nach seinem Eindringen einen Terroristen, welcher versucht, sich in den Telex-Raum zu retten.

7. Im Telex-Raum beginnen drei Terroristen auf die Geiseln zu schießen.

8. Ein vierter Terrorist betritt den Telex-Raum und wird jedoch von einem vorstürmenden SAS-Mitglied erschossen.

9. Die restlichen Mitglieder des »Red Teams« stürmen in den Telex-Raum.

10. Die SAS-Männer bemerken, dass ein Terrorist eine Granate bei sich hat, worauf er sofort erschossen wird.

11. Die drei im Verschlüsselungsraum sich aufhaltenden Geiseln werden entdeckt und befreit.

12. Als die Geiseln auf dem Weg nach draußen in den Garten geführt werden, wird ein Terrorist entdeckt, welcher versucht, eine Granate zu zünden. Es gelingt ihm nicht. Er wird erschossen.

13. Zur Identifikation werden alle Geiseln im Garten überprüft, dabei wird der letzte Terrorist entdeckt. Verletzt überlebt er als einziger der ursprünglich sechs Männer.

Die ganze Operation dauerte rund 17 Minuten.

Übersicht der Namen der Terroristen

	Name	Alias	Funktion	Varia
1	Awn Ali Mohammed	Salim	Anführer	Sprach englisch, arabisch und farsi/erschossen
2	Shakir Abdullah Fadhil	Feisal	Stellvertreter	Sagte gegenüber den Geiseln, dass er in politischer Haft war und gefoltert wurde/erschossen
3	Makki Hounoun Ali	Makki	Mitläufer	Sprach nur arabisch und farsi/erschossen
4	Thamir Mohamed Husein	Abbas	Mitläufer	Sprach nur arabisch und farsi/erschossen
5	Shakir Sultan Said	Shai	Mitläufer	Sprach nur arabisch und farsi/erschossen
6	Fowzi Badavi Nejad	Ali	Mitläufer	Sprach nur arabisch und farsi/Überlebt die Erstürmung und wird zu 25 Jahren Haft verurteilt

Nachtrag

Nach 20.00 Uhr/Iranische Botschaft/No. 16 Princess Gate/London

Nachdem die Geiseln eine erste medizinische Versorgung erhalten haben, werden sie alle ins Heden Police College gefahren, wo für sie das Debriefing beginnt. Lediglich Police Constable Trevor Lock wird zu Scotland Yard gefahren, wo er seinen Vorgesetzten trifft.

20.15 Uhr/Kommandoposten der Metropolitan Police Codename »Zulu Control«/ No. 24 Princess Gate/London

Kurz nach acht Uhr abends erklärt die Polizei die Botschaftsbesetzung als beendet und auch Home Secretary und Chairman von COBRA, William Whitelaw, bezeichnet die Operation »Nimrod« als »einen außerordentlichen Erfolg«.

21.45 Uhr/Regents Parks Barracks/London

Noch am selben Abend besuchen Premierministerin Margaret Thatcher und ihr Mann Denis die SAS-Männer in den Regents Parks Barracks, wohin sie sich nach der erfolgreichen Aktion zurückgezogen haben. Sie dankt den Angehörigen des 22 SAS Regiment für ihre hervorragende Arbeit. Bei dieser Gelegenheit soll angeblich auch die Aussage gefallen sein, sie – die SAS – hätten den Auftrag nicht erfüllt, weil ein Terrorist die Erstürmung überlebt hat.

Trotz der positiven Grundstimmung traten auch kritische Fragen auf, wie zum Beispiel:

- Warum hat das britische Außenministerium den arabischen Diplomaten nicht erlaubt, Kontakt zu den Terroristen aufzunehmen?
- Warum wurden die – fünf von sechs – Terroristen erschossen?
- Wäre in der gleichen Art und Weise vorgegangen worden, hätten sich mehr britische Geiseln in der Gewalt der Terroristen befunden?

Analyse und Wertung der Operation

Vorbereitung

Die Planer der SAS haben die Zeit bis zum Einsatz intensiv für das Sammeln von Informationen und für die Aufklärung auch am Objekt genutzt. Die freigelassenen Geiseln wurden befragt und Personen, welche Zugang zur Botschaft hatten, oder auch Handwerker, welche Arbeiten in der Botschaft ausgeführt haben, um Informationen angegangen. Jede Information wurde auf ihre Relevanz überprüft und in die rollende Planung für einen Einsatz eingebaut. Als schließlich der Einsatzbefehl kam, waren die Angehörigen entsprechend gut vorbereitet.

Training

Ein Training am Objekt war aufgrund der Ausganglage nicht möglich. In Situationen wie während des Eindringens in ein Gebäude konnten sich die Männer nur auf das hundertfach in jeglicher Ausprägung trainierte Standardverhalten und ihre Fähigkeiten des Waffengebrauchs verlassen, um auch jene Situationen improvisiert erfolgreich ausführen zu können, welche nicht vorhersehbar sind.

Geheimhaltung

Obwohl in der britischen Presse über den Einsatz der SAS spekuliert wurde, gelang es dem Special Air Service, die Planung und die Vorbereitung ohne Störung anzugehen. Die verdeckte Vorbereitung war einer der Erfolgsfaktoren für die Ausführung.

Ausführung

Der Zugriff konnte in der Art und Weise durchgeführt werden, wie er vorgesehen war. Trotz der Probleme beim Abseilen eines der Angehörigen wurde der »Fluss« der Operation nicht gestoppt oder in der Ausführung behindert. Einmal zeigt sich in solchen Situationen, dass die »Absicht« des Chefs bei einer Aufgabe allen klar sein muss, damit die Männer im Falle einer Störung entsprechend vor Ort selbstständig und im Sinne des Auftrags handeln können.

Weiter wurde keine der Geiseln durch einen Schuss der SAS verletzt oder gar getötet. Schon dieser Umstand verdeutlicht die Professionalität der Männer des Pagoda Troops.

Auslegung der Anlage

Angesichts eines großen Gebäudes mit rund 50 Zimmern sowie einer beachtlichen Anzahl von Geiseln war das effektive Vorgehen der SAS mit dem gleichzeitigen Einstieg von verschiedenen Seiten die Variante mit der größten Erfolgswahrscheinlichkeit. Galt es doch, innert kürzester Zeit die Geiseln zu retten, die Terroristen zu neutralisieren und die Lage unter Kontrolle zu bringen. Der massive Einsatz von Tränengas hat Vor- und Nachteile. Unter der Annahme, dass die Besetzer keine Schutzmasken tragen, wird es ihnen im direkten Kontakt mit dem Tränengas fast unmöglich, konzentriert vorzugehen. Der Nachteil beim Einsatz von Tränengas liegt daran, dass die Bewegungs- und Sichtfreiheit der Angreifer mit einer Maske eingeschränkt werden. Trotzdem bringt der Einsatz von Tränengas einen großen taktischen Vorteil.

Ein anderer wichtiger Aspekt ist die Verfügbarkeit ausgebildeter Angehöriger eines Antiterrorteams. Im Falle des SAS in London spielt es weniger eine Rolle. In einem Land jedoch, welches nicht über eine genügend große und entsprechend ausgebildete Anzahl von Antiterrorspezialisten verfügt, wird die Durchführung eines solchen Einsatzes schwieriger.

Verhalten des Gegners während der Operation

Obwohl jede Geiselnahme sich von anderen unterscheidet, folgen viele einem vergleichbaren Muster.

Phase 1: In der ersten Phase einer Besetzung ist für alle Parteien die Situation unklar. Auf Seiten der Besetzer werden die Örtlichkeiten gesichert, die Geiseln zusammengeführt und die Aufgaben der einzelnen Mitglieder verteilt. In dieser Phase ist die Nervosität und Anspannung unter den Terroristen und Geiseln sehr hoch. Auf Seiten der Polizei beginnt erst das Hochfahren von allen Maßnahmen wie Abriegelung des Geländes und der Zugänge, Einrichten eines Kommandopostens in der Nachbarschaft des »Hot Spots«, Herstellung einer Verbindung zu den Terroristen und generell möglichst viele Informationen über die Ausgangslage zu sammeln. In der Phase »eins« stellen die Besetzer in der Regel möglichst schnell ihre Forderungen. Die Polizei kann die Situation zum Zeitpunkt des Beginns entschärfen, indem einerseits Lebensmittel/Getränke und Zigaretten übergeben werden, andererseits den Besetzern erlaubt wird, ihr »Anliegen« allenfalls über die Medien zu verbreiten.

Phase 2: In der zweiten Phase – vor allem, wenn die Besetzung länger dauert als ursprünglich vorgesehen – findet eine Konsolidierung statt. Die Polizei ist eingerichtet, übernimmt mit jeder Stunde mehr die Kontrolle über die Situation und die Besetzer realisieren, dass um jede Forderung, jedes Zugeständnis gerungen werden muss. In dieser Phase kommt es oft zur Freilassung von Geiseln. Dies kann verschiedene Gründe haben: Geiseln mit gesundheitlichen Problemen stellen die Besetzer vor schwierige Probleme und auch die Reduktion der Geiseln erlaubt allenfalls eine Anpassung ihrer Bewachung und Überwachung. In dieser Phase entsteht auch eine Art von »Beziehung« sowohl zwischen den Besetzern und den Geiseln als auch zwischen den Besetzern und den Verhandlungspartnern auf Seiten der Polizei. Die Besetzer kommen in dieser Phase oft von ihren Forderungen ab.

Phase 3: In der dritten Phase – vor allem, wenn die Besetzung über eine längere Zeitdauer geht – steht die Erarbeitung einer Lösung im Vordergrund. Von Seiten der Besetzer sind dies Forderungen im Zusammenhang mit einer gesicherten Flucht.

Phase 4: In der vierten Phase steht die Auflösung der Situation im Vordergrund.

Jede Änderung in diesem Ablauf führt zu einer Neubeurteilung der Lage. Werden zum Beispiel Abmachungen nicht eingehalten oder noch schlimmer, werden Geiseln getötet, hat dies je nach den Vorgaben der Behörden respektive der Regierung sofort Konsequenzen.

Die sechs Männer der DRMLA sind von falschen Voraussetzungen ausgegangen respektive wurden von ihrem Ansprechpartner ausgenutzt. Je länger die Besetzung dauerte, desto weniger Chancen hatten die Terroristen, da die Sicherheitsbehörden immer mehr Mittel vor Ort einsetzen konnten und auch immer mehr Informationen über die Lage erhielten.

Da sie nicht sterben wollten, hatten sie mit dem Entscheid, eine Botschaft zu besetzen, letztlich schon verloren.

Verluste

Das Hauptziel jeder Verhandlung von Regierungen westlicher Staaten ist die Rettung der Geiseln. Solange die Geiselnehmer das Leben ihrer Geiseln respektieren, gehen die Verhandlungspartner davon aus, dass eine unblutige Lösung noch im Bereich des Möglichen ist. Mit der Tötung des Botschaftssekretärs Abbas Lavasani hatten die Terroristen jedoch eine neue Ausgangslage geschaffen, welche zum unmittelbaren Einsatz der SAS führte. Das Leben von Lavasani war nicht zu retten. Der Tod und die Verwundung weiterer Personen während der Erstürmung gehören zum Risiko jeder Geiselbefreiungsaktion. Der Special Air Service erlitt keine Verluste. Lediglich der SAS-Trooper, welcher sich beim Abseilen verfing, verletzte sich leicht.

Psychologischer Effekt der Operation und Image

Die erfolgreiche Operation »Nimrod« hatte sowohl national als auch international eine große politische und militärische Ausstrahlung.

Die englische Premierministerin Margaret Thatcher unterstrich mit der Entscheidung, die Operation »Nimrod« zu starten, ihren Ruf als »eiserne Lady« und darüber hinaus ihre Haltung, mit Terroristen nicht zu verhandeln.

Auch für den Special Air Service hatte die Operation »Nimrod« einen enormen »Payback«:

National

- »Nimrod« zerrte die öffentlichkeitsscheuen Angehörigen des Special Air Service in das Rampenlicht. Die Fotos und die Filmaufnahmen der Erstürmung dominierten die Berichterstattung. So sehr das Kommando der SAS und auch die Regierung das diskrete Wirken dieser Männer unter Verschluss halten möchten und es immer noch tun, war doch der erfolgreiche Zugriff in »Princess Gate« die beste Werbung für den Nachwuchs. Eine Erfahrung, welche drei Jahre zuvor der deutsche Bundesgrenzschutz mit der GSG 9 nach der erfolgreichen Erstürmung der Lufthansa-Boeing »Landshut« schon gemacht hatte.
- Nach »Nimrod« wollten viele britische Soldaten Mitglied des Special Air Service werden. Das Interesse war derart groß, dass für die Zulassung zur Selektion eine zusätzliche körperliche Hürde eingebaut werden musste, ansonsten jene, die den Anforderungen überhaupt nicht entsprachen, die Selektion zusätzlich belastet hätten. Im Nachgang profitierte die SAS auch verstärkt im Bereich der finanziellen Alimentierung.
- Auch die innenpolitische Unterstützung einer solchen Einheit wurde in der Folge von niemand mehr ernsthaft in Frage gestellt.

International

- Für den Special Air Service zementierte die erfolgreiche Operation »Nimrod« ihre hervorragende und anerkannte Reputation weltweit auf viele Jahre hinaus. »Nimrod« erfolgte nur wenige Wochen nach dem missglückten Versuch der USA, ihre in der US-Botschaft in Teheran festgehaltenen Staatsbürger zu befreien.
- Für die britische Regierung wurde der Special Air Service ein Mittel der politisch-militärischen Zusammenarbeit mit befreundeten Staaten oder Staaten mit gleichen Interessen.

Übersicht der Namen der Geiseln

	Name	Botschaftsangestellter (Funktion)/Besucher	Nationaliät
1	Dr. Gholam Ali Afrouz	Chargé d'Affaires	Iraner
2	Shirazed Bouroumand	Telefonistin/Sekretärin	Iranerin
3	Christopher »Chris« Cramer	Besucher der Botschaft	Brite
4	Ahmed Dadgar	Medizinischer Berater	Iraner
5	Dr. Abul Fazi Ezzatti	Kulturattaché der iranischen Botschaft	Iraner
6	Abbas Fallahi	Botschaftsangestellter	Iraner
7	Mohammed Farughi	Besucher der Botschaft	Pakistani
8	Ali-Gholi Ghazanfar	Besucher der Botschaft	Pakistani
9	Simeon »Sim« Harris	Besucher der Botschaft	Brite
10	Nooshim Hashemian	Sekretärin Presseabteilung	Iranerin
11	Roya Kaghacchi	Sekretärin von Dr. Afrouz, Chargé d'Affaires	Iranerin
12	Hiyech Sanei Kanji	Sekretärin	Iranerin
13	Mustafa Karkouti	Besucher der Botschaft	Syrer
14	Vahid Khabbaz	Besucher der Botschaft	Iraner
15	Abbas Lavasani	Presseattaché der iranischen Botschaft	Iraner
16	Trevor Lock	Metropolitan Police Diplomatic Protec. Group	Brite
17	Mojtaba Mehrnavard	Besucher der Botschaft	Iraner
18	Abontaleb Moghaddam	Telex-Operateur	Iraner
19	Mohammed Moheb	Sachbearbeiter	Iraner
20	Ronald Morris	Britischer Botschaftsangestellter	Brite
21	Frieda Mozafarian	Sekretärin Presseattaché	Iranerin
22	Issa Naghizadeh	1. Sekretär	Iraner
23	Ali Akbar Samadzadeh	Presseattaché der iranischen Botschaft	Iraner
24	Ali Aghar Tabatabai	Besucher der Botschaft	Iraner
25	Mohammed-Taghi Kojouni	Sachbearbeiter	Iraner
26	Zahra Zomorrodian	Mitglied Pressestab	Iranerin
A	Zari Afkhami	Leiterin der medizinischen Abteilung	Iraner
B	Frau	Medizinische Abteilung	Iranerin
C	Farhad Gity	Berater und zweithöchster Vertreter in der iranischen Botschaft in London	Iraner

Die Schreibweise der Namen orientiert sich anhand der englischen Quellen.

Ort zum Zeitpunkt der Geiselnahme	Varia
1. Stock in seinem Büro	Kann sich zuerst der Geiselnahme mit einem Sprung aus dem Fenster entziehen, wird aber anschließend wieder gefangen genommen. Wird bei der Erstürmung der Botschaft verwundet. 29 Jahre alt. SAS/V
	SAS
Parterre/Warteraum	BBC-Journalist und wegen eines Visums in der Botschaft. 32 Jahre alt. Freigelassen am 2. Mai
	37 Jahre alt. SAS/V
3. Stock	Im Interview mit Mustafa Karkouti. 49 Jahre alt. SAS/V
Parterre	SAS
Parterre/Warteraum	Verleger des muslimischen Magazins »Impact International« aus Indien. 50 Jahre alt. SAS
Parterre/Eingangshalle	Tourist Freigelassen am 3. Mai
Parterre/Warteraum	BBC-Tontechniker und wegen eines Visums in der Botschaft. 33 Jahre alt. SAS
	SAS
	SAS
	Im dritten Monat schwanger. 21 Jahre alt. Freigelassen am 3. Mai
3. Stock/Raum 13	Journalist und Europa-Korrespondent der libanesischen Zeitung »As-Afir« im Interview mit dem Kulturattaché. 36 Jahre alt. Freigelassen am 4. Mai
1. Stock/Büro von Dr. Afrouz	Biologiestudent und Teilzeitkorrespondent der Zeitung der Teheraner Zeitung »Keyhan« SAS
	Erschosssen am 5. Mai um 13.45 Uhr. 29 Jahre alt. Tödlich getroffen
Im Zwischenraum zum Eingang	41 Jahre alt. SAS
Parterre/Eingangshalle	Teppichhändler und wartete auf ein Treffen mit Ahmed Dadgar. SAS
	SAS
	SAS
4. Stock	47 Jahre alt. SAS
	Bekam gesundheitliche Probleme. 26 Jahre alt. Freigelassen am 30. April
	40 Jahre alt. SAS
Parterre/Warteraum	Wird während der Erstürmung durch die Terroristen erschossen Tödlich getroffen
Parterre/Eingangshalle	Bankangestellter und wegen eines Kurses bei der Middleland Bank in Großbritannen. Er wollte in der Botschaft für Unterlagen wegen einer Präsentation nachfragen. 38 Jahre alt. SAS
	SAS
	SAS
Parterre	Gelingt Flucht aus dem Fenster geflüchtet
Parterre	Gelingt Flucht aus dem Fenster geflüchtet
1. Stock	Gelingt Flucht aus einem Fenster im vierten Stock in die anliegende äthiopische Botschaft geflüchtet

F = freigelassen SAS = befreit T = tödlich verwundet V = verwundet

Mit der Präzision eines Schweizer Uhrwerks

Innerhalb von 90 Sekunden befreit die Antiterroreinheit »STERN« der Berner Polizei fünf Geiseln aus der Hand von polnischen Kriminellen

Codename	Kein Deckname
Auftrag	Befreiung der in der polnischen Botschaft festgehaltenen Geiseln
Datum	9. September 1982
Ort	Polnische Botschaft, Kirchenfeldquartier, Bern
Involvierte Einheiten	Antiterroreinheit (AT) STERN und Präzisionsschützen der Stadtpolizei Bern

Vorgeschichte

Aus einer Streikbewegung von polnischen Arbeitern entsteht im Sommer 1980 die Gewerkschaft Solidarność.Über die folgenden Monate seit der Gründung steigt der Einfluss der Bewegung innerhalb von Polen zum Missfallen der Regierung immer mehr. Seit der Bildung unterstützen die katholische Kirche, die westeuropäischen Staaten sowie die Vereinigten Staaten die Bewegung. Um den Einfluss dieser Gewerkschaft nachhaltig zu unterbinden, verhängt Ministerpräsident Wojciech Jaruzelski am 13. Dezember 1981 das Kriegsrecht über Polen. Mit der Verhaftung und der Internierung der führenden Köpfe will er die Bewegung schwächen und in einem nächsten Schritt Solidarność mit einem neuen Gewerkschaftsgesetz endgütig verbieten. Sein Vorhaben misslingt vollkommen.

Die Gewerkschaft verlagert ihre Aktivitäten in den Untergrund, und in verschiedenen westlichen Staaten bilden Exilpolen nach der Ausrufung des Kriegsrechts Unterstützungsbüros für die Solidarność und setzen die Arbeit fort.

Weniger als neun Monate später bietet diese politische Situation in Polen den Hintergrund für eine bizarre Geiselnahme von Angehörigen der polnischen Botschaft in Bern. Der Zwischenfall in der Schweizer Hauptstadt katapultiert die bis zu diesem Zeitpunkt nur wenigen Personen bekannte Antiterrorgruppe (AT) STERN prominent in Zeitungen und Illustrierten der Schweiz und damit in den Fokus der Bevölkerung. Doch nicht nur in der Schweiz ruft das Ereignis ein großes Interesse hervor. Wie rund zweieinhalb Jahre zuvor in London wird auch die Botschaftsbesetzung in Bern zu einem weltweiten Medienthema.

Entwicklung der Lage

30. August 1982/Donnerstag

Am deutsch-österreichischen Grenzübergang bei Lindau versuchen vier Männer illegal nach Österreich einzureisen. Ihr Vorhaben misslingt und die Gruppe wird wieder zurückgewiesen.

31. August 1982/Freitag bis 5. September 1982/Sonntag

Nur einen Tag nach dem gescheiterten Versuch sind die Männer mit der Einreise in die Schweiz erfolgreich. Mit einem Taxi reisen sie nach Zürich, wo sie sich in einem kleinen unauffälligen, billigen Hotel unweit des Zürcher Hauptbahnhofs einquartieren. Das Hotel »Splendid« an der Rosenaugasse 5 im Zürcher Vergnügungsviertel Niederdorf wird oft von Ausländern frequentiert, weshalb die Gruppe nicht auffällt. Die Männer schreiben sich unter falschem Namen ein, wobei der Älteste von ihnen, wie später herauskommen wird, als seine Heimatadresse die Adresse der niederländischen Königin in Den Haag angibt.

Laut den auf dem Anmeldeformular festgehaltenen Angaben handelt es sich um drei polnische sowie einen niederländischen Staatsangehörigen. Ihre richtigen Namen lauten: Florian Kruszyk (42 Jahre), K. W. (33 Jahre), M. P. (23 Jahre) und M. M. (20 Jahre).[1]

Die Gouvernante des Hotels, Hannelore Wagner, beschreibt später ihre Gäste als ruhig und unscheinbar. Die vier Männer teilen sich je zwei Doppelzimmer und sind oft außerhalb des Hotels unterwegs.

Im Verlauf der Woche suchen die Männer mehrere Waffenhändler in der Stadt auf und decken sich mit verschiedenen Waffen und entsprechender Munition ein. So kauft die Gruppe vier Repetierflinten des Typs »Remington Modell 870 Kingmaster« mit Klappschaft, eine Maschinenpistole des Typs »Replika SMG Hudson«[2] sowie 200 Schuss Munition, Marke »Brennecke«, Kaliber 12/70. Diese Waffen sind in der Schweiz laut Waffengesetz frei käuflich, dürfen jedoch weder ausgeführt noch an Ausländer verkauft werden.

Im Verlauf der Woche besprechen die vier Polen ihren Plan, die polnische Vertretung in Bern zu besetzen. Stichtag für die geplante Aktion ist Montag, der 6. September.

6. September 1982/Montag/1. Tag der Besetzung

Morgen/Hotel »Splendid«/Zürich/Schweiz

Die vier Männer sind früh aufgestanden, frühstücken und verlassen daraufhin ihr Hotel. In ihren Taschen verstaut sind die Waffen, die dazugehörende Munition, vier amerikanische Bajonette, vier Gasmasken sowie ihre Kampfanzüge. Da es bis zum Hauptbahnhof Zürich nur eine kurze Distanz ist, gehen sie in wenigen Minuten zu Fuß und besteigen den Schnellzug nach Bern, der Hauptstadt der Schweiz.

Nach 09.15 Uhr/Hauptbahnhof/Bern/Schweiz

Als die Männer in Bern ankommen, ist der Himmel dunkel. Es regnet, als sie ein Taxi besteigen. Als Fahrziel geben sie dem Taxifahrer die polnische Botschaft an. Die Fahrt ins Diplomatenquartier Kirchenfeld dauert nur wenige Minuten.

Zirka 09.50 Uhr/Kirchenfeldquartier/Elfenstraße 20a/Bern

Als das Fahrzeug in die Elfenstraße einbiegt, nimmt in der Umgebung noch alles seinen ruhigen und gewohnten Lauf. Niemand ahnt, dass die polnische Botschaft im Kirchenfeldquartier in wenigen Augenblicken zum Schauplatz eines weltweiten Medieninteresses werden wird. Als das Taxi vor der Elfenstraße 20a anhält, steigen die vier Männer aus und ergreifen ihre Taschen. Zielstrebig geht Florian Kruszyk auf das leicht von der Straße zurückversetzte Gebäude zu. Es ist kurz vor 10 Uhr, als Kruszyk das Gebäude betritt. Mit den Waffen im Anschlag haben sie keine Probleme, die Botschaft und die anwesenden Personen in ihre Kontrolle zu bringen. Die im Gebäude anwesenden Personen leisten keinen Widerstand.

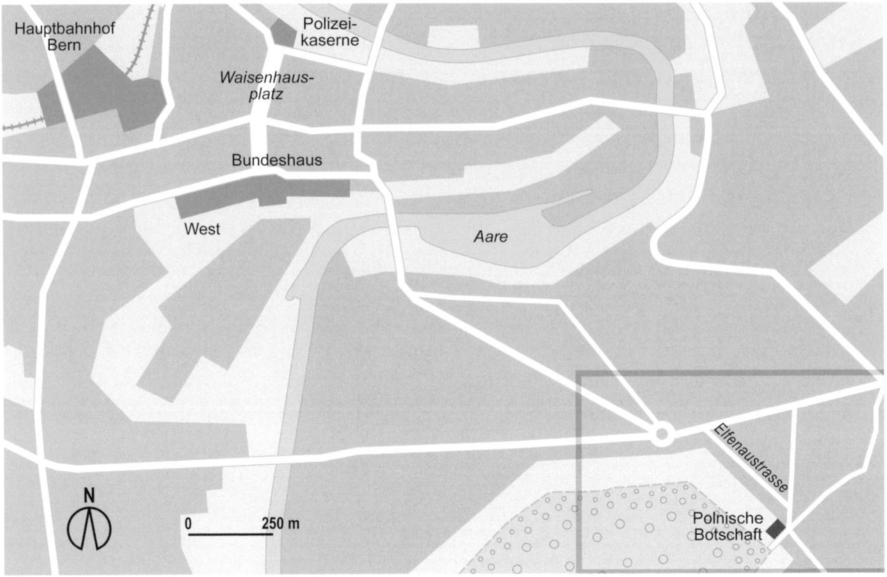

Kartenausschnitt der Schweizer Hauptstadt Bern

Sofort versuchen die Besetzer alle Räume zu sichern, und als sie glauben, alles gesichert zu haben, zählen sie zwölf Frauen und Männer. Mit einer Ausnahme handelt es sich bei den Anwesenden um Mitarbeiter der Botschaft. Lediglich K. F., ein polnischer Student, der für eine Visa-Verlängerung in die Botschaft gekommen ist, gehört nicht zu den Botschaftsangestellten.

Zum Ärger von Kruszyk befinden sich nicht alle wichtigen Chargenträger der Botschaft im Haus. Antoni Dobrowolski, der interimistische Missionschef der polnischen Botschaft, ist zum Zeitpunkt der Besetzung auf Urlaub in Polen und auch der erste Sekretär sowie der Handelsattaché sind abwesend. Letzterer entgeht der Besetzung, weil er an diesem Montagmorgen zu spät zur Arbeit erscheint.

Für die überwältigten Personen ist es zunächst nicht klar, welches die Beweggründe der Botschaftsbesetzer sind. Haben sie politisch motivierte Absichten oder sind es einfach nur Kriminelle? Erst als ihnen Florian Kruszyk, der in der Folge als »Oberst Wysocki« angesprochen werden will, erklärt, dass sie Angehörige des »Kommandos der aufständischen polnischen Heimatarmee«[3] sind, wird für die Geiseln der politische Hintergrund der Besetzung eindeutig.[4]

09.58 Uhr/Alarmzentrale der Stadtpolizei Bern/Waisenhausplatz/Bern

Bei der Alarmzentrale der Stadtpolizei Bern geht ein Anruf ein. Als der zuständige Polizeibeamte den Anruf aus der polnischen Botschaft entgegennimmt, kann er eine nervöse und hörbar schockierte männliche Stimme hören: »Bitte schnell in die polnische Botschaft – Banditen – bitte schnell, schnell!« Was der Polizeibeamte in der Alarmzentrale zu diesem Zeitpunkt nicht wissen kann ist, dass es sich beim Anrufer um J. M. handelt. Von den Besetzern bisher nicht entdeckt, hält sich der polnische Verteidigungsattaché in seinen privaten Räumen im dritten Stock des Gebäudes auf, von wo er auch die Polizei alarmieren konnte.

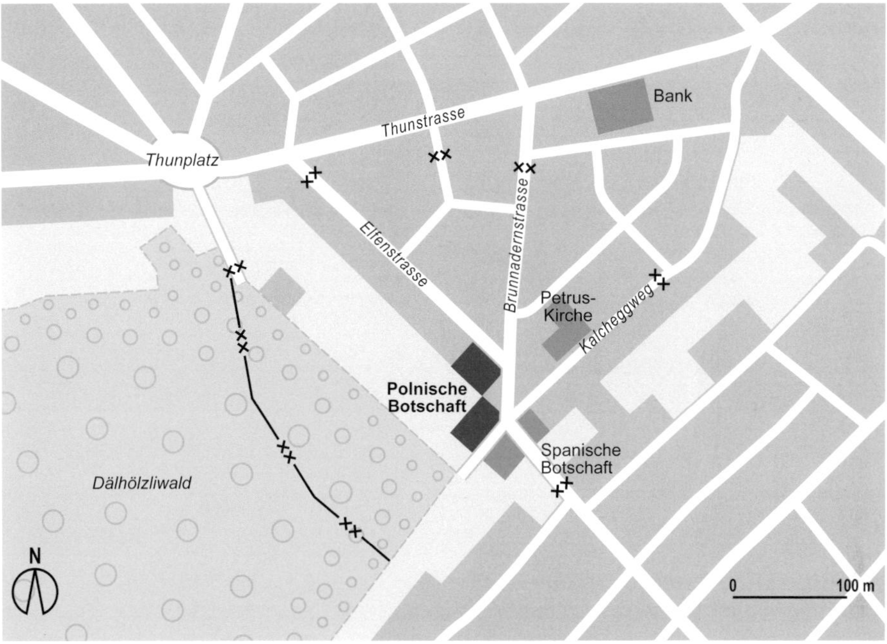

Karte des Botschaftsquartiers Elfenau

Sofort werden das Alarmpikett und zwei Patrouillenfahrzeuge aufgeboten. Auftrag des ersten Polizeiaufgebots: Abklären der Situation und Sicherung des Gebäudes von außen. Als Verstärkung werden zudem Kriminalbeamte losgeschickt, um die Lage zu sondieren.

10.10 Uhr/Polnische Botschaft/Elfenstraße 20a

Rund 15 Minuten nach der Besetzung der Botschaft durch die vier Polen gehen die ersten Polizisten vor der Botschaft in Stellung. Gleichzeitig schließt die Polizei auch die Zufahrtstraßen zur Umgebung der Botschaft für den Zugangsverkehr. Die Zufahrten zur Elfenstraße, Brunnadernstraße und Kalcheggweg sind ab sofort ebenfalls weiträumig gesperrt, die öffentlichen Buslinien umgeleitet. Wer nicht im Quartier wohnt, hat keinen Zugang mehr. Die Polizisten vor Ort können feststellen, dass sich im Parterre des Gebäudes mindestens drei mit Gewehren bewaffnete Männer aufhalten und dass die Fenster verschlossen sind. Ein Kontakt mit den Personen im Innern des Gebäudes ist nicht möglich.

Bis um 10.20 Uhr/Kommando der Stadtpolizei Bern/Waisenhausplatz

In den ersten 20 Minuten nach dem Alarm ordnet das Kommando der Stadtpolizei Bern eine Reihe von weiteren Maßnahmen an. Dazu zählen die Sicherung des Gebietes, die Verstärkung der Außensicherung, ein Aufgebot von zusätzlichen Kräften – unter ihnen die Antiterroreinheit STERN sowie die Präzisionsschützen – der Polizei, die Einrichtung einer Kommandozentrale im Hauptsitz, die Orientierung von verschiedenen Bundesbehörden, der Justiz und der Bundesanwaltschaft. Im Gebäude der spanischen Botschaft wurde ein Beobachtungsposten mit Polizisten in Zivilkleidung, unbewaffnet und ohne Interventionsauftrag, eingerichtet. Der so genann-

Auf der rechten Seite hinter den Bäumen ist die polnische Botschaft erkennbar. Die Straße vor dem Gebäude ist die Brunnadernstraße und auf der linken Seite ist noch knapp der Vorplatz der spanischen Botschaft zu sehen.

te Kommandoposten (KP) wurde im Gebäude der Schweizerischen Volksbank an der Brunnadernstraße 42 installiert.

Zirka 10.20 Uhr/Alarmzentrale der Stadtpolizei Bern, Waisenhausplatz

Über die Notrufnummer 117 der Polizei meldet sich, ohne sich vorzustellen, eine Person. Es ist »Oberst Wysocki«, Chef der Geiselnehmer. Er sagt (Originaltext): »Ja, guten Tag, die polnische Ambassade in die Elfenstraße ist von einer polnischen Widerstandsgruppe besetzt. Wir sind schwer bewaffnet und warnen die Polizei, dass sie einen Sturm machen. Wir möchten Sie noch benachrichtigen, dass wir schwer bewaffnet sind und dass keine Dummheiten gemacht wird von der Polizei, okay? Ich nehme dann Kontakt noch, ja?«

10.30 Uhr/Polnische Botschaft/Elfenstraße 20a

Das Quartier ist vollständig abgeriegelt und es stehen bereits rund 50 Sicherheitsleute im Einsatz.

Nach der Besetzung/Polnische Botschaft/Elfenstraße 20a

Die Telefonleitung in die Botschaft ist immer noch frei. Ein Journalist der Tageszeitung BLICK gelingt es, einen Besetzer anzurufen. Am Apparat meldet sich Florian Krusyk. Er will als »Oberst Wysocki« angesprochen werden. Er erklärt dem Journalisten, dass er ein Verwandter von Pjotr Wysocki, einem polnischen Nationalhelden, sei, der im Jahr 1830 den Aufstand der polnischen Kadetten gegen die Russen geführt hatte. Die Aussagen von Krusyk tragen nicht viel zur Klärung der Hintergründe um die Besetzung bei. Unter anderem behauptet der Anführer, dass die anderen Angehörigen seines Kommandos alle über 40 Jahre alt sind, dass sie keine Verbindungen zur Gewerkschaft Solidarność hätten und dass ihre Gesinnung jene von Nationalisten und Antikommunisten wäre. Aussagen über die Stärke seiner Gruppe macht er keine.

10.45 Uhr/Kommandozentrale der Stadtpolizei/Waisenhausplatz/Bern

Knapp 60 Minuten nach Beginn der Geiselnahme übernimmt die Einsatzleitung der Stadtpolizei in der Kommandozentrale die Gesamtleitung. Eine ganze Reihe von weiteren Anordnungen werden erteilt, um für die kommenden Stunden oder Tage gewappnet zu sein.

Der Chef der Antiterrorgruppe bekommt folgenden Auftrag:

- Erkundung des umliegenden Geländes,
- Beschaffung von entsprechenden Unterlagen (insbesondere des Gebäudes),
- Ausarbeiten verschiedener Interventionsvarianten,
- Übernahme der AT-Einheiten (STERN und Präzisionsschützen),
- Erkundung von geschützten Bereitstellungsräumen,
- Bereithalten eines Fliegenden Einsatzleiters (FEL) für den Fall, dass Helikopter der Flugwaffe zum Einsatz kommen.

Wie in solchen Fällen üblich, nimmt die Polizei auch mit anderen staatlichen Bundesstellen Kontakt auf und bittet bei ihnen um entsprechende Unterstützung. So unter anderem mit

- dem »Sonderstab Geiselnahme« (SOGE)[5],
- der Generaldirektion der Post-, Telefon- und Telegrafenverwaltung (PTT). Die PTT in Bern erhält den Auftrag, sämtliche Telefonleitungen zur Botschaft zu kappen. Ein Telefonkontakt soll nur noch mit der Polizei möglich sein und später mit dem SOGE.
- dem Eidgenössischen Militärdepartment (EMD). Das EMD wird um Unterstützung wie zum Beispiel Helikopter[6], Schützenpanzer und Absperrmaterial gebeten.
- dem Bundesamt für Zivilluftfahrt (BAZL). Das BAZL soll den Luftraum über der Botschaft sperren und eine permanente Luftraumüberwachung anordnen.

10.48 Uhr/Polnische Botschaft/Elfenstraße 20a

Aus dem Innern des Gebäudes sind plötzlich und ohne Vorwarnung mehrere Schüsse zu hören. Es ist unklar, was in der Botschaft passiert. Kurze Zeit später teilt ein Geiselnehmer mit, dass sie nicht schießen werden, sofern die Polizei auch nicht schießt. Auf einem aus dem Gebäude geworfenen Papier sind Forderungen der Geiselnehmer festgehalten.

11.00 Uhr/Stadtpolizei/Bern

Noch während der Übersetzung des aus dem Gebäude geworfenen Papiers erhält die Stadtpolizei einen zweiten Anruf aus der Botschaft. Der Einsatzleiter kann sich zum ersten Mal mit dem Chef der Geiselnehmer auf Deutsch unterhalten. »Oberst Wysocki« stellt sich ihm kurz vor und verlangt anschließend die sofortige Bekanntgabe der Forderungen über Rundfunk und Fernsehen. Der Einsatzleiter versucht weitere Informationen zu erhalten, doch »Oberst Wysocki« weicht aus, erwähnt jedoch, dass sie Sprengstoff hätten und dass sie bis zum Tode durchhalten wollten.

Früherer Nachmittag/Polnische Botschaft/Elfenstraße 20a

Im Verlauf des frühen Nachmittags übermitteln die Besetzer ihre Forderungen direkt an das polnische Außenministerium. Anschließend informieren die Besetzer auch die Schweizer Behörden sowie mehrere Nachrichtenagenturen telefonisch über ihre Forderungen.

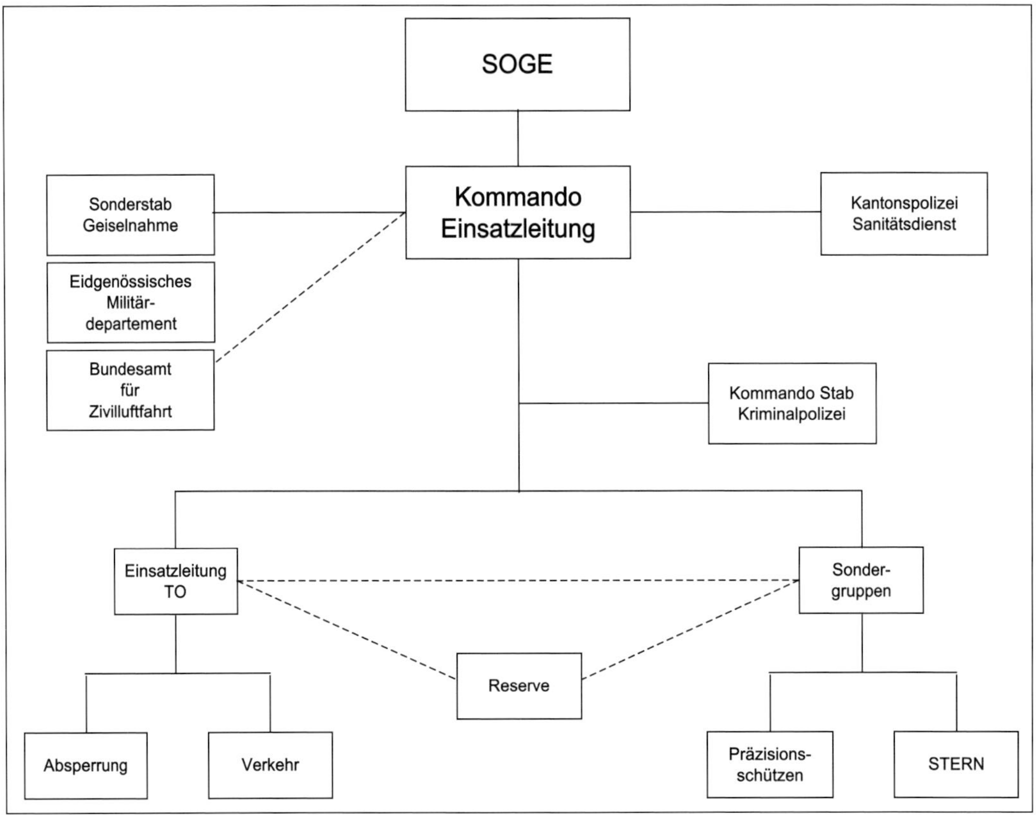

Organigramm der Einsatzleitung der Polizei

Im Wortlaut sind die Forderungen der Gruppe wie folgt:

»Das Kommando der aufständischen Landesarmee bekundet, dass es die Kriegserklärung des faschistischen Regimes Polens vom 13.12.1981 annimmt. Das soll die Aktion vom 6.9.1982 auf die faschistische diplomatische Vertretung des polnischen Regimes beweisen. Wir werden die Botschaft verlassen und alle Diplomaten und Mitarbeiter freilassen, wenn:

1. der Kriegszustand in Polen aufgehoben wird,
2. alle polnischen Gefangenen freigelassen werden,
3. alle Gefangenenlager aufgelöst werden und
4. die Repression gegen das polnische Volk gestoppt wird.

Wenn unsere Forderungen innert 48 Stunden nicht erfüllt werden, werden die diplomatische Vertretung samt Geiseln und unsere aufständische Gruppe der Landesarmee in die Luft gesprengt.«

Für die Erfüllung der Forderungen geben die Besetzer zwei Tage Zeit. Ansonsten wollen sie die Botschaft mit den – laut eigenen Aussagen – 25 Kilogramm Dynamit, welche sie mit sich führen, sprengen.

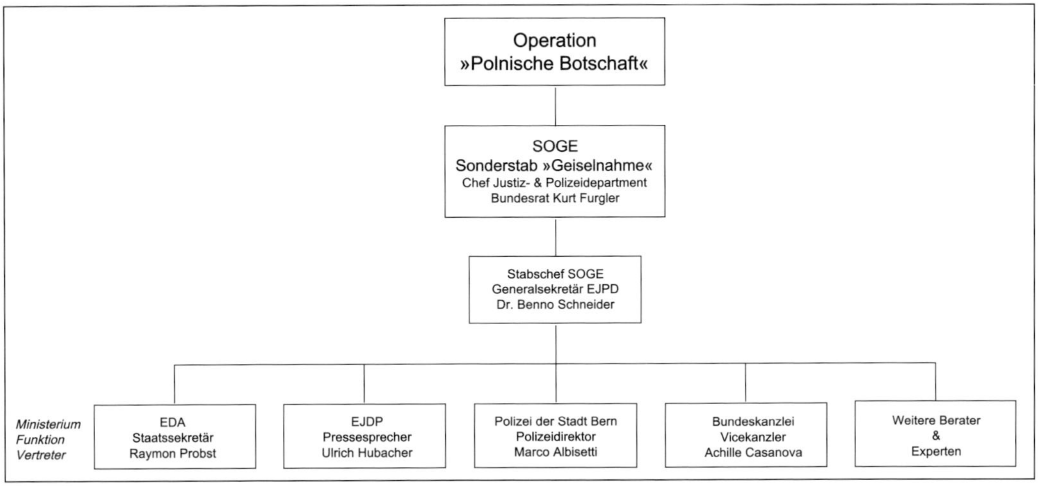

Sonderstab Geiselnahme (SOGE)

Nachmittag/Bundeshaus West/Bundesgasse/Bern

Der Sonderstab »Geiselnahme« des Bundes, welcher für solche Ereignisse aufgestellt wurde, tritt zum ersten Mal zusammen. Neben einer ersten Lagebeurteilung kann der SOGE auch Kontakt mit den Botschaftsbesetzern aufnehmen. Über den Schweizer Botschafter in Warschau, Roger Campiche, hält der Sonderstab in Bern zudem Verbindung zur polnischen Regierung.

Nachmittag/Polnische Botschaft/Elfenstraße 20a

Im Verlauf des Nachmittags ist für die Beobachter von außerhalb der Botschaft plötzlich ein zirka 50-jähriger Mann an einem Fenster im zweiten Stock zu erkennen. Er gibt Zeichen und zunächst ist unklar, um wen es sich handelt. Aufgrund seines Verhaltens und Aussehens ist hingegen deutlich zu erkennen, dass der Unbekannte unter Druck steht.

Zu einem späteren Zeitpunkt öffnet er kurz das Fenster und wirft eine Nachricht heraus. Unglücklicherweise landet das Papier auf einem Vordach. Unter dem Schutz seiner Kollegen klettert ein Polizeibeamter auf das Dach, um das Papier zu bergen. Die Nachricht ist in polnischer Sprache geschrieben und wird an die Einsatzleitung zur Übersetzung weitergegeben. Die Auswertung ergibt, dass es sich beim bisher unbekannten Mann um den Verteidigungsattaché J. M. handelt. Jenem Mann also, welcher um 09.58 Uhr die Polizei alarmiert hatte. Da er offensichtlich noch immer nicht von den Besetzern entdeckt worden ist, beschließt die Polizei den Mann zu befreien. Seine Rettung wird vorbereitet. Eine Metallleiter, an deren Ende für ein geräuscharmes Vorgehen Gummiteile angebracht sind, wird bereitgestellt. Es gilt den richtigen Moment abzuwarten.

Ab 16.00 Uhr/Flugplatz Bern-Belp

Der angeforderte Hubschrauber der Flugwaffe steht bereit.

17.00 Uhr/Polnische Botschaft/Elfenstraße 20a

Am späten Nachmittag tauchen in der Botschaft zusätzliche Schwierigkeiten auf. Die nervliche Belastung der Geiseln fordert ihren Tribut. Eine Geisel, K. K., bekommt

wegen seines hohen Blutdrucks gesundheitliche Probleme. Telefonisch fordert Florian Kruszyk einen Arzt an, doch die Einsatzleitung will lediglich Medikamente liefern.
Kurz vor 18.00 Uhr/Polnische Botschaft/Bern

Am späten Nachmittag deponiert ein Polizeibeamter die Medikamente vor der Botschaft. Die Eingangstür öffnet sich und ein Besetzer ist zu erkennen, welcher auf dem Bauch liegend die Medikamente in die Eingangshalle nimmt.
Am Abend/Bundeshaus West/Bundesgasse/Bern

Der SOGE trifft sich zu einer weiteren Lagebeurteilung.
Am Abend/Bundeshaus West/Bundesgasse/Bern

Der Sprecher des Eidgenössischen Justiz- und Polizeidepartments (EJPD), Ulrich Hubacher, erklärt am Abend die völkerrechtliche Ausgangslage für Botschaftsbesetzungen, welche besagt, dass eine polizeiliche Intervention nur mit der ausdrücklichen Genehmigung der polnischen Regierung erfolgen kann. Diese sei mit der Forderung der Regierung aus Warschau, die Sicherheit ihrer Angehörigen zu schützen, indirekt erfolgt. Eine direkte Aufforderung ist jedoch bis zu diesem Zeitpunkt noch nicht in der Schweiz eingetroffen.
Am Abend/Bern

Am frühen Abend reisen die ersten ausländischen Journalisten in Bern an. Innert kurzer Zeit sind die besten Hotels in Bern ausgebucht und der Medientross geht am Kalcheggweg, einer Zufahrtsstraße zur polnischen Botschaft, mit Kameras in Stellung. Die Medienschaffenden hoffen auf vergleichbar spektakuläre Live-Aufnahmen einer Befreiungsaktion, wie welche rund zweieinhalb Jahre zuvor in London gemacht werden konnten, als der britische Special Air Service (SAS) vor laufenden Kameras auf die iranische Botschaft zugriff.
23.40 Uhr/Polnische Botschaft/Bern

Kurz vor Mitternacht sind die Verhandlungen zwischen den Behörden und den Besetzern von einem ersten Erfolg gekrönt. Eine im fünften Monat schwangere Frau, W. L., darf die Botschaft verlassen. Sie wird von den Behörden vor dem Gebäude in Empfang genommen und anschließend unverzüglich ins Berner Frauenspital gefahren. Die Hilfssekretärin der polnischen Botschaft ist die erste Geisel, welche der Polizei wichtige und gesicherte Details und Angaben zur Situation innerhalb des Gebäudes liefern kann. Bis zu diesem Zeitpunkt ist die genaue Anzahl der Besetzer den Behörden immer noch nicht bekannt.

Die freigelassene Frau liefert folgende Informationen:

- Im Gebäude befinden sich 12 Geiseln.
- Fünf Besetzer (!) in Kampfanzügen halten die Personen in Schach. Wobei sie nie mehr als vier Besetzer gesehen habe.
- Die Besetzer nehmen eine Polizeiaktion in Kauf.
- Die um 10.45 Uhr auch außerhalb der Botschaft wahr genommenen Schüsse dienten dem Aufschließen von verschlossenen Türen.
- Das Verhalten der Männer ist aggressiv und sie machen mehr den Eindruck von Selbstmördern als von Abenteurern.

Die Polizei legt der Frau Pläne des Gebäudes vor und sie kann Auskunft über die architektonischen Besonderheiten geben. Dabei stellt sich auch heraus, dass sie gewisse Räume nicht beschreiben kann, da sie als »untergeordnete« Botschaftsangehörige nicht überall Zutritt hatte. Trotz dieses Umstandes bekommt der Leiter der AT STERN ein erstes, gutes Bild der Situation innerhalb der Botschaft.

Ende des ersten Tages/Kommandozentrale und SOGE/Bern

Am Ende des ersten Tages zieht der Einsatzleiter eine erste Bilanz:

- Die Umgebung ist abgesperrt und gesichert. Die Besetzer kommen weder hinaus, noch können sie durch weitere Gesinnungsgenossen von außen versorgt respektive verstärkt werden.
- Eine sofortige Intervention im Falle einer Eskalation ist vorbereitet, die Polizisten stehen für einen solchen Fall bereit.
- Die Zusammenarbeit mit den verschiedenen Stellen funktioniert.
- Das Medieninteresse steigt an.
- Benachbarte ausländische Botschaften unterstützen die Polizei in ihrer Aufgabe und erlauben ihnen das Betreten ihres Botschaftsgeländes, welches nach internationalem Recht unverletzlich ist. Lediglich ein Staat macht partielle Einschränkungen: Die Polizei darf nur unbewaffnet auf das Gelände ihrer Botschaft und sie darf keine Aktion von diesem Gebäude/Gelände aus starten.
- Die Angehörigen der polnischen Botschaft zeigen sich nicht kooperativ. Das Gesuch um Abgabe der Schlüssel wird abgelehnt. Angeblich haben sie keine Schlüssel. Ein beteiligter Beamter sagt später dazu: »Kein Problem, wir haben eben alle Türen gesprengt!«

7. September 1982/Dienstag/2. Tag der Besetzung

00.15 Uhr/Polnische Botschaft/Elfenstraße 20a

Kurz nach Mitternacht verlangt »Oberst Wysocki« nach einem Arzt. K. K., der Mann mit erhöhtem Blutdruck, leidet an Zuckerkrankheit. In Verhandlungen mit der Polizei und nach Zugeständnissen wird ein Arzt zur Botschaft gebracht.

Zwischen 00.58 Uhr und 01.17 Uhr/Polnische Botschaft/Elfenstraße 20a

Während rund 20 Minuten kann ein Arzt K. K. versorgen. Die nachfolgende Befragung des Arztes bringt keine neuen Erkenntnisse zur Lage in der Botschaft. Der Mediziner konnte lediglich drei Geiselnehmer zählen.

Im Verlauf des Morgens/Polnische Botschaft/Elfenstraße 20a

Noch ein weiteres Mal sucht der Arzt die Botschaft auf und versorgt erneut die Geisel.

Morgen/Polnische Botschaft/Elfenstraße 20a

Während rund einer Stunde unterhält sich der Mann am Fenster des zweiten Stocks durch Zurufen mit einem Polizisten. Jetzt ist seine Identität bekannt: Es ist der Verteidigungsattaché J. M..

09.00 Uhr/SOGE/Bundeshaus West/Bundesgasse/Bern

Der SOGE beschließt, dass die Botschaftsbesetzung so »rasch wie möglich beendet werden soll«.

09.30 Uhr/Polnische Botschaft/Elfenstraße 20a

Um halb zehn Uhr morgens wird zum ersten Mal Verpflegung geliefert. Von Seiten der Polizei übernimmt dies ein Beamter, welcher über ein beinahe fotografisches Gedächtnis verfügt. Sein Auftrag ist – neben der Lieferung des Essens –, sich die Situation im Haus akribisch genau einzuprägen und sie anschließend zu reproduzieren. Jedes Detail kann dabei von großem Nutzen sein. Die Polizei bespricht die Lieferung

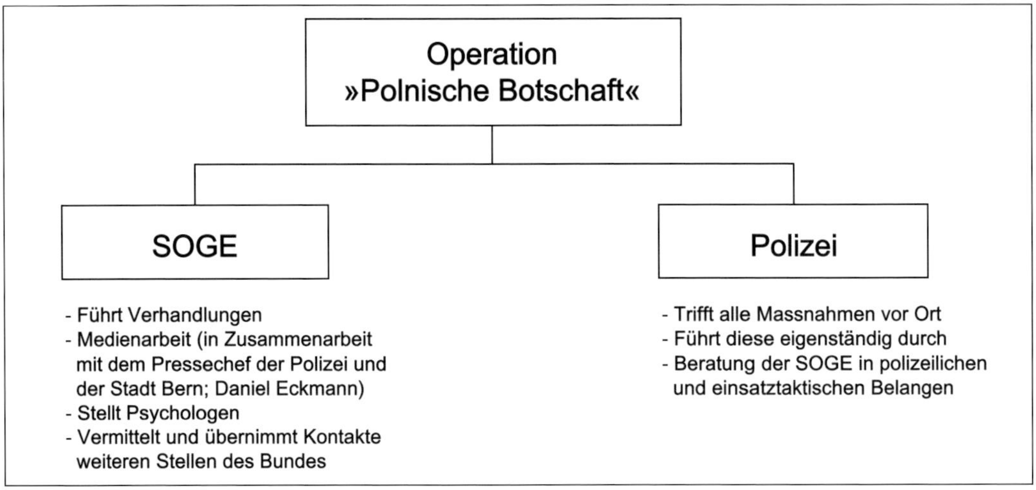

Aufgabenteilung zwischen der Polizei und dem SOGE

mit den Besetzern. Man will vermeiden, dass bei diesem Zusammentreffen durch ein Missverständnis die Lage eskaliert und außer Kontrolle gerät.

Unter den aufmerksamen Blicken der Weltpresse läuft die Lieferung ab. Das Fahrzeug mit den Lebensmitteln fährt vor die Botschaft und hält an. Wie besprochen wird kurz die Hupe betätigt, um die Ankunft zu signalisieren. Anschließend steigt der Fahrer aus, ergreift die Kiste mit dem Frühstück und deponiert den Behälter vor der Hintertür. Neben der Verpflegung wird zudem Hygienematerial beim ersten Fenster zwischen das Gitter gesteckt. Anschließend entfernt sich der Beamte und steigt wieder in das Auto und fährt weg.

10.20 Uhr/Polnische Botschaft/Elfenstraße 20a

Florian Kruszyk alias »Oberst Wysocki« tritt an die Tür und schreit dem Polizeiposten zu, dass in zehn Minuten zwei weitere Geiseln freigelassen werden. So schnell wie er erschienen ist, verschwindet er auch wieder.

11.33 Uhr/Polnische Botschaft/Elfenstraße 20a

Ein schwarzer Mercedes fährt vor die Botschaft und hält an. An der Hintertür werden zwei verängstigte ältere Frauen abgeholt. Sie gehen auf das Fahrzeug zu und steigen ein. Es sind die beiden Botschaftsangestellten St. A. und I. M. Unverzüglich werden sie zu einer ersten Vernehmung gefahren. Beide Frauen berichten, dass sich fünf Täter (!) in der Botschaft aufhalten. Die Männer tragen Tarnanzüge und sind mit Jagdgewehren und einer Maschinenpistole bewaffnet. Weiter sagen sie aus, dass im Erdgeschoss mehrere Koffer mit Ausrüstungen wie Antennen und Gasmasken stehen. Da die Besetzer in der Nacht einen Angriff erwartet haben, haben die vier Männer nicht geschlafen und sind entsprechend müde. Darüber hinaus haben sie die Dachluken als Schwachstellen erkannt (möglicher Einstieg!) und kontrollieren diese Dachluken nun regelmäßig. Trotzdem haben sie den Geiseln erklärt, dass sie keine Gewalt anwenden wollen.

Seit der Freilassung der ersten Geisel sind bereits rund zehn Stunden verstrichen und die Polizei ist immer noch auf Informationen über die Räume der Botschaft angewiesen.

Vor 11.00 Uhr/Polnische Botschaft/Elfenstraße 20a

Erneut wird ein schwarzer Mercedes durch die polizeilichen Absperrungen gelassen. Das Fahrzeug hält vor der Botschaft. Ein Hupsignal ertönt und der 80-jährige Hochschullehrer und Theologe Joseph Maria Bochenski steigt aus. Der gebürtige Pole der Universität Freiburg ist am Montag auf Anfrage von Bundesrat Kurt Furgler von Freiburg nach Bern gekommen. Er spricht fließend Deutsch und Polnisch und arbeitet für die Schweizer Behörden als Unterhändler. Der SOGE erhofft sich durch den Besuch und den Kontakt von Bochenski eine positive Beeinflussung der Situation und Entspannung der Lage in der Botschaft.

Sicht auf das Botschaftsgebäude vom angrenzenden Tennisplatz aus

Von 11.00 Uhr bis 12.00 Uhr/Polnische Botschaft/Elfenstraße 20a

Während einer Stunde unterhält sich Vermittler Bochenski innerhalb des Gebäudes mit Kruszyk über die Situation. Der Anführer ist seine Hauptansprechperson. Die restlichen Männer halten sich während des Gespräches im Hintergrund auf und sind verschlossen. Bochenski wird später über den Anführer sagen, dass er ihn für einen Banditen halte, der nur Geld wolle und nicht den Eindruck eines Offiziers mache. Er habe höchstens das Format eines Unteroffiziers.

11.30 Uhr/Bundeshaus/Bern

Der Bundesrat kommt zu einer Sondersitzung zusammen. Bundesrat Furgler orientiert während einer Stunde über den Stand der Erkenntnisse, die Vorfälle sowie über die eingeleiteten Maßnahmen.

Im Verlauf des Dienstagmorgen/Polizei/Bern

Am Dienstagmorgen erhält die Polizei einen überraschenden Anruf. Ein Kanalisationsfachmann einer Unterhaltsfirma meldet sich und bietet seine Expertise an. Er erklärt den verblüfften Beamten, dass er sich zurzeit im Berner Oberland für Abwasserkanalsanierungsarbeiten aufhält und auch schon in der Nähe der polnischen Botschaft tätig war. Er schlägt im Verlauf des Gesprächs vor, die Personen im Innern des Hauses mittels Lachgas, welches durch die Kanalisation ins Haus gepumpt wird, einzuschläfern. Für den Fall, dass sein Know-how gebraucht werden sollte, halte er sich bereit. Er schätzt, dass von der Auslösung eines entsprechenden Befehls für ein solches Vorgehen bis zum Einströmen des Gases in das Haus rund zwei Stunden nötig sind.

Die Polizei nimmt umgehend die Prüfung dieser Variante in die Hand. Bisher hat die Schweizer Polizei keine Erfahrungen mit dem Einsatz von solchem Gas. Verschiedene Spezialisten werden angefragt. So zum Beispiel der Armee-Gasdienst im Labor Wimmis. Ein Spezialist äußert große Bedenken, da man einerseits keine Erfahrungen habe und weiter auch schon vor zehn Jahren in München[7] diese Möglichkeit geprüft und auch wieder verworfen worden sei. Die Reaktion der Besetzer ist nicht voraussehbar. Während einer der Männer zum Beispiel sitzend einschlafen könnte, könnte ein anderer stehend in Panik geraten und umherschießen und dadurch die Geiseln gefährden.

Eine Anfrage bei den Amerikanern in Frankfurt bringt keine Klärung. Auch sie haben keine Erfahrung mit Gas.

Ein Narkosearzt eines großen Berner Spitals, welcher auch zur Beurteilung hinzugezogen wird, rät von Lachgas ab. Der Erfolg, so seine Expertise, wäre zu unsicher, denn dem Lachgas müßte Sauerstoff zugemischt werden, damit die Gasmischung steigt. Besser wäre Tränengas, denn damit wären die Personen sofort immobil.

Eine Besprechung mit einem Baufachmann bringt ebenfalls eine negative Beurteilung. Die Gründe, welche zur negativen Einschätzung führen, sind:

- Das Kanalisationssystem ist zu sehr verzweigt.
- Die Ölabscheider würden ein Ausbreiten des Gases unmöglichen machen.
- Jede Abwasserleitung hat ein Entlüftungsrohr auf das Dach. Der größte Teil des Gases würde somit ohne Wirkung verpuffen.

Die Kanalisationsschächte sind von dem Botschaftsgebäude aus sichtbar. Selbst wenn die ersten Aspekte lösbar wären, ungesehen kann nicht in die Kanalisation eingestiegen werden.

Rund elf Stunden nach dem Anruf wird dem Kanalisationsfachmann abgesagt.

Zirka 12.00 Uhr/Polnische Botschaft/Elfenstraße 20a

Gegen Mittag verlässt Unterhändler Bochenski die Botschaft. Ohne sich umzuschauen, geht er auf den schwarzen Mercedes zu, steigt ein und wird zu den Räumlichkeiten der SOGE im Bundeshaus West gefahren. Es wird der letzte direkte und persönliche Kontakt via eines Kommissärs zwischen der SOGE und den Besetzern sein. Ab jetzt erfolgt die Verbindung nur noch via Telefon.

Anschließend/Polnische Botschaft/Elfenstraße 20a

Kurze Zeit nach der Abfahrt des schwarzen Mercedes nähert sich ein weiteres Auto. Es bringt das Mittagessen für die Botschaftsbesetzer und ihre Geiseln. Erneut werden mittels Hupzeichen Ankunft und Lieferung angekündigt. Das Essen und das Geschirr wird wie zuvor von einem zivil gekleideten Polizisten vor die Tür gelegt.

12.53 Uhr/Polnische Botschaft/Elfenstraße 20a

M. ist verzweifelt. Er will aus dem Fenster steigen, doch es gelingt der Polizei, ihn mit auf Tafeln aufgeschriebenen Nachrichten vorerst zu beruhigen. Der Mann ist mit seinen Nerven am Ende und stellt mit seinem nichtkontrollierbaren Verhalten eine Gefahr für sich sowie für die anderen Geiseln dar.

Vor 13.00 Uhr/Kantonales Frauenspital/Bern

Nach der Befragung durch die Behörden werden die beiden freigelassenen Frauen ins Frauenspital überführt. Von der Öffentlichkeit abgeschirmt, erhalten sie medizinische Versorgung. Damit sie von Medienvertretern nicht belästigt werden, bewacht die Polizei die Zimmer der ehemaligen Geiseln.

13.00 Uhr/Flughafen Belpmoos

An Bord einer Verkehrsmaschine trifft Antoni Dobrowolski, der interimistische Missionschef der polnischen Botschaft, in der Schweiz ein. In seinen Unterlagen hat er die Bewilligung der polnischen Regierung, die Lage in der Botschaft mit allen Mitteln zu lösen. Faktisch bedeutet dieses Dokument den »Freipass« für eine polizeiliche Intervention.

Nachmittag/SOGE/Bundeshaus West/Bundesgasse/Bern

Der SOGE erreicht, dass das Ultimatum verlängert wird. STERN braucht mehr Zeit für die Planung und Vorbereitung der Intervention, welche bereits in den ersten Stunden nach dem Auslösen des Alarms eingeleitet worden ist. Diese Maßnahmen umfassen verschiedene Aktionen:

- Bereitstellen von drei Verfolgungsfahrzeugen für den Fall, dass die Besetzer einen Fluchtwagen und Lösegeld fordern sollten.
- Beschaffen von Informationen zum Haus sowie die Rekognoszierung des Geländes und darum herum.
- Installation einer Außenbeleuchtung rund um das Haus. Mit dieser Maßnahme soll sowohl eine mögliche Flucht der Besetzer als auch eine Verstärkung durch Sympathisanten von außen unterbunden werden.
- Absprache und Orientierung über die Situation mit dem Helikopterpiloten der Schweizer Flugwaffe, welcher der Polizei zugewiesen wurde.

Seit der Alarmierung am Montag waren die Männer der AT STERN nicht untätig. Sie prüften und verwarfen verschiedene Alternativen für einen Zugriff. Als Erkenntnisse für die zu prüfenden Varianten gelten:

- Aufgrund der Auswertung der Aussagen von Geiseln ist ihnen das Gebäude ziemlich gut bekannt, jedoch unvertraut.
- Die fünf Geiselnehmer tragen Kampfanzüge. Wichtiger Vorteil: Sie sind somit einfacher für die Mitglieder der AT STERN zu identifizieren.
- Der Zugriff soll einfach und ohne zu viele Kombinationen erfolgen.
- Nur Techniken, Waffen und Ausrüstungen verwenden, welche der AT bekannt sind.
- Wichtige Aspekte für einen Zugriff sind: List, Überraschung, Ablenkung und Schnelligkeit.

Zu den geprüften Varianten gehören:

1. Variante: Eindringen in das Gebäude durch die beiden Hintereingänge mittels Sprengung der Türen oder mittels Schlüssel.
   In dieser Variante würde gleichzeitig von vorne Tränengas in die Eingangshalle geschossen. Die Planer wissen, dass die Eingangshalle in der Regel der Aufenthaltsort von mindestens zwei Besetzern ist. Diese Variante wird bei einem Augenschein vor Ort verworfen, als festgestellt

wird, dass die drei Eingänge sowie die Fenster mit massiven Eisengittern gesichert sind. Hinter den Fenstern sind zudem dicke und schwere Vorhänge aufgehängt. An ein Durchkommen mit Tränengasgeschossen ist nicht zu denken. Darüber hinaus könnten die abgefeuerten Geschosse am Eisengitter zerplatzen respektive abgelenkt werden und somit einen unbeabsichtigten Effekt bewirken.

2. Variante: Eindringen in das Gebäude über die Wohnung von M. im zweiten Stock. In der Untervariante »Tag« könnte die Aufmerksamkeit der Besetzer durch eine Lärmkulisse, ausgelöst durch einen tief fliegenden Helikopter oder durch auf der Straße vor der Botschaft auffahrende Schützenpanzer, abgelenkt werden.
In der Untervariante »Nacht« könnte im Schutz der Dunkelheit in das Haus eingedrungen werden. Eine Überprüfung der ersten Variante ergibt, dass es sich – wenn auch mit Einschränkungen – um eine erfolgversprechende Option handelt. Der Einstieg in die Wohnung des Attachés ist mittels einer Leiter möglich. Schützenpanzer und Helikopter sind verfügbar und M. hat einen Schlüssel für die Tür aus seinem Raum. Diese Variante wird weiterverfolgt und eine Lösung ausgearbeitet.

3. Variante: Eindringen in das Gebäude mittels einer Landung/Absetzen von STERN-Angehörigen auf dem Dach sowie gleichzeitigem Vorrücken durch den Personaleingang im Erdgeschoss.
Diese Variante wird verworfen. Die Gründe dafür sind:
- Die Polen wollen keinen Schlüssel für die Tür des Personaleingangs haben,
- ein Anfliegen und der anschließende Schwebeflug eines Helikopter verraten den Zugriff und
- die STERN-Angehörigen verfügen über wenig Erfahrungen mit dem Absetzen aus einem Helikopter.

4. Variante: Eindringen in das Gebäude über ein Fenster im Dachstock und anschließendes Vordringen von oben nach unten.
Grundsätzlich möglich. Mit Leitern zum Dachstock, ein Fenster einschlagen und eindringen.

5. Variante: Eine Kombination der Varianten »eins« bis »vier«.

Die Einsatzleitung der Polizei ist mit den vorgeschlagenen Varianten einverstanden und ordnet an, weitere Abklärungen zu treffen.

16.22 Uhr/Polnische Botschaft/Elfenstraße 20a

Plötzlich sind aus dem Innern der Botschaft mehrere Schüsse zu hören. Was geht innerhalb des Gebäudes vor? Werden die Geiseln exekutiert? Der bisher unentdeckt gebliebene polnische Militärattaché, Oberst Z. D., fällt in die Gewalt der Botschaftsbesetzer. Die Besetzer haben sich mit Schüssen aus einer Schrotflinte Zugang zu seinem Büro verschafft. Als sie im Anschluss an die Entdeckung D.s Büro durchsuchen, finden sie geheime Unterlagen. Bei einem späteren Kontakt mit der SOGE deuten die Botschaftsbesetzer an, dass sie die Dokumente übergeben könnten.

Laut Aussage des Presseattachés wird Oberst D. nach seiner Entdeckung zusammengeschlagen. Später wird herauskommen, dass dieser Zwischenfall die einzige

Situation gewesen ist, in der die Botschaftsbesetzer die Beherrschung verloren und physische Gewalt angewendet haben. Hingegen haben die Besetzer mehrfach psychischen Druck aufgesetzt, als sie mit ihren Geiseln Scheinexekutionen durchspielten.

Späterer Nachmittag/SOGE/Bundeshaus

Der SOGE beschließt auf den kommenden Tag, eine Machtdemonstration mit vier Schützenpanzern M-113 der Armee zu veranstalten. Sollte diese Aktion stattfinden, wäre dies eine gute Gelegenheit für die Männer von STERN, unbemerkt bei M. einzusteigen. Es könnte ein Brückenkopf im Innern des Gebäudes eingerichtet oder gleichzeitig ein Angriff gestartet werden. Der STERN-Einsatzleiter schlägt vor, die Kettenfahrzeuge mit schweren Maschinengewehren und eingelegten Patronengurten auszurüsten. Die Polizei will mit diesem »Show-of-Force« den Besetzern ihre Lage verdeutlichen.

Vor 17.59 Uhr/Im Versteck neben der Polnischen Botschaft/Elfenstraße

Die Rettung des sich im zweiten Stock versteckenden Verteidigungsattachés wird zur Nervenprobe. Seit er sich am Dienstag am Fenster gezeigt hatte, von Fotografen und Kameras aufgenommen wurde und sein Bild am Mittwoch in verschiedenen Zeitungen erschien, kann er – sollten die Besetzer von seiner Anwesenheit erfahren – gefangen genommen werden. Die Polizei bittet deshalb die Fernsehstationen, keine Filmaufnahmen zu senden, welche den Verteidigungsattaché am Fenster zeigen. Es kann nicht ausgeschlossen werden, dass Kruszyk in der Botschaft am Fernseher die Besetzung mitverfolgt.

Nichtsdestotrotz macht sich die Polizei bereit, um den Verteidigungsattaché zu befreien. Der Zugriff ist auf kurz vor 18.00 Uhr vorgesehen. Die Polizei weiß, dass die Besetzer um 18.00 Uhr die Nachrichten am Radio mitverfolgen. Der Ablauf ist wie folgt vorgesehen:

- Unter dem Feuerschutz von Präzisionsschützen nähern sich drei Polizisten aus der Deckung kommend dem Gebäude.
- Sie stellen die präparierte Metallleiter an das Gebäude.
- Während zwei Männer die Leiter halten, steigt ein Mann die Sprossen hoch und hilft dem entkräfteten Mann aus dem Fenster nach unten. Ein bereitgelegtes Sprungtuch kommt nicht zum Einsatz. Anschließend entfernen sich alle wieder.
- Anschließend ziehen sich alle wieder in die Ausgangsstellung zurück.

17.59 Uhr/Polnische Botschaft/Elfenstraße 20a

Die Bergung beginnt. Wie vorgesehen kommen drei Polizisten mit der Leiter aus der Deckung, legen die Leiter an und retten den Verteidigungsattaché. Alles verläuft wie geplant und innerhalb von einer Minute ist der Spuk wieder vorbei.

J. M. ist sichtlich erleichtert, als er in Sicherheit ist. Seine Befragung ergibt weitere nützliche Hinweise für STERN, wie zum Beispiel die Beschreibung des Gebäudes.

19.20 Uhr/Polnische Botschaft/Elfenstraße 20a

Erneut erfolgt eine Anlieferung von Lebensmitteln. Im Unterschied zum Morgen öffnen sich dieses Mal beide Türen und die Essenskörbe können hindurchgeschoben werden.

Im Verlauf des Abends/Elfenquartier

Die Verstärkung der Polizei lässt bei Beobachtern erste Vermutungen aufkommen, dass es zur gewaltsamen Intervention kommen könnte.

Abend/Warschau/Polen

Die amtliche polnische Agentur PAP meldet, dass die polnische Regierung der Schweiz die Entsendung einer eigenen Sondereinheit vorgeschlagen hat. Diese soll in Bern mit den Schweizer Behörden zusammenarbeiten. Die Anfrage umfasst auch die Erteilung von Visa für die Angehörigen der Einheit sowie das Landerecht für eine Sondermaschine der Regierung.

22.00 Uhr/Polnische Botschaft/Elfenstraße 20a

Die Besetzer verlängern das am Montag ausgesprochene Ultimatum von 48 Stunden um weitere 48 Stunden.

Etwa zur gleichen Zeit/außerhalb von Bern

In einem Wald außerhalb von Bern testen der Einsatzleiter der Polizei sowie der Chef der Antiterroreinheit STERN die Blend-Schock-Granaten. Das Resultat überzeugt, und sollte es zu einem Zugriff kommen, können die Granaten zum Einsatz kommen.

22.44 Uhr/Polnische Botschaft/Elfenstraße 20a

Eine vierte Geisel, K. F., der Student, wird freigelassen und kann die Botschaft verlassen. Auch er wird von der Polizei weggebracht und über die Vorgänge in der Botschaft befragt. F. kann den Behörden neue Erkenntnisse liefern. Laut seinen Aussagen befinden sich die Geiseln im 1. Stock der Botschaft. Weiter sollen die Botschaftsbesetzer ständig das Fernsehen und das Radio laufen lassen und aufmerksam die Nachrichten verfolgen. F. sagt ferner aus, dass er lediglich vier Täter gesehen hat. Während der Anführer mit einer Maschinenpistole bewaffnet ist, tragen die anderen Männer ständig ihre Schrotflinten. Darüber hinaus sind sie mit Messern ausgerüstet und haben ihre Gasmasken griffbereit. Interessant für den Einsatzleiter der AT STERN ist der Umstand, dass F. nirgends Sprengstoff gesehen hat.

8. September 1982/Mittwoch/3. Tag der Besetzung

01.25 Uhr/Polnische Botschaft/Elfenstraße 20

Mit den drei Frauen C. M., J. R. und H. K. werden die Geiseln Nummer fünf bis sieben freigelassen. Laut den der SOGE vorliegenden Informationen sollten nun keine Frauen mehr in der Gewalt der Geiselnehmer sein.

02.00 Uhr/Polnische Botschaft/Elfenstraße 20

Rund 30 Minuten später kommt Geisel Nummer acht frei. K. K. wird wegen seines hohen Blutdrucks den Behörden übergeben. Mit einem roten Golf wird er weggefahren. Bei der Befragung sagt K., dass die restlichen Geiseln in einem Eckraum im Erdgeschoss schlafen.

Zu diesem Zeitpunkt weiß noch niemand, dass dies die letzte Freilassung sein sollte. Der zahlenmäßige Unterschied zwischen der Anzahl Geiseln und Botschaftsbesetzer wird immer kleiner. Dieser Koeffizient hat für eine Befreiungsaktion sowohl Vorteile als auch Nachteile.

Vorteil:

- Das bessere Verhältnis ermöglicht einen besseren Kräfteeinsatz der Sondereinheit zum Zeitpunkt des Zugriffs. Es muss mit weniger Personen (Geiseln) gerechnet werden, welche bei einem Zugriff unvorbereitet reagieren und sich dadurch gefährden würden. Es vereinfacht ebenfalls die Führung, denn es ist von entscheidendem taktischen Vorteil, wenn die Mitglieder von STERN wissen, wo sich im Moment vor einem Zugriff die Geiseln und/oder die Besetzer befinden.

- Die Logistik wird einfacher. Der medizinische Notfallsupport im Falle eines Desasters mit lediglich fünf Geiseln ist weniger groß als mit 12 wie zu Beginn der Besetzung. Bis zu diesem Zeitpunkt ist immer noch nicht sicher, ob die Besetzer tatsächlich im Besitz von Sprengstoff sind und wenn ja, wo sie diesen – wenn überhaupt – angebracht haben.

Nachteile:

- Ab sofort steht für jede Geisel fast ein Bewacher zur Verfügung.
- Im Falle eines Zugriffs müssen sich die Besetzer nicht um eine große Anzahl Personen kümmern. Falls sie die Geiseln erschießen wollen, könnten sie dies schneller tun.

Morgen/Kommandozentrale/Waisenhausplatz

Nachdem in der Nacht insgesamt fünf Geiseln freigekommen sind, hofft die Einsatzleitung immer noch, dass die Besetzung friedlich mit der Aufgabe der Besetzer beendet wird. Trotz dieser positiven Grundhaltung geht die Planung eines Zugriffs unvermindert weiter und die entsprechende Ausrüstung für die Erstürmung wird zugeführt.

08.57 Uhr/Polnische Botschaft/Elfenstraße 20

Wie schon bei der zweiten Verpflegungslieferung ändert sich bei der dritten Abgabe der Ablauf ein wenig. Dieses Mal tragen zwei Beamte die Körbe voller Lebensmittel gleichzeitig an den befohlenen Ort.

09.00 Uhr/Bundesrat/Bern

Zeitgleich mit der dritten Lieferung der Verpflegung kommt der Bundesrat zu seiner allwöchentlichen regulären Sitzung zusammen. Die Botschaftsbesetzung dominiert die Traktandenliste. Erneut fordert der Bundesrat die unverzügliche und bedingungslose Freilassung der Geiseln durch die Besetzer.

Zwischen 10.00 und 11.00 Uhr/Bereitschaftsraum von STERN

Während rund einer Stunde werden die Angehörigen von STERN über den möglichen Angriff informiert. Vorerst erfolgt keine eigentliche Zuordnung der Aufgaben. Es geht vielmehr darum, die »idée de manœvure« – die Absicht – zu vermitteln. Die Männer sollen sich mit dem Zugriff beschäftigen.

Zwischen 14.00 und 15.00 Uhr/Stadt Bern

Am Nachmittag halten die Einsatzplaner von STERN eine rund 90-minütige intensive Besprechung mit dem Architekten des Gebäudes ab. Es gilt verschiedene, mögliche einsatzrelevante Informationen einzuholen. Die Männer von STERN interessieren sich für eine Reihe von Fragen und sie erhalten auch die gewünschten Antworten:

- Fragen: Wie groß ist die Tragkraft des Daches für den Fall eines Zugriffs mittels Helikopters? Vermag das Dach das Gewicht eines Helikopters zu tragen?

Antwort: Mit einer Belastbarkeit von zirka 300 Kilogramm pro Quadratmeter ist die Tragkraft zu klein, um mit einem Helikopter aufsetzen zu können. Die Maschine müsste in einen Schwebeflug übergehen. Fliegerisch ist dies theoretisch möglich, einsatztechnisch und taktisch aber nicht sinnvoll.

- Fragen: Wie präsentiert sich die Situation mit den Lichtluken? Wie gehen diese auf? Lassen sie sich als Einstieg nutzen?
  Antwort: Die Dachluke ist vergittert. Müsste gesprengt werden. Einsatztaktisch nicht sinnvoll.

- Fragen: Wie ist der Weg vom Dachstock in den ersten Stock? Wohin führt die Treppe?
  Antwort: Bei der Treppe vom Dachstock zum ersten Stock handelt es sich nicht um solide Stufen. Zwischen den einzelnen Treppenstufen kann hindurch gesehen werden, was nicht ideal für ein verdecktes Anschleichen ist.
- Frage: Sollten die Männer einen Brückenkopf in der Wohnung von M. einrichten, besteht dann die Gefahr, dass sie durch Geräusche beim Umhergehen entdeckt werden?
  Antwort: Wenigstens in diesem Punkt kann der Architekt die Polizisten beruhigen. Die Schritte sollten nicht gehört werden.
- Frage: Wurden seit dem Bau irgendwelche bauliche Änderungen vorgenommen, welche einen Einfluss auf den Zugriff haben können?
  Antwort: Es gab verschiedene Änderungen.

Die Angehörigen von STERN sind nicht die Einzigen, welche mit dem Architekten sprechen wollen. Auch eine Schweizer Boulevardzeitung nimmt mit dem Architekten Kontakt auf und stellt ein Geschenk in Aussicht, sollte er bereit sein, Informationen zu liefern. Der Architekt lehnt ab.

13.10 Uhr/Bern

Am frühen Nachmittag führt die Kantonspolizei Bern einige Angehörige der Polizei von Bern auf den Waffenplatz der Mechanisierten Truppen nach Thun. Die Männer sollen sich mit dem Schützenpanzer vertraut machen. Da es sich um Panzer der Schweizer Armee handelt und Armeeangehörige die M-113 in einem »zivilen Einsatz« nicht fahren dürfen, erfolgt die Einweisung an die Polizisten. Zwar hat die Polizei keine eigenen Kettenfahrzeuge, doch in den Reihen der beiden Berner Polizeikorps (Stadtpolizei und Kantonspolizei) finden sich einerseits genügend Freiwillige und andererseits Männer, welche ihren Militärdienst in der Schweizer Armee in der Panzertruppe geleistet haben und mit dem eingesetzten Material bestens vertraut sind. Die M-113 erhalten deshalb kurzerhand eine »zivile Mannschaft« und zivile Nummern.

15.00 Uhr/Bundesrat/Bern

Der Bundesrat weist verschiedene ausländische Hilfsangebote als unnötig zurück. Falls es zu einer Intervention kommt, soll sie durch Schweizer Sondereinheiten ausgeführt werden.

15.30 Uhr/Bern

Die Planung für den Zugriff ist beendet. Da jedoch die Verschiebung der Schützenpanzer M-113 von Thun nach Bern und die Einweisung vor Ort rund vier Stunden dauern wird, ist ein Zugriff vorerst vor dem kommenden Tag, den Donnerstag, nicht möglich. Zum gleichen Zeitpunkt kommt der Beamte, welcher bisher die Verpflegung vor die Eingangstür geliefert hat, auf die Idee, die Essensübergabe für einen Angriff zu nutzen. Seine Überlegung begründet er damit, dass sich zu diesem Zeitpunkt jeweils vier der Botschaftsbesetzer in der Eingangshalle aufhalten würden und die Beamten, welche die Verpflegung liefern, das Gebäude betreten können. Bei dieser Gelegenheit stehen auch beide Türen offen. Zwar müsste ein Risiko eingegangen werden, da jeweils einer der Besetzer die Übergabe mit einer Schrotflinte abdeckt, aber es wäre seiner Einschätzung nach machbar.

Bei dieser Gelegenheit erinnert man sich wieder an die Aussage des Narkosearztes. Tränengas! Die Idee wird sofort aufgenommen und geprüft.

16.00 Uhr/Bern

Eine improvisierte Sprengladung mit Sprengkapseln und einem Tränengasbehälter wird zusammengebaut und ausprobiert. Die Tränengassprengladung funktioniert und die Einsatzleitung wird über die Idee informiert. Auch sie ist von der Idee begeistert. Nachdem die geringfügigen technischen Probleme mit der Sprengladung erfolgreich gelöst werden konnten, machen sich die Planer an den Ablauf der Übergabe. Der Behälter mit der »Bombe« soll nur geliefert werden, wenn alle vier Besetzer im Vorraum anwesend sind. Wenn nicht oder im Falle einer Panne muss ein zweiter Behälter gebracht werden. Das kann derart gelöst werden, dass die Behälter im Auto gelassen werden und, nachdem der erste Behälter überbracht worden ist, je nach Lage die »Bombe« oder ein zweiter Behälter mit Lebensmitteln ohne die »Bombe« übergeben wird. Noch gleichentags macht man sich an die Planung der Übergabe. Mindestens drei bis vier Behälter mit einer reichhaltigen Verpflegung sind vorgesehen.

Der geplante Ablauf sieht wie folgt aus:

- Behälter »Nummer 1« wird geliefert. Er enthält das Geschirr.
- Wenn die vier Täter sichtbar sind, gibt der Bote bei der Rückkehr zum Auto ein diskretes Zeichen und nimmt Behälter »Nummer 2«. Dieser enthält die »Bombe«.
- Wenn nicht alle vier Täter sichtbar sind, gibt er bei der Rückkehr zum Auto kein Zeichen und liefert anstellte von Behälter »Nummer 2« die »Nummer 3« mit den Lebensmitteln.

Der Ablauf soll bei der nächsten Lieferung der Verpflegung ausprobiert werden. Wichtig dabei ist auch herauszufinden, wie das Problem mit der inneren und äußeren Tür des Eingangs, welche rund 20 Zentimeter auseinander liegen, gelöst werden kann. Die innere Tür öffnet nach innen und ist vergittert. Die äußere Tür ist ein Gittertor und wird nach außen hin aufgestoßen. Für einen Angriff müssen beide Türen offen sein.

17.05 Uhr/Spanische Botschaft, vis-a-vis des besetzten Hauses/Bern

Aus einem Fenster der spanischen Botschaft kann der Chef der AT STERN die vierte Lieferung der Verpflegung beobachten. Er sieht, wie ein Polizeibeamter mit einem Auto vorfährt und aussteigt. In seinem Auto sind vier Behälter mit Verpflegung. Der Polizeibeamte versucht mit dem Chef der Anführer, welcher bisher immer die innere Tür betätigt hatte, in ein Gespräch zu kommen. Dabei stellt er sich zuerst vor die Tür, hebt die Arme und dreht sich um die eigene Achse, um zu zeigen, dass er nicht bewaffnet ist. Im Anschluss daran trägt er die vier Behälter mit den Lebensmitteln, dem Geschirr und GetränkeKasten ins Haus. Er fragt jeweils, wo er die Behälter hinstellen soll. Bereits nach der ersten Lieferung kann der Chef der AT STERN sehen, wie sich der Mann mit der Hand über sein Haar fährt. Das vereinbarte Zeichen; es hätte geklappt. Was zu diesem Zeitpunkt nur wenige wissen ist, dass diese Übergabe ein »trockener Durchgang« für die Lieferung einer Sprengladung ist. Das nächste Mal wird in einem der Behälter eine Tränengasladung versteckt sein, welche die Polizei mittels Fernbedienung zünden will. Die Explosion wird den Zugriff einleiten.

Nach der erfolgten Übergabe schildert der »Bote«, dass sich der Besetzer mit der Schrotflinte ständig auf einem Posten gegenüber der Eingangstür aufgehalten hat. Die drei anderen Männer standen neben dem Besuchsschalter, hinter den Geiseln und der Chef an der Tür.

Abends/Aufenthaltsraum der AT STERN/Kirchenfeldquartier

Die Männer von STERN erfahren Details über den Testlauf mit der Lieferung der Verpflegung. Ein Zugriff wird immer wahrscheinlicher.

Abends/Umgebung der polnischen Botschaft

In der Nacht vom Mittwoch auf den Donnerstag zieht die Berner Polizei neue Absperrungen um die Botschaft. Im Dälhölzli, dem Wald hinter der Botschaft, werden bis auf 70 Meter in den Wald hinein Stacheldrahtverhaue gezogen und das Gelände für jeglichen Zutritt gesperrt. Es befinden sich zahlreiche Fahrzeuge und Polizisten im Wald.

21.00 Uhr/Polnische Botschaft/Bern

Die Situation nimmt eine neue Dimension an. Zu den bereits am Montag gestellten Forderungen kommen weitere hinzu. Das antikommunistische Kommando verlangt nun freien Abzug ins Ausland, wobei von China als Ausreiseland die Rede ist, sowie drei Millionen Schweizer Franken Lösegeld.

Der Bundesrat lehnt diese Forderungen entschieden ab. Es scheint, als ob die Botschaftsbesetzung eine neue Wendung annehmen wird. Wie alle freigelassenen Geiseln übereinstimmend aussagten, hat sich der physische Zustand der Besetzer seit Montag merklich verschlechtert. Die Müdigkeit der Geiselnehmer und eine gewisse Einsicht, dass sich ihre Lage verschlechtert, scheinen ebenfalls dazu beizutragen, dass sie am Mittwoch neue Forderungen im Zusammenhang mit dem Abzug stellen.

Nach 23.00 Uhr/SOGE/Bundeshaus West/Bundesgasse/Bern

In den letzten Stunden des 8. September und rund 61 Stunden nach der Besetzung der Botschaft fällt im Bundeshaus die Entscheidung: Der Krisenstab unter der Leitung von Kurt Furgler und im Beisein von den Herren Albisetti, Amherd, Gerber, Bieler, Hess und Schneider beschließt der SOGE, die Besetzung gewaltsam zu beenden.

9. September 1982/Donnerstag/4. Tag der Besetzung

Nach Mitternacht/Bundeshaus/SOGE

Es ist bereits nach Mitternacht, als der Einsatzleiter der Polizei das Bundeshaus verlässt und ins Botschaftsquartier zurückkehrt. Die Mitglieder der AT STERN haben nun einen »Blankoscheck« für die Erstürmung des Gebäudes.

02.00 Uhr/SOGE

Die mit den Besetzern geführten Verhandlungen kommen ins Stocken. Sie sollen am Morgen wieder aufgenommen werden. Auch wenn die Besetzer neue Forderungen gestellt haben, beharren die Schweizer Behörden weiterhin auf eine bedingungslose und sofortige Freilassung der Geiseln. Der Vorsteher des EJPD wird später vom Übergang aus der »Kontaktphase« in die »Durstphase« sprechen. Während in der Kontaktphase eine Annäherung noch möglich war und auch konstruktive Resultate mit der Freilassung von mehreren Geiseln möglich waren, geschieht in der Durstphase nicht mehr viel. Die Besetzer werden ungeduldig und nervös.

Gleichzeitig

Der Einsatzleiter der Polizei erstellt den Einsatzbefehl für den bevorstehenden Zugriff und den Zeitplan für den Ablauf der einzuleitenden Maßnahmen. Der Einsatzrapport wird auf 04.00 Uhr morgens angesagt.

Ab 03.00 Uhr

Während in der Bundeshauptstadt die Einwohner schlafen und sich die Pressevertreter in der unmittelbaren Nachbarschaft die Beine in den Bauch stehen, werden die Teilnehmer für den Einsatzrapport aufgeboten. Beim Zusammenzug der »Keyplayer« wird versucht, so wenig Aufsehen wie möglich zu erwecken. Nichts soll auf die bevorstehende Aktion hinweisen.

Zwischen 04.00 Uhr und 05.15 Uhr

Während rund 75 Minuten besprechen der Einsatzleiter der Polizei, der Polizeidirektor, der Einsatzleiter vor Ort, der Chef der AT STERN mit zwei zugeteilten Unteroffizieren und einem weiteren Polizeioffizier die Aktion. Auf der Traktandenliste stehen drei Punkte:

1. Erstellen der Aufträge,
2. Abstimmen des Zeitplans,
3. Koordination der eingesetzten Elemente.

Die Aufträge umfassen
für den Einsatzleiter:

- Inspektion der Absperrung,
- massive Verstärkung der Absperrung der Nachbarschaft der Botschaft bei Zugriffsauslösung. Für diesen Zweck wird eine Verstärkung der Stadtpolizei durch das Polizeikorps des Kantons hinzugezogen.

für den Chef AT STERN:

- Zusammenziehen der AT-Gruppe STERN,
- alles Nötige für den erfolgreichen Sturm vorbereiten,

für den zugeteilten Polizeioffizier:

- Ablösen der AT STERN aus dem Dispo der Botschaft,
- Bildung von starken Reserven in zivil und in Uniform,
- Organisation des rückwärtigen Dienstes in Vollbesetzung,
- Sicherstellen eines Übermittlungsnetzes.

Der Zeitplan bis zum Zugriff wird wie folgt festgelegt:

05.15 Uhr bis 06.15 Uhr	Vorbereitungen der entsprechenden Detachementschefs
06.15 Uhr bis 07.00 Uhr	Morgenessen und Bereitstellung sowie Überprüfung des Materials
07.00 Uhr	Vorbereitungen abgeschlossen,
von 07.00 Uhr bis 09.00 Uhr	Befehlsausgabe, Ausrüsten und Verschieben in den Bereitschaftsraum.
Ab 09.00 Uhr	Bereit für den Zugriff, ab der Ausgangsstellung.
09.10 Uhr	Sanitätsdienst in der Nähe der polnischen Botschaft ist bereit.[8]
Zirka 09.15 Uhr	Vorfahrt mit der präparierten Verpflegung vor die Botschaft.

06.00 Uhr/Volksbank-Filiale/Bern

Mit Ablösung der Kantonspolizei vor Ort werden die STERN-Angehörigen in die Polizeikaserne geholt. Der Zeitpunkt ist bewusst so gewählt. Die Verschiebung von zusätzlichen Beamten soll nicht auffallen.

Gleichzeitig/Polizeikaserne/Bern

Ein Sprengstoffspezialist der Stadtpolizei Bern baut zwischenzeitlich die Sprengladung für den Zugriff. Zwei wichtige Fragen sind für den Beamten schwierig zu beantworten:

- Wie viel Tränengas soll eingesetzt werden?
- Wie stark darf oder muss die Sprengladung sein?

Mit der Sprengung sollen die Personen neutralisiert und nicht in die Luft gesprengt werden.

Die Mitglieder von STERN rüsten sich mit genügend Spreng- und Schockladungen aus.

07.00 Uhr/Polizeikaserne/Bern

In der Polizeikaserne erfolgt die Befehlsausgabe an STERN.

07.33 Uhr/Hotel Bellevue/Bern

Ein umfangreiches Frühstück für die restlichen Geiseln und die Botschaftsbesetzer wird bestellt.

08.00 Uhr/Hotel Bellevue/Bern

Ein Polizeibeamter holt das Frühstück ab und bringt es in die Polizeikaserne. Der Korb umfasst Geschirr, verschiedene Arten von Brötchen, Marmelade, Butter, Kaffeerahm, Kaffee, Milch. Der Korb ist mit einem großen weißen Tuch zugedeckt.

08.45 Uhr/SOGE/Bundeshaus West/Bundesgasse/Bern

Es soll losgehen, doch plötzlich wird alles gestoppt. Keine vier Minuten zuvor meldete sich »Oberst Wysocki« beim Sonderstab Geiselnahme. Mit aufgeregter Stimme meldet er, dass der Militärattaché Oberst Z. D. offenbar einen Selbstmordversuch unternommen hat. Er verlangt nach Nitroglyzerin, einer Sauerstoffmaske, Atropin sowie einem Arzt. Das Anliegen bringt den SOGE in Bedrängnis. Die Einsatzleitung entscheidet, keinen Arzt zu schicken. So kurz vor der geplanten Intervention sollte nicht noch eine weitere Geisel in die Hände der Besetzer fallen. Zu einem früheren Zeitpunkt hatte man einen Arzt in die Botschaft geschickt, doch in diesem Fall wollte man dem Anliegen nicht entsprechen.

Wie weiter? Der SOGE schlägt vor, den verletzten Mann vor die Tür zu legen. Er würde alsbald von einer Ambulanz abgeholt werden. Kruszyk alias »Oberst Wysocki« lehnt den Vorschlag ab, handelte es sich doch bei Oberst Drobuszewski um seine »wertvollste« Geisel. Schließlich wird ein Kompromiss gefunden. Die medizinische Ausrüstung und Medikamente werden vor die Tür gelegt und die nötigen Anweisungen über Telefon übermittelt.

09.00 Uhr/Polnische Botschaft/Bern

Für den verletzten Militärattaché wird ein Sanitätskoffer vor die Tür gestellt.

10.00 Uhr/Polnische Botschaft/Bern

Das erste und ursprüngliche Ultimatum der Besetzer, welches am Abend zuvor verlängert wurde, verstreicht. Die Besetzer halten sich an ihre Abmachung. Das ursprüngliche Ultimatum ist verschoben.

Auftrag

Der Auftrag an die Mitglieder der AT STERN lautet:
- Erstürmung der Botschaft,
- Befreiung der festgehaltenen Geiseln und
- Verhaftung des Terrorkommandos.

Planung

Im Verlauf der Tage sind verschiedenste Varianten geprüft und angedacht worden. Der finale Plan sieht wie folgt aus:
- Irritation und Ablenkung der Besetzer durch Zündung einer Sprengladung anlässlich der Übergabe der Verpflegung,
- unmittelbar nach der Detonation Erstürmung des Gebäudes von zwei Seiten.
- Von vorne:
  Drei Mann und der »Sprenger«.
  »Sprenger« prüft, ob Tür offen,
  - wenn nein, wird sie gewaltsam geöffnet,
  - wenn ja, stürmen die drei Männer in die Eingangshalle und die anliegenden Räume.

  Auftrag: Neutralisation der vier mutmaßlichen Besetzer und Rettung der Geiseln.
  Anschließend sichern nach hinten und oben (Treppe).
- Von hinten:
  12 Mann
  Mittels Leitern dringen sie in den ersten Stock des Gebäudes ein (Wohnung M.) und säubern das Obergeschoss sowie den Dachstock.
  Auftrag: Suche und Neutralisation des »fünften« Besetzers sowie des Sprengstoffs.
- Vorstoß ins Erdgeschoss durch das Team aus dem ersten Stock erst, wenn die Lage im Erdgeschoss geklärt ist.

Für den Angriff rüsten sich die Angehörigen von STERN wie folgt aus:
- Maschinenpistolen,
- Schrotflinten,
- Pistole als zweite Waffe,
- Schockladungen (Handgranate HG 53 mit 20 Gramm Sprengstoff),
- Blend-Schockgranaten,
- Haftladungen (Nonel),
- Gasmaske ist aufgesetzt,
- Als Erkennungszeichen gegenüber den eigenen Angehörigen wird eine rote Mütze getragen.

Training

Ein eigentliches Training für den gewaltsamen Teil des Zugriffs findet nicht statt. Die Männer müssen sich auf ihre Erfahrungen und das perfekte Zusammenspiel miteinander verlassen.

Ausführung

9. September 1982/Donnerstag/4. Tag der Besetzung

10.15 Uhr/Kirchenfeldquartier/Volksbank-Filiale

Die Männer sind abfahrbereit. Es kommt zu einer wenige Minuten dauernden Verzögerung.

10.18 Uhr/Kirchenfeldquartier/Volksbank-Filiale

Es geht los! Die Männer fahren los.

10.30 Uhr

Ohne dass es der Medientross bemerkt hätte, beziehen die Männer ihre Ausgangsstellungen. Es kann sich nur noch um Minuten handeln, bis STERN losschlagen kann. Die Männer sind entsprechend konzentriert und bereit.

10.33 Uhr

Die Zentrale fragt beim Chef AT STERN nach, ob die Männer bereit sind. Die Antwort: »O.K., fehlt bloß die Verpflegung.« »Sie ist unterwegs«, wird zurückgemeldet.

10.36 Uhr/Ausgangsstellung der AT STERN

Die Männer der AT STERN sind bereit.

10.38 Uhr/Polnische Botschaft/Elfenstraße 20a

Die Verpflegung trifft ein. Die Besetzer erwarten den weißen Volkswagen-Transporter bereits. Da das Frühstück etwas verspätet geliefert wird, soll gleichzeitig auch

10.38 Uhr. Ein Angehöriger der Berner Polizei bringt den ersten Korb mit den Lebensmitteln zur Eingangstür der polnischen Botschaft an der Elfenstraße 20A. Der Mann wird von einem Polizisten abgedeckt.

10.39 Uhr. Der zweite Korb mit den Lebensmitteln wird zur Botschaft getragen. Nun steht bereits der erste STERN-Angehörige zur Absicherung bereit im Schutze der Wand.

das Mittagessen abgegeben werden. Die Besetzer und die Geiseln sollen einen Brunch zu sich nehmen können.

Wie schon in den Tagen zuvor, fährt das Fahrzeug vor, ein zivil gekleideter Polizist steigt aus. Als erstes nimmt er eine Polaroid-Kamera, die sich die Besetzer gewünscht haben, und bringt sie zur Tür. Pech! Die Tür öffnet sich lediglich einen Spalt. Der Be-

Drei Angehörige der Antiterroreinheit (AT) STERN machen sich für den Zugriff bereit. Zur gegenseitigen Identifikation tragen die Angehörigen von STERN orange Schirmmützen. Die Gasmasken haben sie schon angezogen.

Das Zugriffsteam für den Haupteingang ist in Stellung. Der Zugriff steht unmittelbar bevor. Drei Angehörige der Antiterroreinheit STERN (AT) machen sich für den Zugriff bereit. Zur gegenseitigen Identifikation tragen die Männer orange Schirmmützen. Die Gasmasken haben sie schon angezogen.

amte übergibt die Kamera und kehrt zum VW-Bus zurück. Vielleicht wird es bei der zweiten Übergabe besser. Er nimmt Behälter »Nummer 1« mit dem Geschirr und trägt ihn die wenigen Meter bis zur Eingangstür, welche inzwischen weit offen steht. Als er ihn abstellt, kann er feststellen, dass sich nicht alle Personen in der Eingangshalle befinden. Er kehrt zum VW-Transporter zurück und nimmt den zweiten Korb auf. Der Behälter »Nummer 2« enthält keine Lebensmittel, sondern die speziell hergestellte Sprengladung mit Blitz-, Lärm- und Tränengasladungen. Der Beamte stellt den zweiten Korb ab und entfernt sich.

10.42.35 Uhr/Polnische Botschaft/Elfenstraße 20a

Eine Person öffnet die Tür. Während einer der Botschaftsbesetzer die beiden Behälter in den Empfangsraum der Botschaft trägt, fährt der sich entfernende Polizeibeamte mit der Hand über die Haare und begibt sich seelenruhig in Deckung.

10.42.45 Uhr/Außerhalb der Botschaft/Elfenstraße 20a

Auf diese Handbewegung hat der STERN-Einsatzleiter gewartet. Es ist das Zeichen für die Auslösung der Bombe. Kurze Zeit nachdem er den Auslöser betätigt hat,

10.43 Uhr. Der erste Besetzer wird mit erhobenen Händen aus der Botschaft geführt. Alle Besetzer tragen Tarnanzüge.

Einen Augenblick später…

Einer der Besetzer liegt am Boden. Angesichts des Tränengases war er zu keiner Gegenwehr fähig. Ein STERN-Angehöriger steht auf seiner Hand, damit er keinen Fluchtversuch unternimmt. Ein anderer STERN-Angehöriger ist im Begriff, einen der Besetzer zu durchsuchen.

explodiert innerhalb der Botschaft die Bombe mit einem dumpfen Knall im Behälter. Durch die Wucht der Explosion fällt Glas aus der Eingangstür.

Gleichzeitig/Polnische Botschaft/Elfenstraße 20a

Als die Bombe innerhalb der Botschaft explodiert, wird einer der Besetzer, der eben erst den Korb abgestellt und sich etwa einen Meter entfernt hat, von der Wucht der Explosion umgeworfen.

Nach der Explosion/Polnische Botschaft/Elfenstraße 20a/von vorne

Unmittelbar nach der Explosion im Innern der Botschaft stürmen acht mit automatischen Waffen ausgerüstete STERN-Mitglieder auf die Eingangshalle der Botschaft zu. Alle Männer tragen Schutzmasken, denn das abgefeuerte Tränengas fordert im Innern des Gebäudes bereits bei allen seinen Zoll.

Nach der Explosion/Polnische Botschaft/Elfenstraße 20a/von hinten

Auch hinter dem Botschaftsgebäude sind Mitglieder der AT STERN in Stellung gegangen. Sie greifen an. Das durch die Räume strömende Gas erschwert für alle ohne Schutzmasken das Atmen. Vor Schmerzen drücken Besetzer und Geiseln ihre Augen zusammen.

Die unversehrt befreiten Geiseln – Augenblicke nach der Befreiung, das Tränengas brennt Ihnen noch in den Augen – werden abgeführt.

10.42.55 Uhr/Polnische Botschaft/Elfenstraße 20a

Als die ersten Angehörigen von STERN die Eingangshalle stürmen, können sie die ersten beiden Terroristen überwältigen. Durch die Explosion haben sie ihre Waffen fallen lassen und sind – wie beabsichtigt – einen Augenblick lang völlig verwirrt. Sie sind zu einer koordinierten Gegenmaßnahme nicht mehr fähig. In einem Raum unmittelbar neben der Eingangshalle befindet sich zum Zeitpunkt des Zugriffs Florian Kruszyk alias »Oberst Wysocki«. Auch er wird sofort überwältigt.

10.43.05 Uhr/Polnische Botschaft/Elfenstraße 20a

Mit erhobenen Händen werden die Besetzer aus dem Gebäude geführt. Einer der Männer trägt eine Schutzmaske, alle tragen einen Kampfanzug. Der vierte Besetzer stand mit einer Schrotflinte, aber mit erhobenen Armen unter einer Zimmertür.

Zwischen 10.44 Uhr und 10.54 Uhr/Polnische Botschaft/Elfenstraße 20a

Noch während die Botschaftsbesetzer nach draußen geführt werden und die ehemaligen Geiseln separiert werden, durchkämen im Innern Zweierteams von STERN das Gebäude. Jeder Raum wird durchsucht. Es gilt sicherzustellen, dass nicht noch irgendwo ein weiterer Terrorist ist oder eine Geisel sich versteckt hält. Vorderhand

Die Geiseln werden zur medizinischen Abklärung ins Inselspital gefahren.

gehen die beiden STERN-Teams auf den Etagen getrennt vor. Die Treppe wird nicht benutzt. Es soll verhindert werden, dass sich die STERN-Mitglieder versehentlich beschießen.

Mehrere verschlossene Türen werden kurzerhand gesprengt. Die Explosionen sind auch außerhalb zu hören. Die Spezialisten finden keinen Sprengstoff und auch keine versteckten Sprengfallen.

10.54 Uhr/Polnische Botschaft/Elfenstraße 20a

Rund 12 Minuten nach Beginn der Erstürmung ist die Besetzung, die vor 73 Stunden und 40 Minuten begonnen hatte, ohne einen abgefeuerten Schuss unblutig beendet.

11.15 Uhr/Polnische Botschaft/Elfenstraße 20a

Rund 30 Minuten nach erfolgter Erstürmung versammeln sich alle Mitglieder von STERN in der Nähe der Botschaft. Ihr Einsatz ist vorbei.

Nachtrag

9. September 1982/Donnerstag

Vor dem Mittag/Polnische Botschaft/Elfenstraße 20a

Noch vor dem Mittag stellt die Berufsfeuerwehr Bern ein Spezialgerät – eine Art fahrenden Ventilator – auf, um das immer noch im Gebäude hängende Tränengas abziehen zu können. Ferner tragen Beamte und Botschaftsangehörige Teppiche und Vorhänge aus der Botschaft, um sie unter freiem Himmel auszulüften. Anschließend folgen Spezialisten für die kriminaltechnische Spurensicherung.

Der Behälter, in welchem sich die Sprengladung befand, nach der Explosion. Keiner der Besetzer kam durch die Schockladung zu Schaden.

13.00 Uhr/Bundeshaus/Bern

Der Vorsteher des Eidgenössischen Justiz- und Polizeidepartments, Kurt Furgler, informiert in einer Pressekonferenz die Medien und die Öffentlichkeit über den erfolgreichen Ablauf der Aktion.

Gegen den Abend/Polnische Botschaft/Elfenstraße 20a

Am Donnerstag – am vierten Tag der Besetzung durch ein vierköpfiges Terroristenkommando und noch am selben Tag wie die Erstürmung – wird das Gelände der polnischen Botschaft an der Elfenstraße 20a in Bern wieder zu unverletzlichem Gebiet erklärt. Die Sicherheitsbehörden haben das Gebäude verlassen und sich auf der Straße aufgestellt.

Gegen den Abend/Polizeigebäude, Waisenhausplatz 32

Die an der Befreiungsaktion beteiligten Angehörigen der AT STERN feiern ihren Erfolg. Sie verzehren den Nachtisch, der eigentlich für die Botschaft bestellt und reserviert war. Dieses Essen wird nicht mehr gebraucht.

Gegen den Abend/Polizeigebäude, Waisenhausplatz 32

Nach seiner Verhaftung bezeichnet sich Florian Kruszyk alias »Oberst Wysocki« als Kriegsgefangener und verlangt eine entsprechende Behandlung. So weigert er sich zum Beispiel, anlässlich seines ersten Verhörs eine andere Kleidung als den Kampfanzug zu tragen, und wird deshalb in den Unterhosen befragt. Erst später legt er seinen Widerstand ab und erscheint in dem durch die Gefängnisleitung zur Verfügung gestellten blauen Überkleid zum Verhör.

10. September 1982/Freitag

Einen Tag nach Beendigung übergibt Eugeniusz Noworyta, Abteilungsleiter im polnischen Außenministerium, dem Schweizer Botschafter Roger Campiche eine Anfrage des polnischen Generalstaatsanwalts. Polen beantragt die Auslieferung. Gesetzliche Bestimmungen verhindern dieses Vorhaben. Den vier Polen wird in der Schweiz der Prozess gemacht.

Analyse und Wertung der Operation

Vorbereitung

Von Beginn des Einsatzes an fand eine laufende Planung mit verschiedensten Varianten statt. Jede Information wurde aufgenommen, geprüft und – wenn nicht wichtig oder tauglich – fallen gelassen. Der Einsatzleiter verließ sich nur auf bewährte Abläufe und bewährtes Material. Die für den Einsatz speziell gefertigte Sprengladung mit Tränengas wurde in einem Testlauf auf ihre Tauglichkeit überprüft.

Obwohl der Bundesrat als letzte Instanz den Befehl zur Erstürmung noch nicht erteilt hatte, konnten sich die Angehörigen der AT STERN von der ersten Orientierung an über den Angriffsplan anhand von Bauplänen, Dias, Videoaufzeichnungen und Begehungen in der Nachbarschaft über die Situation ein Bild machen. Mit dieser Maßnahme konnten sich die Männer individuell und in der Gruppe auf den Einsatz vorbereiten, noch bevor der Einsatzbefehl kam. Ein beteiligter STERN-Angehöriger sagte später: »Ich wäre mit geschlossenen Augen durch das Haus gekommen. Ich hatte alles gespeichert.« Während der späteren Befehlsausgabe mussten die Männer nur noch die bereits gespeicherten Bilder abrufen und die letzten Änderungen verarbeiten.

Die am Vorabend durchgespielte Essensübergabe hat die Durchführbarkeit bewiesen. Im Falle der polnischen Botschaft ist es sicher ein Glücksfall und dürfte für andere Einsätze eher die Ausnahme darstellen.

Training

Ein eigentliches Training für den gewaltsamen Teil des Zugriffs hat nicht stattgefunden. Die Männer mussten sich auf ihre x-fach eingespielten Abläufe verlassen. Dabei ist ihnen zugute gekommen, dass sich die Mitglieder der an sich kleinen AT STERN untereinander aus dem täglichen Dienst und dem Training sehr gut kannten.

Ausführung

Durch eine geschickte Verhandlungsführung konnten die Besetzer über die wahren Absichten im Unklaren gehalten werden. Den Planern gelang eine Überraschung. Als die Besetzer und die letzten Geiseln schon lange den Ort des Geschehens verlassen hatten, sind aus dem Innern des Gebäudes noch Explosionen zu hören. Der Grund hierfür liegt darin, dass die Polen der Schweizer Polizei keine Schlüssel zu den vielen Türen aushändigen wollten. Aus diesem Grund wurde jede verschlossene Tür gesprengt. Weiter war während der Verhandlungen stets von versteckten Ladungen und Sprengstoff die Rede gewesen. »Ich habe während meiner aktiven Zeit bei STERN und später nie mehr so viele echte Türen aufgesprengt, wie an diesem Tag«, meinte später ein STERN-Mitglied. »Es war eben der Kalte Krieg und die Polen waren hinter dem eisernen Vorhang«, bemerkte lakonisch ein anderer über den Umstand mit den Schlüsseln.

Übersicht der Namen der Geiseln

Name		Funktion	Varia
1	W. L.	Hilfssekretärin	Verhandlungsweg – Montagnacht 23.40 Uhr, schwanger im 5. Monat
2	St. A.	Botschaftsangestellte	Verhandlungsweg – freigelassen am Dienstag, 10.33 Uhr
3	I. M.	Botschaftsangestellte	Verhandlungsweg – freigelassen am Dienstag, 10.33 Uhr
4	K. F.	Student	Verhandlungsweg – freigelassen am Dienstag, 22.44 Uhr
5	C. M.	Botschaftsangestellte	Verhandlungsweg – freigelassen am Mittwoch, 01.25 Uhr
6	J. R.	Botschaftsangestellte	Verhandlungsweg – freigelassen am Mittwoch, 01.25 Uhr
7	H. K.	Botschaftsangestellte	Verhandlungsweg – freigelassen am Mittwoch, 01.25 Uhr
8	K. K.	Botschaftsangestellter	Verhandlungsweg – freigelassen am Mittwoch, 02.00 Uhr
9	J. M.	Verteidigungsattaché	Herausgeholt am Mittwoch, 17.59 Uhr
10	Z. D.	Oberst, Militärattaché	Befreit – Von den Besetzern erst am Mittwoch entdeckt.
11	J. R.	Erster Botschaftssekretär	Befreit
12	St. P.	Zweiter Sekretär/ Presseattaché	Befreit
13	C. M.	Botschaftsangestellter	Befreit
14	C. A.	Botschaftsangestellter	Befreit

Verhalten des Gegners

Ob die Botschaftsbesetzung in Bern in dieser Form überhaupt geplant war, bleibt offen. Der Gruppe wurde Ende August von den österreichischen Grenzbehörden die Einreise aus Deutschland verweigert und zurückgeschickt. Erst im Nachgang dazu sind die vier Männer in die Schweiz eingereist.

Laut Aussagen der Geiseln waren die Gewalt gegen den am zweiten Tage entdeckten Militärattaché sowie die gespielten Hinrichtungen die einzigen Übergriffe seitens der Besetzer gegenüber den Geiseln gewesen. Ansonsten sind die Geiseln – laut eigenen Angaben – gut behandelt worden.

Übersicht der Namen der Kriminelle

Name		Alter	Funktion	Varia
1	Florian Kruszyk alias Colonel Wysocki	42	Anführer	Zu 6 Jahre Gefängnis und 15 Jahren Landesverweis verurteilt.
2	K. W.	33	Mitläufer	Verurteilt zu 3 Jahren Gefängnis und 5 Jahren Landesverweis
3	M. P.	23	Mitläufer	Verurteilt zu 2,5 Jahren Gefängnis und 5 Jahren Landesverweis
4	M. M.	20	Mitläufer	Verurteilt zu 2,5 Jahren Gefängnis und 5 Jahren Landesverweis

Verluste

Bei der Erstürmung der Botschaft wurden weder die Geiseln noch die Besetzer und auch kein Mitglied der Sondereinheit STERN verwundet.

Die sichergestellte Ausrüstung der Besetzer

Psychologischer Effekt der Operation und Image

In den ersten Tagen der Botschaftsbesetzung sah sich der SOGE mit verschiedenen in- und ausländischen Stimmen konfrontiert, welche rügten, dass die Schweiz überhaupt nicht in der Lage sei, die Besetzung der polnischen Botschaft mit einer polizeilichen Intervention zu lösen. Es wurde teilweise die Meinung vertreten, dass ausländische Spezialeinheiten, wie die bundesdeutsche Grenzschutzgruppe 9 (GSG 9) oder der britische Special Air Service (SAS), die Lage zu klären hätten, und entsprechende Angebote lagen vor. Während eine Unterstützung durch eine Spezialeinheit von einem westlichen Staat noch eher im Bereich der Möglichkeiten lag, konnte aus politischen Gründen auf das Angebot einer polnischen Spezialeinheit gar nicht eingegangen werden.

Aus verschiedenen Gründen ist der Bundesrat und die Stadtpolizei Bern nicht auf die Forderung nach ausländischer Beteiligung eingegangen:

- Die ausländischen Berater waren mit den Besonderheiten der AT STERN, wie zum Beispiel der Organisation, der Arbeitsweise, dem Ausbildungsstand oder den Mitgliedern, nicht bekannt.
- Ausländische Antiterroreinheiten verfügen über andere technische und materielle Möglichkeiten. Sie kennen diese Möglichkeiten und haben damit trainiert. STERN verfügt andere Voraussetzungen. Neue Ausrüstung kann nicht innert Stunden beherrscht werden und stellt somit letztlich eine Gefährdung dar, sollte es im Einsatz verwendet werden.

Die Besetzer waren mit vier Remington Wingmaster, Mod. 870, sowie einer Maschinenpistolen-Attrappe (Nachbau einer tschechischen Mini-MP VZ 61 Skorpion) ausgerüstet.

- Auch wenn in der Schweiz vergleichbare Antiterroreinheiten in einem bescheideneren Ausmaß (materiell und personell) aufgestellt wurden als im Ausland, sind sie aufgrund des jahrelangen Trainings und Übungen selber in der Lage, einen Zugriff erfolgreich durchzuführen.
- Das Hinzuziehen von unbekannten Beratern hätte sich negativ auf die Selbstsicherheit der Einsatzleitung auswirken können und letztlich lag die Verantwortung auf den Schultern der Schweizer Polizei.
- Ein Einsatz von ausländischen Beratern untergräbt das Vertrauen der eigenen Leute in die Führung

Desaster in Malta

57 Geiseln sterben beim missglückten Versuch einer ägyptischen Spezialeinheit, eine Verkehrsmaschine zu stürmen

Codename	»unbekannt«
Auftrag	Befreiung der entführten EgyptAir-Maschine »Flug 648«
Datum	24. November 1985
Ort	Malta International Airport, Flughafen Luqa/Malta
Involvierte Einheit	Task Force 777 »Al-Sa'iqa« (Thunderbolt), Ägypten

Vorgeschichte

Rund sechs Wochen nach dem Zwischenfall mit dem italienischen Kreuzfahrtschiff ACHILLE-LAURO ist der Mittelmeerraum erneut Schauplatz einer Entführung. Wie schon anlässlich der Entführung der Air-France-Maschine am 27. Juni 1976 und der Entführung einer Boeing 727 der Trans World Airlines (TWA) am 14. Juni 1985 beginnt die Entführung in der griechischen Hauptstadt Athen.

Entwicklung der Lage

23. November 1985/Samstag

Nachmittag/Flughafen Athen/Griechenland

Aus der jugoslawischen Hauptstadt Belgrad kommend trifft ein 22-jähriger Mann in Athen ein. Sein tunesischer Pass lautet auf den Namen Omar Marzouki. Doch sowohl sein Name als auch sein Pass sind falsch. Marzouki heisst eigentlich Omar Mohammed Ali Rezaq und kommt aus Palästina. Er ist nur auf der Durchreise. Sein eigentliches Ziel lautet: Kairo. Dasselbe Ziel haben zwei weitere Männer mit ebenfalls gefälschten Pässen, die auf die Namen Nur-El-Din und Chakore lauten. Die Zweiergruppe ist von Tripolis/Libyen nach Athen geflogen.

Die drei Männer treffen sich und begeben sich anschließend gemeinsam an einen Schalter, um ihren Flug in die ägyptische Hauptstadt zu bestätigen. Sie verhalten sich unauffällig und sie können ungehindert die Passkontrolle passieren. Mit ihnen haben weitere 82 Personen mit unterschiedlichsten Nationalitäten dieselbe Absicht, den Flug 648 der EgyptAir nach Ägypten zu nehmen. Unter den Passagieren befinden sich Geschäftsleute, Ferienreisende sowie Personen, die in Kairo einen internationalen Anschlussflug erreichen wollen.

20.00 Uhr[1]/Flughafen Athen/Griechenland

Die Boeing 737-266[2] der EgyptAir mit der Immatrikulation SU-AYH kommt von Kairo und landet in Athen. Rund eine Stunde wird sie auf griechischem Boden stehen, bevor sie mit den zugestiegenen Passagieren nach Kairo zurückfliegen wird. Die zweistrahlige Verkehrsmaschine steht unter der Führung des 39-jährigen Flugkapitäns Hani Galal. Ihm zur Seite stehen sein Kopilot Emad Bahey sowie eine vierköpfige Kabinencrew, welche sich auf dem kurzen Flug um das Wohl der Passagiere kümmern wird.

21.03 Uhr[3]/Flughafen Athen/Griechenland

Die Türen werden verschlossen und »Flug 648« ist für die Rückkehr bereit. Die Boeing verlässt kurz nach neun Uhr den Standplatz und rollt zur Startpiste. Kapitän Galal erwartet einen ruhigen Flug und hofft in rund 80 Minuten in Kairo aufsetzen zu können. Es sollte alles anders kommen.

21.10 Uhr/Flughafen Athen/Griechenland

Sieben Minuten später hebt die Boeing 737 vom Athener Flughafen ab und nimmt Kurs auf Kairo. Als Besonderheit sitzen unter den insgesamt 85 Passagieren[4] noch zusätzlich vier bewaffnete ägyptische Sicherheitsbeamte.[5] Sie sollen die Sicherheit an Bord gewährleisten.

Die ägyptische Boeing 737 der EgyptAir.

Zwischen 21.15 Uhr und 21.20 Uhr[6]/Griechischer Luftraum über der Insel Milos

Als die Zeichen »No Smoking/fasten your seat belts« erlöschen, ist die Boeing auf Höhe der griechischen Insel Milos und die Stewardessen sind im Begriff, Zeitschriften und Zeitungen zu verteilen. Plötzlich stehen unverhofft drei Männer auf. Zwei von ihnen ziehen sich Masken über den Kopf. Während Omar Mohammed Ali Rezaq[7] nach vorne ins Cockpit stürmt, begibt sich Bou Said Nar Eldin ins Heck der Maschine. Er trägt eine schwarze Maske und wird diese auch während der ganzen Zeit nie abziehen. Der dritte Terrorist, Salem Salab Chakore, baut sich in dem Mittelteil des Passagierraums der Boeing auf.[8] Alle Luftpiraten sind mit Handfeuerwaffen und russischen Handgranaten bewaffnet. Auf Arabisch rufen sie den geschockten und irritierten Passagieren zu: »Nicht bewegen!«

Obwohl im Cockpit Rezaq der Crew von »Flug 648« befohlen wird, den Funk nicht zu betätigen, gelingt es Copilot Bahey, eine codierte Meldung über eine Entführung der Boeing abzusetzen.

Bei den Flugzeugentführern handelt es sich um Palästinenser und Mitglieder einer Gruppe, welche sich »ägyptische Revolution«[9] nennt. Der Gruppe werden auch Verbindungen zum Topterroristen Abu Nidal, dem Planer und Drahtzieher der Kaperung des italienischen Kreuzfahrtschiff ACHILLE-LAURO, nachgesagt. Entstanden ist die Gruppierung aus einer Abspaltung von der »Moslemischen Bruderschaft«, weil sich diese zu wenig radikal verhalten hat.

Wie die drei Männer ihre Waffen an Bord der EgyptAir-Maschine bringen konnten, bleibt ungeklärt. Einerseits gibt es starke Indizien für die Annahme, dass Athener Flughafenangestellte gegen Bezahlung die Waffen auf das Gelände geschmuggelt haben und die Waffen entweder nach der Kontrolle irgendwo deponiert haben oder sogar

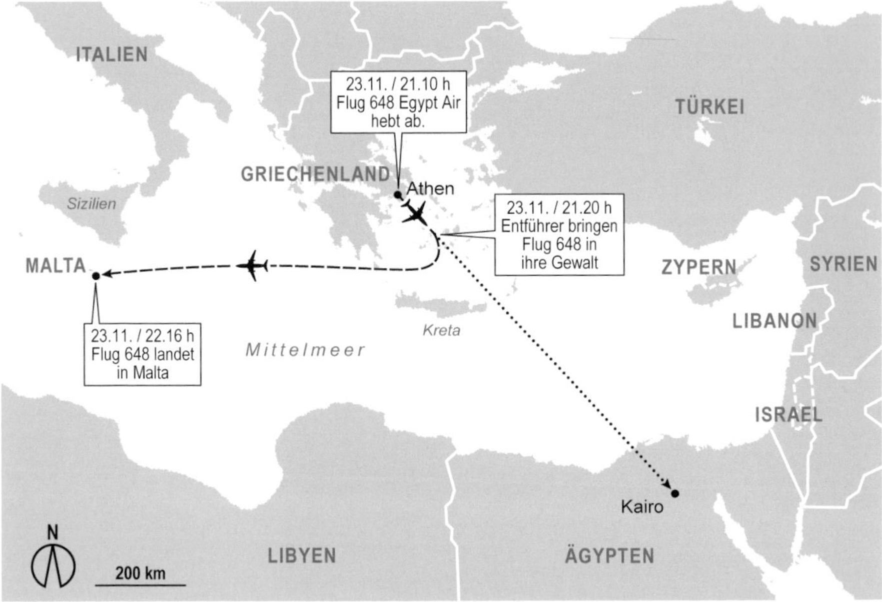

Geplante Flugstrecke von »Flug 648« von EgyptAir sowie die Flugstrecke nach Malta

an Bord der Boeing hinterlegt haben.[10] Andererseits gibt es auch Überlegungen, wonach die Waffen bereits mit der Boeing aus Ägypten in Griechenland eingetroffen sind.

Zwischen 21.20 Uhr und 22.00 Uhr/Passagierraum der Boeing/Griechischer Luftraum

Nachdem das Cockpit und der Passagierraum der Boeing unter Kontrolle sind, fordern die beiden Terroristen im Passagierraum die Reisenden der ersten drei Reihen auf, freie Plätze im hinteren Teil der Maschine zu suchen. Weiter sammeln sie von den Männern die Krawatten ein. Sie werden diese später gebrauchen, um ihnen die Hände zu fesseln. Anschließend sammeln sie im Passagierraum alle Pässe ein. Während sie die Passagiere in Schach halten, müssen Crewmitglieder die Personen durchsuchen und die gefundenen Pässe in einen Sack werfen. Sie teilen die Passagiere nach ihren Nationalitäten auf, was für einzelne Passagiere bedeutet, dass sie sich auf einen anderen Sitz zu setzen haben. So werden zum Beispiel zwei junge, unabhängig voneinander reisende israelische Frauen von den anderen Passagieren separiert, als die Terroristen ihre Nationalität herausfinden. Sie müssen sich auf einen der freien Plätze in den ersten drei Reihen setzen.

Zirka um 22.00 Uhr/Passagierraum der Boeing/Griechischer Luftraum

Während des Einsammelns der Pässe kommt es zu einem folgenschweren Zwischenfall. Mehat Mustafa Kamel[11] ist einer der vier mitfliegenden Sicherheitsbeamten, ein so genannter Sky-Marshal.[12] Als sich ihm Salem Salab Chakore nähert und im Begriff ist, den Pass des Ägypters einzufordern, greift Kamel in seine Jacke und eröffnet mit seiner 9-mm-Browning-Dienstwaffe das Feuer. Salem Salab Chakore ist völlig überrascht. Er hat keine Möglichkeit, den Angriff abzuwehren oder zu reagieren. Chakore fällt von fünf Schüssen getroffen im Gang auf den Boden. Vorerst überlebt er noch schwer verwundet. Kamel feuert sein ganzes Magazin leer, wobei auch andere

Ägyptische Sicherheitskräfte in alphabetischer Reihenfolge

Name gemäss maltesischen Dokumenten	Nationaliät	Varia	Waffe
1 Asheraf Mohammed Ibrahim	Ägypter	gestorben Wurde gewungen, die für die Exekution bestimmten Geiseln zur Tür zu zerren	Browning 114955
2 Hassan El Sheshtawi	Ägypter	verstorben Stirbt bei der Befreiungsaktion	Browning 119148
3 Medhad Mustafa Kamel	Ägypter	Überlebt – Wird im Verlauf der Ereignisse aus dem Flugzeug geworfen.	
4 Nabil Farouk Sala hZater	Ägypter	Überlebt – Ist zum Zeitpunkt der Erstürmung in der Boeing.	Browning 148148

Personen getroffen werden. Unter ihnen sind die beiden EgyptAir-Stewardessen Ashgan Attia und Hawaa El-Derby, welche von je einem Projektil verletzt werden.[13]

Als die beiden anderen Terroristen die Schüsse hören, stürzen sich sowohl Omar Mohammed Ali Rezaq aus dem Cockpit als auch Mohamed Abu-Siad Nur-El-Din aus dem hinteren Teil der Maschine kommend schießend auf den ägyptischen Sicherheitsbeamten. Omar Mohammed Ali Rezaq zieht fünf- bis sechsmal am Abzug seines Webley & Scott-Revolvers.

Der Sky-Marshal wird von mehreren Schüssen getroffen. Es gelingt ihm nicht, das Feuer der angreifenden Terroristen[14] zu erwidern. Innert Sekunden wird Kamel von Kugeln aus der Pistole des zweiten Entführers getroffen und schwer verletzt.[15]. Verschiedene Kugeln durchschlagen den Rumpf der Boeing 737 und mindestens ein Geschoss beschädigt die Druckhülle des Passagierraums. Die Folge ist ein Druckverlust in der Kabine. Automatisch fallen die Druckmasken herunter und die Passagiere reagieren mit Schreien. Es droht Panik auszubrechen.

Gleichzeitig/Cockpit der Boeing/Lufttraum über dem Mittelmeer

Der Druckverlust in der Kabine wird auch im Cockpit festgestellt. Gemäß Checkliste für solche Vorfälle leitet Flugkapitän Galal unverzüglich einen »Emergency Descent« ein. Innert weniger Minuten steuert er die Boeing 737 von einer Flughöhe von rund 45.000 Fuß[16] auf eine Höhe von 14.000 Fuß.[17]

Zwischen 21.15 Uhr und 22.30 Uhr[18]/Cockpit der Boeing/Luftraum über dem Mittelmeer

Mit verwundeten Passagieren sowie Einschusslöchern in der Druckkabine und weiteren Lecks in den Tanks der Maschine sind das Leben der Passagiere und die Flugsicherheit akut gefährdet. Galal versucht einen Ausweichflugplatz anzusteuern und fragt mehrere Länder um eine Landeerlaubnis an. Alle angefragten Flugplätze verweigern ihm die Landeerlaubnis. Es scheint, als ob kein Land im Mittelmeerraum das Problem »EgyptAir Flug 648« auf seinem Territorium haben will.

Flugkapitän Galal kann nicht garantieren, dass seine Boeing Nordafrika noch erreichen wird. Wenn Athen nicht angeflogen werden kann, liegt die Insel Malta im Mittelmeer distanzmäßig am nächsten zur gegenwärtigen Flugposition. Aus diesem

Grund bittet Gamal um eine Landeerlaubnis in Malta. Trotz der Erläuterungen über die verletzten Passagiere und den Zustand der Maschine verweigert die Flugsicherung von Malta EgyptAir Flug 648 die Landeerlaubnis.

Das ist nicht neu. Bereits vor rund drei Jahren am 27. September 1982 verweigerte Malta für eine entführte Alitalia-Verkehrsmaschine die Landeerlaubnis und »reichte ein Problem weiter«.

Rezaq, der nach dem Ausfall von Charoke die Führung übernimmt, will von dieser Ablehnung nichts wissen und zwingt Galal, Kurs auf Malta zu nehmen.

21.50 Uhr (20.50 Uhr)[19]/Flughafen Luqa/Malta

Es ist zehn Minuten vor 22.00 Uhr am Abend, als der Tower in Malta von der Entführung einer Verkehrsmaschine erfährt und die ersten Maßnahmen einleitet.

22.00 Uhr (21.00 Uhr)[20]/Maltesischer Luftraum

Zehn Minuten später fliegt die Boeing in den Luftraum der Mittelmeerinsel ein. (Die Differenz zwischen den Zeitzonen Griechenlands und Maltas beträgt eine Stunde.)

Zwischen 22.00 Uhr und 22.16 Uhr (21.00 Uhr und 21.16 Uhr)[21]/Im Anflug auf den Flughafen Luqa/Malta

Auch das Ausschalten der Pistenbefeuerung kurz vor dem Aufsetzen kann die Landung der Boeing nicht verhindern. Flugkapitän Galal befindet sich ungefähr fünf Meilen[22] vor dem Aufsetzen auf die Landebahn, als die Befeuerung ausgeht. Trotzdem gelingt es ihm, die zweistrahlige Boeing in fast völliger Dunkelheit zu landen. Lediglich die Lichter einer anderen Verkehrsmaschine, deren Pilot bemerkt hatte, dass ein Flugzeug ohne Pistenbefeuerung landet, beleuchten Abschnitte der Landebahn.

Auch die politische Führung des kleinen Inselstaates im Mittelmeer hat von der Meldung einer entführten Verkehrsmaschine erfahren. Der maltesische Premierminister Carmelo Mifsud Bonnici befindet sich zum Zeitpunkt der Landung bereits im Tower des Flughafens Luqa.

22.16 Uhr (21.16 Uhr)[23]/Flughafen Luqa/Malta

Als Kapitän Galal rund 75 Minuten nach dem Start in Athen die Boeing auf dem internationalen Flughafen in Malta landet, wissen die Passagiere an Bord nicht, wo sie sind. Nachdem die Maschine auf einem Standplatz (Park 4) zum Stillstand gekommen ist, wird sie von maltesischen Sicherheitskräften umstellt.

Die Forderungen der Entführer an die maltesischen Behörden lauten:

- Treibstoff sowie
- ein Mechaniker, welcher die Boeing 737 auf ihre Flugtauglichkeit überprüfen kann,
- eine Ambulanz sowie ein Arzt.

Die Begründung nach ärztlicher Hilfe erklären die Entführer mit »blutenden Personen im Flugzeug an.« Weiter teilen sie mit, dass sie die Maschine in die Luft sprengen, sollte sich jemand ohne ihre Bewilligung dem Flugzeug nähern.

21.45 Uhr[24]/Flughafen Luqa/Park 4/Malta

Rund 30 Minuten nach der Landung nähert sich eine Ambulanz der Boeing 737. Eine Krankenschwester und ein Arzt steigen aus. Doch lediglich der Arzt erhält von Rezaq die Bewilligung, die Maschine zu betreten.

Zwischen 21.45 Uhr und 22.30 Uhr/An Bord der Boeing/Flughafen Luqa/Malta

Der Arzt wird von Rezaq in Empfang genommen und zum vermeintlich verletzten Salem Salab Chakore geführt. Doch der Arzt kann nur noch seinen Tod feststellen.

Rezaq ist wütend. Trotzdem erhält der Arzt die Möglichkeit, sich noch um weitere Personen an Bord der EgyptAir zu kümmern.

Flugkapitän Galal bittet Rezaq zu erlauben, dass auch der verletzte ägyptische Sky-Marshal Kamel die Maschine verlassen darf. Rezaq ist nicht nur strikt dagegen, er schießt noch einmal auf den am Boden liegenden Sicherheitsbeamten. Kamel hat Glück. Er überlebt auch diesen Schuss. Später wird Kamel aus dem Flugzeug auf das Vorfeld geworfen.

22.00 Uhr/Flughafen Luqa/An Bord der Boeing/Malta

Um 22.00 Uhr stellen die Entführer zum zweiten Mal ihre Forderung nach Treibstoff sowie einem Techniker für die Boeing. Die Behörden stimmen beiden Forderungen unter der Bedingung zu, dass alle Passagiere an Bord freigelassen werden. Die Entführer weisen die Forderungen der Behörden umgehend zurück.

22.30 Uhr/Flughafen Luqa/An Bord der Boeing/Malta

Eine halbe Stunde später führt Flugkapitän Galal die beiden verwundeten Stewardessen aus dem Flugzeug. Die zwei ersten Geiseln sind frei.

Noch vor Mitternacht/Flughafen Luqa/Park 4/Malta

Weitere drei ägyptische Frauen und eine achtköpfige philippinische Frauentanzgruppe können die Verkehrsmaschine noch vor Mitternacht verlassen. Sechs der Frauen sind verletzt. Somit sind bis zu diesem Zeitpunkt 13 Geiseln in Sicherheit. Es befinden sich noch weitere 82 Frauen, Kinder und Männer in der Gewalt der Entführer.

23.45 Uhr/Flughafen Luqa/An Bord der Boeing/Malta

Als Rezaq realisiert, dass die Freilassung der Frauen keinen positiven Einfluss auf seine Forderungen hat, wird er wieder wütend. Um seinen Forderungen weiteren Nachdruck zu verleihen, droht er mit der Erschießung von Geiseln. Rezaq befiehlt Kapitän Galal, den Tower zu informieren, dass das Nichteintreten auf seine Forderung innerhalb der nächsten 15 Minuten zur Exekution der ersten Geisel führen wird.

Als er seine Drohungen in die Tat umsetzen will, ruft er nach einer Frau aus Israel. Rezaq hat die 20-jährige Tamar Artzi[25] als erstes Opfer ausgesucht. Er fordert die junge Frau auf, sich zu erheben. Artzi, in der vermeintlichen Annahme, sie würde in den nächsten Minuten – wie die anderen Frauen zuvor – freigelassen werden, leistet der Aufforderung Folge und erhebt sich von ihrem Sitz 4 F. Rezaq führt sie zum Ausgang. Die junge Frau tritt auf die Plattform der Passagiertreppe hinaus und bleibt stehen. Als eben Terrorist Rezaq im Begriff ist, Artzi in den Kopf zu schießen, bewegt sie ihren Kopf. Dieser glückliche Zufall rettet ihr das Leben. Sie wird von der Kugel im Kopf getroffen, jedoch nicht lebensgefährlich verletzt. Ein Arzt wird später feststellen, dass Artzi wegen des Umstandes, dass die Kugel lediglich 0,5 Zentimeter an lebenswichtigen Organen vorbeigeschossen ist, überlebt hat.

Sie fällt um und bleibt auf der Passagiertreppe liegen. In der Annahme, sein Opfer sei tot, lässt Rezaq von ihr ab. Er kehrt um und die Tür der Boeing wird wieder geschlossen.

Übersicht der Namen der Terroristen

Falscher Name im Pass	Chakore Saleh Salim
Richtiger Name	–
Standort während der Entführung	In der Mitte der Boeing

Alter	25 Jahre
Funktion	Ursprünglicher Anführer
Nationalität im Pass	Marokko
Kommend aus	Tripolis
Sitz	Sitz 4 A
Varia	Erschossen durch Sky-Marschall Mehat Mostafa Kamel
Datum des Todes	23.11.1985

Falscher Name im Pass	Bou Said Nar Eldin
Richtiger Name	–
Standort während der Entführung	Im Heck der Boeing
Alter	23 Jahre
Funktion	–
Nationalität im Pass	Marokko
Kommend aus	Tripolis
Sitz	Sitz 1 A
Varia	Getötet durch die Bombe und den Rauch
Datum des Todes	24.11.1985

Falscher Name im Pass	Omar Marzouki
Richtiger Name	Omar Mohammed Ali Rezaq
Standort während der Entführung	Meistens im Cockpit
Alter	22 Jahre
Funktion	Übernimmt später die Führung
Nationalität im Pass	Tunesien
Kommend aus	Belgrad
Sitz	Sitz 2 C
Varia	Überlebt als einziger Luftpirat

Vor Mitternacht/Flughafen Luqa/Park 4/Malta

Tamar Artzi bleibt einige Minuten liegen, bis sie realisiert, dass sie noch am Leben ist. Sie beginnt, sich die Treppe hinunterzuschleppen. Als sie unten ankommt, weiß sie nicht, was sie tun soll. Sie sieht einen Grasstreifen und überlegt, ob sie auf ihn zugehen soll. Aus Angst vor Minen – sie weiß nicht, in welchem Land sie sich befindet – bleibt sie liegen, wo sie ist.

24. November 1985/Sonntag

00.05 Uhr/Flughafen Luqa/An Bord der Boeing/Malta

Zirka 20 Minuten später öffnet sich die Kabinentür der Boeing 737 erneut. Rezaq hat bemerkt, dass die Israelin nicht tot ist und tritt erneut vor das Flugzeug. Rezaq geht auf sie zu und zielt erneut aus nächster Entfernung auf die junge Frau. Artzi versucht noch, sich zu verstecken, wird jedoch erneut getroffen. Wiederum hat sie großes Glück. Sie überlebt und stellt sich tot. Rezaq kehrt in das Flugzeug zurück.

Planung

Die Planung für den Angriff sieht als Zeitpunkt den folgenden Montagmorgen vor. Mit einer Ausdehnung der Verhandlungen zwischen den maltesischen Behörden und den Terroristen soll bis zum Beginn des Zugriffs Zeit gewonnen und die Terroristen hingehalten sowie zermürbt werden. Es ist vorgesehen, dass die ägyptischen Kommandos als Catering-Angestellte verkleidet die Lebensmittellieferung für den Zugriff nutzen. Zudem soll der Zugriff gleichzeitig durch verschiedene Eintritte in das Flugzeug erfolgen. Scharfschützen sollen den Zugriff abdecken.

Ausführung

Am späteren Nachmittag/Flughafen Luqa/Nähe Park 4/Malta

Links und rechts der parkierten Boeing gehen ägyptische Scharfschützen hinter Betonblöcken versteckt in Stellung. Die Entfernung zum Flugzeug beträgt ungefähr 80 bis 100 Meter. Ihr Auftrag ist es, die auf beiden Seiten der Maschine vorrückenden Teams zu decken.

Zirka 19.00 Uhr/Flughafen Luqa/Malta

Etwa gegen sieben Uhr abends wird es dunkel und die Vorbereitungen für den Zugriff kommen im Schutze der Dunkelheit voran.

Vor 20.00 Uhr/Flughafen Luqa/Hinter der Boeing/Malta

Im toten Winkel des Flugzeugs nähern sich 25 Angehörige der verschiedenen Einsatzteams der Task Force 777 der Boeing. Jedes Team hat eine andere Aufgabe.

20.00 Uhr/Flughafen Luqa/Unterhalb der Boeing 737/Malta

Die Vorbereitungen für den Zugriff beginnen mit dem Öffnen des rechten Frachttors im hinteren Teil der Boeing. Zwei ägyptische Kommandos machen sich daran, das Frachttor zu öffnen. Nachdem sie das Tor vorsichtig geöffnet haben, steigen sie in den Frachtraum. Dabei verhalten sie sich so lautlos wie möglich. Vorsichtig beginnen sie leichteres Gepäck wie Taschen und Kinderwagen aus dem Frachtraum zu heben und es außerhalb des Flugzeugs hinzustellen. Dabei müssen sie beachten, dass es weder von innen gesehen werden kann noch den anderen Kommandos beim bevorstehenden Zugriff im Weg steht. Als sie genügend Platz haben, steigen zwei Kommandos in den Frachtraum und beginnen mit der Platzierung einer zwei Kilogramm schweren Sprengladung[32] auf den verbleibenden Gepäckstücken. Dabei kommt die Ladung rund zehn Inch[33] unterhalb des Kabinenbodens und genau unterhalb der 17. Sitzreihe sowie dem Sitz 17 D zu liegen. Das Zündkabel wird nach außen geführt, das Frachttor wieder geschlossen und der Rest des Kabels bis hinter einem Rad des Fahrwerks geführt. Wer immer die Bombe auslösen wird, erhält hinter dem Fahrwerk ein wenig Schutz vor der zu erwartenden Wirkung der Explosion.

20.00 Uhr/Flughafen Luqa/Im Cockpit der Boeing 737/Malta

Das Öffnen des Frachttores bleibt im Cockpit nicht unbemerkt. Eine Anzeige auf dem Instrumentenpanel zeigt an, dass das Tor geöffnet wurde. Die Cockpitcrew erkennt sofort, was das zu bedeuten hat. Jemand ist unter dem Rumpf der Boeing 737-266 und eben in den Frachtraum der Boeing eingedrungen. Ein Angriff steht jeden Augenblick bevor, die Crew ist gewarnt. Zum Glück realisiert keiner der Terroristen diesen Vorgang.

20.08 Uhr/Flughafen Luqa/Außerhalb der Boeing 737/Malta

Auf beiden Seiten der Boeing machen sich die Kommandos bereit, in wenigen Augenblicken auf die Flügel zu steigen und sich den Notausgängen anzunehmen. Auch bei diesem Vorgehen müssen sie vermeiden, dass sie vom zweiten Terroristen, welcher sich im hinteren Teil der Passagierkabine aufhält, entdeckt werden.

20.10 Uhr/Flughafen Luqa/Cockpit der Boeing 737/Malta

Rezaq sitzt auf dem Pilotensitz im Cockpit, als zehn Minuten nach 20.00 Uhr die Lichter auf dem Vorfeld rund um die entführte Boeing ausgehen. Das Löschen ist für ihn ein untrügerisches Alarmzeichen, dass in wenigen Augenblicken etwas passieren wird.

Gleichzeitig/Passagierraum der Boeing 737/Sitzreihen über den Flügeln/Malta

Die beiden Passagiere Fouad und El Wkel sitzen in den Sitzreihen 10 und 11 auf den Plätzen F und D. Als die Lichter auf dem Flugfeld ausgehen, bleibt dieser Vorgang im dunklen Innern der Boeing nicht unbemerkt. Als die beiden aus den Fenstern schauen, erkennen sie zwei Gestalten auf dem rechten Flügel. Es sind zwei ägyptische Kommando-Angehörige, welche sich für den bevorstehenden Zugriff in Stellung bringen. Sofort gehen beide Männer in Deckung und kurze Zeit später fallen die Türen der Notausgänge in das Innere der Maschine. Dabei wird der Kopf von El Wkel getroffen.

Auch auf dem linken Flügel haben sich zum selben Zeitpunkt Kommandos in Stellung gebracht. Auf dem Fensterplatz (Sitz 9 A) sitzt der 35-jährige Jesusia Solano. Plötzlich hört er, wie ein Fenster (Nummer 14) hinter ihm eingeschlagen wird. Er erkennt noch, wie eine Waffe durch die Öffnung ins Innere gesteckt und augenblicklich das Feuer eröffnet wird. Gleichzeitig mit dem Einschlagen des Fensters und dem Eröffnen des Feuers wird der Notausgang auf der rechten Seite aufgebrochen. Auch durch diese Öffnung wird mehr oder weniger ungezielt in das Innere geschossen. Spätere Auswertungen werden ergeben, dass durch dieses Fenster mindestens vier Schüsse mit einer Pistole abgegeben werden. Von der anderen Seite werden mindestens 22 Schüsse in den hinteren Teil der Maschine und mindestens, möglicherweise jedoch mehr als neun Schüsse in den vorderen Teil der Maschine abgegeben.

Aus verschiedenen Winkeln und Feuerstellungen kommt der Innenraum der Boeing unter Beschuss, wobei laut Zeugenaussagen die Schüsse praktisch alle gleichzeitig zu hören waren. Vor allem die auf der linken Seite abgegebenen Schüsse fordern einen schrecklichen Blutzoll unter den Passagieren. So werden Wessam El Akad tödlich und Joselito Alonso, Ahmed El Sharkawi (Sitz 12 D) und Peralta Theordor (Sitz 12 C) schwer verwundet. Die auf der rechten (Steuerbord-) Seite abgefeuerten Schüsse liegen zu hoch und fliegen über die Köpfe der verängstigen Passagiere. Lediglich ein Schuss – möglicherweise ein Querschläger – trifft den Flugkapitän, als das Geschoss durch die Wand des Cockpits dringt. Insgesamt mindestens 35 Schüsse feuern die Kommandos in das Innere der Boeing.[34]

Anschließend/Cockpit der Boeing 737/Malta

Als die ersten Schüsse zu hören sind, verlässt Rezaq seinen Platz auf dem Pilotensitz und will im Passagierraum der Boeing nachsehen. Daraufhin gelingt es dem Copiloten, von seinem Platz aufzustehen und mit dem ausgeworfenen Notfallseil aus dem Cockpit der Boeing 737 zu fliehen. Nur Sekundenbruchteile später durchschlägt ein Geschoss aus einem 0,308-Scharfschützengewehr das Cockpitfenster auf der Seite des Copiloten und dringt in den Pilotensitz ein, in dem vor wenigen Augenblicken noch der Anführer der Terroristen gesessen hat. Wäre der Schuss nur wenig

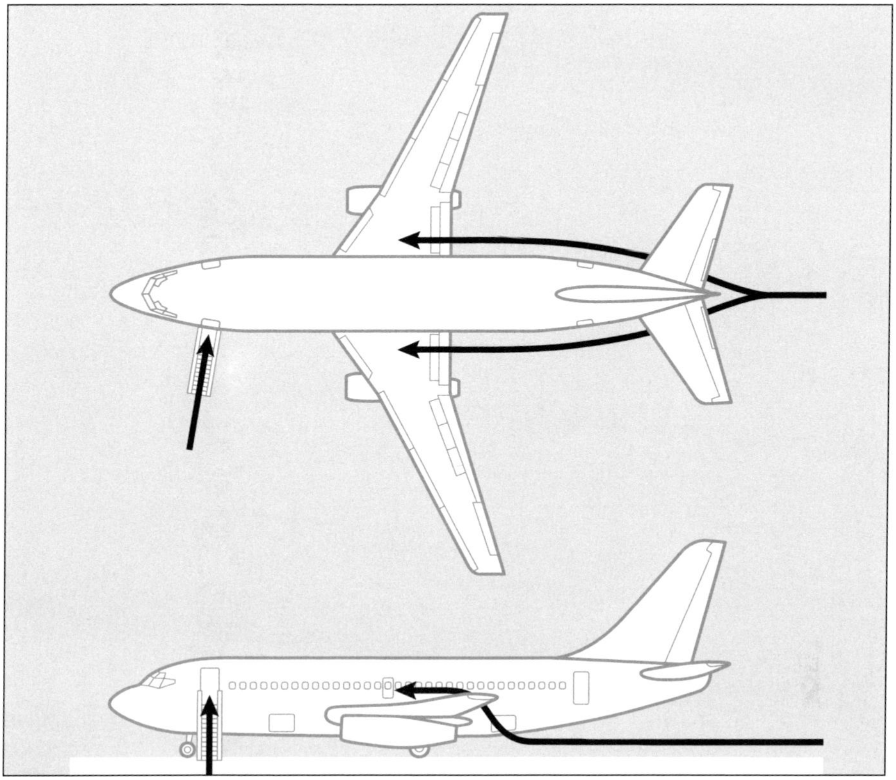

Die ägyptischen Spezialeinheiten haben die Boeing über die Flügel sowie über den vorderen Zugang zur Maschine gestürmt

früher abgefeuert worden, sowohl der Copilot als auch der Terrorist wären wenn nicht tot doch zumindest verletzt gewesen. Auch Flugkapitän Hani Galal kann sich aus dem Cockpitfenster in Sicherheit bringen.

Gleichzeitig/Passagierrampe, Park 4/Malta

Nicht nur von den beiden Notausgängen über den Flügeln soll in die Boeing 737 eingedrungen werden. Auch über die fahrbare Passagierrampe, welche Schauplatz von fünf Geiselexekutionen war, stürmen ägyptische Kommandos aufwärts. Der Kommandant der Einheit, Captain Mohammed Hosni Goumi, ist im Begriff, die Passagiertreppe hinaufzusteigen. Ihm folgt – mit einigem Abstand – Dahouk Ibrahim Abdaziz. Beide werden von Rezaq entdeckt, der eben aus dem Cockpit in den Passagierraum der Boeing tritt und die Außentür der Boeing leicht öffnet. Er reagiert sofort und wirft eine entsicherte Handgranate in Richtung der ägyptischen Kommandos aus der Maschine. Diese explodiert wenige Sekunden später im unteren Teil der Treppe. Die Hauptwucht der Explosion trifft Dahouk, welcher noch nicht so weit die Treppe emporgestiegen war. Mit schweren Verletzungen an den Beinen wird Dahouk sofort außer Gefecht gesetzt. Später müssen ihm beide Beine amputiert werden, um sein Leben zu retten. Die Schrapnellen der Handgranate treffen neben dem Anführer der Gruppe auch zwei weitere Kommandos, die dem ersten Team gefolgt sind. Mahmoud Moh'd Haddad und Samel

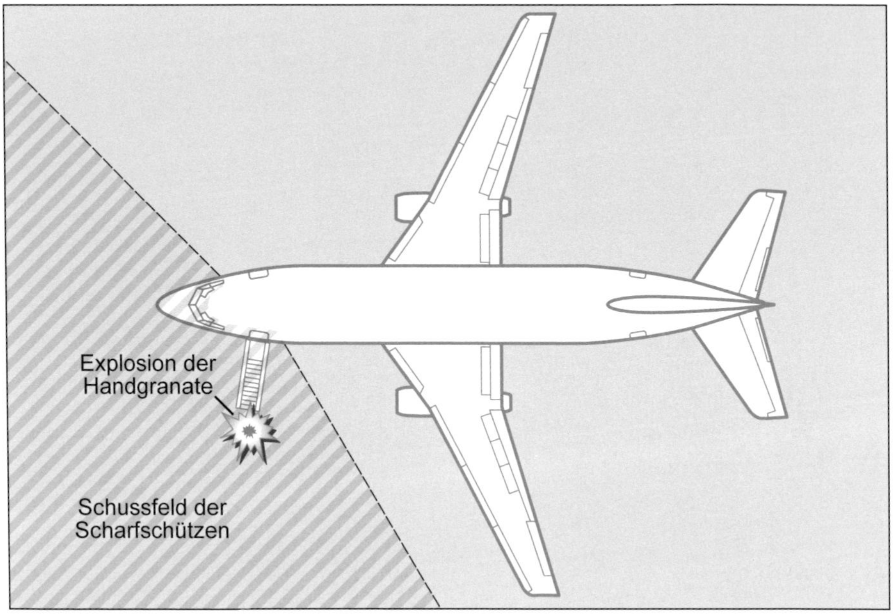

Wirkungsfeld der Scharfschützen

Abdel Ibrahim werden ebenfalls verletzt. Die vier Kommandos, welche über die Treppe in die Boeing stürmen wollen, fallen verletzt aus. Ein weiterer Passagier, welcher sich gleichzeitig retten wollte, wird ebenfalls verwundet. Ein Vordringen der Kommandos über die Passagiertreppe ist somit vorerst gestoppt. Selbst der Copilot von »Flug 648«, Imad Bahi-El-Din, welcher sich aus dem Notausstieg des Cockpits gerettet hat, wird auf seiner Flucht weg vom Flugzeug von einem Splitter getroffen und verletzt.

Einem weiteren Passagier, Sumiran Pablito, gelingt es, aus dem Flugzeug zu fliehen. Außerhalb der Boeing gerät er jedoch unverzüglich unter Beschuss durch Kommandos, die ihn am Fuß treffen. Verletzt fällt er hin. Kurze Zeit später wird Sumiran Pablito von den Splittern der explodierenden Handgranate von Rezaq getroffen und getötet. Laut Berichten wird der Rückzug von weiteren Angehörigen der Spezialeinheit durch wild um sich schießende Kommandos »abgedeckt«.

Wenige Sekunden nach der Explosion der Handgrante/Außerhalb der Boeing/Valetta

Das ägyptische Kommando, welches sich unter der Boeing in der Nähe des Fahrwerks schon seit einiger Zeit bereitgehalten hatte, zündet die Sprengladung im Frachtraum. Die Ladung ist viel zu stark; die Explosion gewaltig. Die Explosion reißt ein zirka ein mal drei Meter großes Loch in den Boden des Passagierdecks der Boeing 737. Insgesamt sechs Sitzreihen werden aus den Verankerungen gerissen und weggeschleudert. Die Passagiere, welche auf diesen Sitzreihen sitzen, haben keine Chance. In diesen Sekunden des Zugriffs sterben viele Geiseln. Spätere Schätzungen gehen von rund 20 Männern, Frauen und Kindern aus. Nach der Explosion der Sprengladung bricht im Innern der Boeing 737 ein Feuer aus. Im hinteren Teil der Maschine breitet sich eine dichte Rauchwolke aus und nimmt allen jede Sicht. Durch das Verbrennen von Teilen der Inneneinrichtung des Passagierraums entsteht giftiger Rauch.

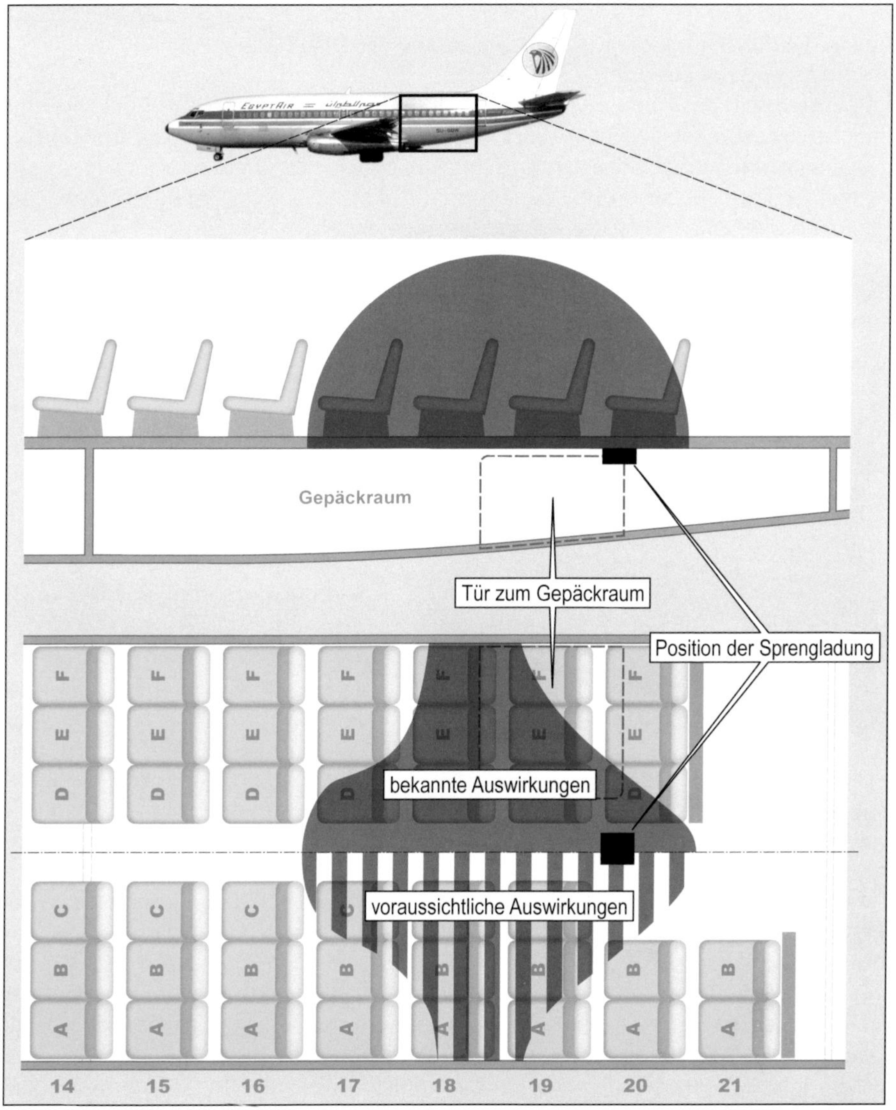

Lage der Bombe im hinteren Teil der Boeing 737 sowie die Wirkung der Bombe im hinteren Teil der Maschine

Nähe der Notausgänge über den Flügeln/An Bord der Boeing/Malta

Jene Passagiere, die noch atmen können und nicht verletzt sind, versuchen zu flüchten. So zum Beispiel gelingt es einigen Passagieren[35], welche in der Nähe der Notausgänge über den Flügeln sind, die Boeing zu verlassen. Passagier El Wkel ist der Erste, der nach dem Aussteigen unterhalb der Boeing auf dem Flugfeld ankommt. Sofort wird er von ägyptischen Kommandos unter Feuer genommen und erleidet zwei Verletzungen an einer Hand und an einem Fuß. Auch der zweite Passagier,

El Shami, gerät in die Feuerlinie der Spezialeinheit. Er wird durch einen Schuss aus einem 0,308-Scharfschützengwehr getroffen und getötet.

Hauptausgang/Boeing/Valetta

Während sich das Feuer im hinteren Teil der Boeing entwickelt und der tödliche Rauch sich ausbreitet, gelingt es drei weiteren Passagieren, über den vorderen Hauptausgang zu flüchten. Spätere Untersuchungen werden ergeben, dass jene Passagiere, welche versucht haben sich zu retten und es bis außerhalb der Boeing geschafft haben, in der Nähe der Notausgänge ihre Sitze hatten.

Ob die ägyptische Spezialeinheit auch Rauchgranaten in das Flugzeug geworfen hat oder ob dieser Eindruck durch den Rauch entstanden ist, bleibt unklar. Es gibt Hinweise auf beide Varianten.

Das Cockpit nach der Erstürmung.

Der zweite Terrorist Mohamed Abu-Siad Nur-El-Din ist zum Zeitpunkt der Zündung der Explosion im hinteren Teil der Boeing. Auch er stirbt. Die Obduktion durch die maltesischen Behörden seiner verbrannten Leiche wird ergeben, dass er nicht direkt durch die Folgen der Sprengladung umgekommen ist. Vielmehr wurde anlässlich der medizinischen Untersuchungen und Auswertungen festgestellt, dass in seinem Blut eine zu hohe Konzentration von Carboxy Hemoglobin bestand. Aufgrund des Umstandes, dass der Terrorist verbrannt im Frachtraum gefunden wurde sowie seiner Blutwerte, nehmen die Behörden an, dass er nach der Explosion aufgrund des giftigen Rauches bewusstlos wurde und im Feuer verbrannt ist.

Auch Omar Mohammed Ali Rezaq will die Boeing verlassen. Kurze Zeit nachdem er die Handgrante geworfen hat, verlässt er via die Passagiertreppe die Boeing. Dabei gerät auch er unter Beschuss durch die ägyptischen Scharfschützen. Mindestens vier Schüsse werden auf ihn abgefeuert. Ob der Scharfschütze gewusst hat, dass es sich bei dieser Person um den Anführer der Terroristen gehandelt hat oder nicht, bleibt unklar. Auf alle Fälle wird er von einem Schuss am Oberkörper getroffen. Rezaq gelingt es noch, seine weiteren Handgranaten wegzuwerfen[36] und auch seine Waffen werden später nicht bei ihm gefunden.

Im allgemeinen Durcheinander während des Zugriffs und der Rettungsaktion gelingt es ihm zunächst, sich als verletzte Geisel auszugeben. Man bringt ihn ins St. Luke General Hospital. Erst dort wird er vom ebenfalls verletzten Flugkapitän Hani Galal und durch den Australier Anthony Lyons als Anführer und einer der Terroristen identifiziert. Rezaq wird umgehend festgenommen.

Nachtrag

Omar Mohammed Ali Rezaq wird in Malta der Prozess gemacht. Er wird wegen Mordes zu einer Freiheitsstrafe von 25 Jahren verurteilt. Seine Freilassung nach lediglich acht Jahren Haft führt zu einer diplomatischen Krise zwischen den Vereinigten Staaten und dem Inselstaat Malta. Rezaq, der unter dem Namen Omar Amr Malta im Februar 1993 verlässt, setzt sich ab. Bis Juli 1993 lebt er unter falschem Namen in Accra in Ghana/Afrika. Als er daraufhin nach Lagos/Nigeria fliegt, wird er von den Behörden aufgegriffen. Von dort wird er den US-Behörden übergeben und unter Aufsicht des Federal Bureau of Investigation (FBI) durch Special Agent Robert F. Clifford in die USA überflogen. Dort wird er am 7. Oktober 1996 durch ein US-Gericht zu lebenslanger Haft verurteilt.

Analyse und Wertung der Operation

Die missglückte Befreiungsoperation der Force 777 gehört zu einer der am schlechtesten geplanten und durchgeführten Operationen der letzten Jahrzehnte und kann in beklemmender Art und Weise geradezu als Lehrbuchbeispiel herangezogen werden, wie es nicht gemacht werden darf.

Vorbereitung

Obwohl jede Erstürmung einer entführten Verkehrsmaschine andere Rahmenbedingungen aufweist, gibt es einen Ablauf, der in der Regel nach einem identischen Muster abläuft:

1. Umfeld sichern.
2. a) Planung für einen sofortigen Zugriff (»Immediate Action«) ausarbeiten, sollte ein Zugriff aufgrund der sich ändernden Lage sofort nötig sein.
   b) Planung für den späteren Zugriff angehen und ständig den neuen Erkenntnissen oder der Lage anpassen.
3. Aufklärung unter Nutzung sämtlicher technischen Mittel, um ein Bild über die Situation zu gewinnen.
4. Sammeln von möglichst vielen Informationen, Befragung von freigelassenen Geiseln.
5. Wenn immer möglich, Probeläufe der Erstürmung an dem gleichen Flugzeugtyp durchführen. Die Zeit während der Verhandlungen dafür einsetzen.
6. Zugriff – eventuell mit einer Ablenkung unmittelbar vor dem Zugriff.
7. Umfeld erneut sichern und Geiseln von den Entführern separieren.

Bei der Erstürmung wurden diverse Fehler und Unterlassungen begangen:

Die zu einem früheren Zeitpunkt freigelassenen 13 Geiseln wurden nicht im Sinne eines nachrichtendienstlichen Debriefings befragt.[37] Fragen wurden nicht gestellt, wie zum Beispiel:

- Wie viele Terroristen sind an Bord?
- Welche Art von Waffen haben sie dabei?
- Wie sind die Terroristen organisiert?
- Wo halten sie sich in der Regel auf?
- Wie ist ihr mentaler und ihr körperlicher Zustand?

wurden nicht gestellt.

Mit dieser Unterlassung vergaben die Planer eine enorm wertvolle Quelle. Es wurden auch keine Anstalten unternommen, irgendeine Form einer technischen Aufklärung am Flugzeug zu betreiben. Task Force 777 hatte keine solchen Hilfsmittel dabei, welche ihnen den genauen Standort der Terroristen im Flugzeug anzeigen konnte. Die ägyptische Boeing 737 wurde während des Tages lediglich beobachtet. Der Verzicht einer intensiveren Aufklärung ist in einer nachträglichen Betrachtung nur schwer nachvollziehbar. Selbst wenn die Einheit unter einem hohen politischen Druck gestanden hätte, einen Zugriff schnellstmöglich durchzuführen, so wäre eine möglichst detaillierte Vorbereitung erst recht Grundvoraussetzung.

Training

Der Grund und die Hintergründe, warum Force 777 weder in Malta noch vor dem Abflug aus Ägypten an einer identischen Boeing 737 das Eindringen trainiert hat, bleiben unbeantwortet. Es können nur Vermutungen angestellt werden. Entweder glaubte die Führung,

- die Durchführung eines solches Zugangs in das Innere der Maschine bereitet wenig Schwierigkeiten oder
- die Einheit hat den Zugang trainingstechnisch problemlos im Griff oder
- die Einheit hatte gar keine Erfahrung mit diesem Flugzeugtyp, weshalb darauf verzichtet wurde.

Geheimhaltung

Mit dem Abschalten der Lichter rund 30 Minuten vor dem Angriff wurden die Entführer frühzeitig alarmiert. Obwohl sie das Löschen der Lichter nicht sicher und zwingend einem bevorstehenden Angriff zuordnen konnten oder mussten, waren sie zumindest beim zweiten Mal lange im Voraus gewarnt oder bekamen nun die vermeintliche Gewissheit, dass ein Angriff bevorstand.

Ausführung

- Verhandlungen zwischen den Entführern und den Behörden
  Obwohl die Verhandlungen durch die maltesischen Behörden geführt wurden und die Möglichkeiten der Ägypter, diese möglicherweise zu beeinflussen, gering waren, wirft der Ausgang der Operation auch ein zwiespältiges Licht auf die Professionalität und Qualität der geführten Verhandlungen. Obwohl die Entführer nach der Landung in Luqa 13 Geiseln freigelassen haben und somit ein »positives Zeichen« gesetzt haben, sind die Unterhändler nicht darauf eingestiegen. Die starre Haltung und der fehlende Spielraum führten zu einer Verschärfung der Situation.
- Zeitpunkt des Angriffs
  Der Zeitpunkt des Angriffs gab zu vielen Diskussionen Anlass. US-Antiterrorspezialisten sagten aus, dass es für sie unverständlich sei, warum der Angriff nicht in den späten Morgenstunden des 25. Novembers stattgefunden hat. Zu diesem Zeitpunkt wären die beiden Terroristen erschöpfter gewesen. Der Grund für den Angriff nach 20.00 Uhr liegt laut Aussage maltesischer Behörden in der Befürchtung, dass weitere Geiseln hätten exekutiert werden können und ein vorzeitiges Eingreifen Leben retten würde. Diese Aussage überrascht, denn andere Statements besagen, die Ägypter hätten ohne das Wissen der Malteser losgeschlagen.
- Annäherung
  Die Annäherung an die Maschine von hinten bei gleichzeitigem Abdecken durch Scharfschützen von den Seiten ist ein adäquates Vorgehen in einer solchen Ausgangslage wie auf dem Flugplatz Luqa auf Malta.

- Zündung einer Bombe
  Aus taktischer Sicht überrascht die Zündung einer Bombe im Frachtraum. Bis heute gibt es kein vergleichbares bekanntes Fallbeispiel für eine Erstürmung einer Verkehrsmaschine. Die Fragen sind:
  - Was wollten die Ägypter mit diesem Vorgehen erreichen?
  - War die Zündung der Bombe das Startzeichen für die anderen Teams?
  - Sollte die Zündung der Bombe als Ablenkung dienen?
  - Sollte mit der Zündung und der Sprengung eines Lochs in den Boden ein neuer Zugang in das Innere erreicht werden?
  - Sollte die Entführung mit Eingehen eines derartigen Risikos und mit der Hinnahme großer Verluste unter den Passagieren mit einem Paukenschlag beendet werden?

  Weitere Fragen, die sich im Zusammenhang mit dem Einsatz eines Sprengsatzes stellen, sind:
- Haben die Ägypter ein solches Vorgehen schon vorher im Rahmen eines Trainings erprobt oder wurde gar ein »Live-Test« durchgeführt?
- Wie wollten sie sicherstellen, dass der Lärm des Umladens des Gepäcks aus dem Frachtraum und das Ausladen desselben nicht von den Terroristen im Innern entdeckt wird?
- Welche Art von Sprengstoff wurde verwendet und wie und nach welchen Grundlagen wurde die Menge berechnet?

Im maltesischen Bericht wird ein Mitglied[38] der ägyptischen Spezialeinheit mit der Aussage zitiert, dass die Zündung der Sprengladung im Frachtraum für den Fall hätte eingeleitet werden sollen, wenn die Ausschaltung der Terroristen in der ersten Phase misslingen würde. Dabei wäre auch der Tod von Geiseln in Kauf genommen worden. Ohne diese Aussage in Frage stellen zu wollen, beantwortet sie den Umstand nicht, dass damit lediglich nur einer der Terroristen ausgeschaltet worden wäre und der zweite Terrorist im Flugzeug verblieb. Selbst wenn der Schuss des Scharfschützen ins Cockpit auch zu diesem Plan gehören würde, überrascht das Vorgehen immer noch.

Sicht auf den gesprengten Boden der Boeing 737. Rund zwei Kilogramm Sprengstoff wurde an der Decke des Frachtraums – also an den Boden der Passagierkabine – gelegt und unmittelbar vor der Erstürmung gezündet. Schätzungen sprechen von rund 20 toten Kindern, Frauen und Männern.

Einen solchen Angriffsplan zu entwickeln, ohne Kenntnisse über den genauen Standort der Terroristen zu besitzen, ist für befragte westliche Spezialeinheiten eher unwahrscheinlich. Mit entsprechender Aufklärungsspezialausrüstung hätte der genaue Standort der Terroristen ermittelt werden können.

Das gewählte Vorgehen lässt vielmehr den Schluss zu, dass mit aller Härte und unter Ausblendung sämtlicher Verluste gegen das Terrorkommando vorzugehen war.

Dies wiederum lässt auf einen starken politischen Druck auf die Spezialeinheit schließen. Nur so lässt sich nachträglich die misslungene Operation erklären.

- Einsatz von Spezialmunition
  Die ägyptischen Kommandos hatten in ihrer Ausrüstung keinerlei spezielle Munition wie »Stun Grenades«[39], wie sie 1977 durch die GSG 9 in Mogadischu verwendet wurden, dabei.
- Eindringen in die Boeing

Die ägyptische Spezialeinheit versucht nicht, durch alle sechs Eingänge – vier Seitentüren und zwei Notausgänge auf den Flügeln – in die Boeing einzudringen. Aus taktischer Sicht überrascht auch dieses Vorgehen. Mit einem maximalen Eindringen wird eine größtmögliche Irritation erreicht. Dies setzt jedoch eine sorgfältige Koordination und Absprache voraus. Für eine solche Koordination ist ein entsprechendes Training Voraussetzung. Ein gutes Beispiel für ein gleichzeitiges Eindringen durch sechs Eingänge ist der Zugriff der GSG 9 im Oktober 1977 in Mogadischu. Jede Tür kann von außen geöffnet werden, und dies ist Bestandteil der Ausbildung von Antiterroreinheiten, welche für die Erstürmung von Flugzeugen vorgesehen sind. Entscheidend sind jedoch zwei Aspekte:

Sicht auf den Notausgang über dem Flügel der Boeing 737

1. der Überraschungseffekt und
2. die Zeit, bis die Tür geöffnet ist.
   - Verhalten während des Zugriffs
     Laut Berichten soll es einem der Terroristen während des Angriffs gelungen sein, eine Handgranate aus einem Cockpitseitenfenster zu werfen. Dies wäre ein idealer Zeitpunkt gewesen, um diesen Mann mit einem Scharfschützen, die links und rechts der Boeing positioniert waren, auszuschalten. Warum dies nicht erfolgt ist, ist unbekannt. Mögliche Gründe können sein:
   - keine freie Sicht auf das Ziel – allenfalls schlecht gewählte Schussposition,
   - keine entsprechenden Befehle,
   - keine Koordination respektive keine Verbindung mit der Einsatzleitung.

Das ungezielte Schießen im Innern der Maschine lässt sich nachträglich nicht erklären.

Die Kommandos scheiterten im Versuch, sowohl die Situation innerhalb als auch außerhalb des Verkehrsflugzeuges zu dominieren. Es gelang ihnen zu keinem Augenblick, eine zeitweise Überlegenheit, die Grundvoraussetzung für einen erfolgreichen Zugriff, zu erlangen.

Kein Angehöriger der Unit 777 musste im Spital wegen einer Rauchvergiftung behandelt werden. Dies belegt, dass die Ägypter nicht in die Boeing eingedrungen sind.

- Führung und Absprachen
  Als das Feuer in der Boeing 737 ausbrach, wurde die Flughafenfeuerwehr alarmiert, die sofort losfuhr. Die Löschzüge kamen nicht weit. Sie wurden durch die Ägypter gestoppt. Eine Koordination hat offensichtlich nicht stattgefunden. Laut US- und maltesischen Auswertungen nach dem Zwischenfall starben Passagiere nicht durch die Schüsse der Terroristen oder der Force 777 oder durch die Explosion, sondern sie verbrannten bei lebendigem Leib auf ihren Sitzen.

Spezialeinheiten sind »von vorne« zu führen. Mit geeigneten Maßnahmen – auch technischen Hilfsmitteln – muss sichergestellt werden, dass die unterschiedlichen Elemente eines Zugriffs, aber auch die Supportelemente untereinander verbunden sind und im Falle einer Änderung der Lage entsprechend geführt und kommandiert werden können.
So passierte es, dass Geiseln, als sie das brennende und qualmende Flugzeug verlassen wollten, von ägyptischen Soldaten unter Beschuss gerieten. Weder das Feuer auf sie wurde gestoppt, noch konnten sie als Zivilisten identifiziert werden.

- Evakuierung der Geiseln
  Betrachtet man das Endresultat der Operation, so stellt sich die Frage, wie die Evakuierung der Geiseln eigentlich geplant war. Der Umstand, dass auf flüchtende Geiseln geschossen wurde, lässt Fragen über die Organisation aufkommen. Es scheint, als ob auch in diesem wichtigen Aspekt entweder die Durchführung nicht funktioniert hat oder aber dieser Teil der Operation vergessen wurde.
- Festnahme der Terroristen
  Der Spezialeinheit ist es während des Einsatzes nicht gelungen, die Entführer von den Geiseln zu identifizieren und festzunehmen. Omar Mohammed Ali Rezaq, welcher den Zugriff überlebt hatte, wurde erst im St. Luke Hospital in Malta von Angehörigen der ägyptischen Spezialeinheit festgenommen. Dies aber erst, nachdem er durch ehemalige Geiseln als Terrorist identifiziert worden war.

Auslegung der Anlage

Die Einheit stand unter großem Erfolgsdruck. Einerseits hatte die Einheit rund sieben Jahre zuvor, am 18. Februar 1978, bereits versucht, eine Flugzeugentführung auf dem Flughafen von Nikosia zu beenden. Mehr als zehn Angehörige der Einheit starben in einem Feuergefecht mit der Nationalgarde von Zypern, welche glaubten, die Ägypter würden die Entführer verstärken. In der Betrachtung der Ereignisse entsteht der Eindruck, dass die politische Führung in Kairo dem Kommandanten der Einheit klare Vorgaben für die Lösung des Problems mitgegeben habe.

Inwieweit die Einheit zu diesem Zeitpunkt überhaupt in der Lage gewesen wäre, eine solche Operation erfolgreich durchzuführen, muss heute in Frage gestellt werden. Insider sprechen davon, dass nach dem ersten Desaster in Nikosia enorme Anstrengungen in der Ausbildung unternommen wurden und auch eine bessere Ausrüstung beschafft wurde, der gute Ausbildungsgrad und das spezielle Wissen in den folgenden Jahren aufgrund von Wechseln in der Führung jedoch wieder verloren gegangen ist.

Das Vorgehen der Task Force 777 offenbart wenig Rücksichtnahme auf die zu befreienden Geiseln.

Der Versuch in Nikosia von 1978 war schlecht geplant und offensichtlich überhaupt nicht mit den zypriotischen Behörden abgesprochen. Auch er endete in einem völligen Desaster.

Über die Information, ob der Zugriff, der Zeitpunkt und das Vorgehen mit den maltesischen Behörden abgesprochen wurden, gibt es unterschiedliche Aussagen. Sollte der Zugriff der Operation nicht mit den zuständigen Behörden abgesprochen worden sein, so zeigt dies, dass Malta die Kontrolle über die Situation verloren hat.

Verhalten des Gegners während der Operation

Das dreiköpfige palästinensische Terrorkommando hat von Beginn der Operation an mit Nachdruck die Entführung »durchgezogen«. Mit der Erschießung von einem der drei Angehörigen des Kommandos hat sich die Ausgangslage für den Anführer verändert. Der Ausfall führt zu einer vordergründigen Schwierigkeit für das weitere Vorgehen der Entführung:

Wie kann mit lediglich zwei Mann eine Boeing 737 über einen längeren Zeitraum unter Kontrolle gehalten werden?

Unter der Annahme, dass stets einer der Entführer im Cockpit sein sollte, steht lediglich ein weiterer Entführer für die Überwachung des Passagierraums bereit. Geht die Entführung über einen längeren Zeitraum, kommt dem Schlafmangel der Terroristen eine zunehmend wichtigere Bedeutung zu. Unter der Annahme, dass es eine biologisch bedingte Zeitspanne gibt, kann die Durchhaltefähigkeit bis zur Erschöpfung eines Terroristenteams ungefähr abgeschätzt werden.

Darüber hinaus ist das gleichzeitige »Neutralisieren« von nur noch zwei Terroristen einfacher, da nur zwei Ziele ausgeschaltet werden müssen.

Inwieweit diese Überlegungen zum erhöhten Tempo der Terroristen geführt haben, kann nicht beurteilt werden. Sicher wussten sie, dass, wenn die Unterhändler auf Zeit spielen, die Lage für sie zunehmend schwieriger werden würde. Vor diesem Hintergrund betrachtet macht es »aus Sicht der Entführer durchaus Sinn«, ihre Forderungen durch die Erschießung unterstreichen zu wollen und somit den Druck auf eine schnelle Lösung erhöhen zu wollen.

Inwiefern ein solches Verhalten dazu führt, dass die Unterhändler zu Eingeständnissen bereit sind, muss in Frage gestellt werden. Anlässlich der Operation »Nimrod« in London fünf Jahre zuvor führte die Exekution der ersten Geiseln zum Ausführungsbefehl an den Special Air Service (SAS).

Die Auswahl der ersten Opfer, welche für die Exekution ausgesucht wurden, war nicht zufällig. Mit der Erschießung von Israelis und Amerikanern glaubten die Entführer vermutlich, auf die maltesischen und ägyptischen Behörden Druck ausüben zu können. Eher der gegenteilige Effekt dürfte eingetreten sein. Die Bestrebungen der Behörden für ein schnelleres Ende wurden beschleunigt.

Laut Aussagen des Piloten Hani Galal hielt sich der Anführer der Luftpiraten die meiste Zeit im Cockpit auf. Dabei bedrohte er die Crew ständig mit einem Revolver. Weiter sagte Galal später aus, dass ihm während der gesamten Zeit unklar gewesen wäre, welches eigentlich die Forderungen der Entführer waren. Mit Ausnahme von Treibstoff und der Reparatur der Maschine machte Rezaq nie irgendwelche Aussagen über das weitere Vorgehen nach einem allfälligen Start von Malta. Er stellte keine politischen Forderungen.

Obwohl Libyen die Landung der Boeing verweigert hat, gab es im Anschluss daran Aussagen, wonach der nordafrikanische Staat hinter der Entführung steckte. Eine Quelle schloss auch nicht aus, dass die Entführung von »Flug 648« einen Zusammenhang mit dem Abfangen der Boeing des ACHILLE-LAURO-Zwischenfalls hatte, und in den Unterlagen der Anklage in den USA ist vermerkt, dass die Terrorgruppe Gesinnungsgenossen in Ägypten freipressen wollte.

Verluste

Im Unterschied zu vielen anderen Flugzeugentführungen kam es im vorliegenden Fallbeispiel »Flug 648« bereits in der Luft zu einer Schießerei, den ersten Toten sowie mehreren Verletzten. Nur schon aufgrund dieses Umstands waren die Ausgangslage respektive der Druck auf die Flugzeugentführer erhöht. Die missglückte

Befreiungsaktion auf dem Flughafen von Malta bleibt bis zum 11. September 2001 die blutigste Flugzeugentführung. Über die ganze Entführung betrachtet sterben insgesamt 57 Passagiere, zwei Mitglieder der EgyptAir-Crew und zwei Terroristen. Das jüngste Opfer war 18 Monate alt. 25 Personen überleben die Entführung, unter ihnen der Flugkapitän Hani Galal und sein Copilot. Über die Anzahl und die Schwere der Verletzungen der Überlebenden ist nichts bekannt, doch lässt sich aufgrund der Aussagen der Augenzeugen festhalten, dass diverse Personen zum Teil schwere Verletzungen erlitten haben, von den Personen, welche von den Terroristen beschossen wurden, ganz zu schweigen.

Die Untersuchung der maltesischen Behörden hat ergeben, dass 54 Personen sowie zwei ungeborene Säuglinge aufgrund der Zündung der Bombe sowie des giftigen Rauchs gestorben sind. Der Bericht besagt darüber hinaus, dass lediglich drei Personen direkt oder indirekt durch die Terroristen[40] getötet wurden, die weiteren Personen allesamt bei der Befreiungsaktion der Ägypter.

Psychologischer Effekt der Operation und Image

In den Tagen nach der missglückten Geiselbefreiungsaktion auf dem Flughafen Luqa auf Malta bezeichnete die ägyptische Regierung die Aktion als »erfolgreich«, obwohl zu diesem Zeitpunkt der hohe Blutzoll bereits bekannt war.

Obwohl jeder Versuch, einen Zwischenfall mit Geiseln gewaltsam zu beenden, eine sehr schmale Gratwanderung zwischen »Erfolg und Niederlage« ist, wirft die Planung, Ausführung und die Führung der Operation ein sehr schlechtes Licht auf die ägyptische Einheit und die Behörden der Mittelmeerinsel. Malta war bereits der zweite Zwischenfall mit toten Geiseln für die ägyptische Spezialeinheit. Ergebnisse wie Zypern und Malta sind »Gift« für die Reputation jeder Spezialeinheit. Der internationale Ruf der Einheit war denn auch als Folge der beiden Zwischenfälle auf lange Zeit hinaus »beschädigt«. Um das Ansehen wieder verbessern zu können, wurden in der Folge von Seiten der ägyptischen Behörden diverse Anstrengungen unternommen.

Ohne zynisch sein zu wollen, wurde jedoch nach den beiden missglückten, schlecht geplanten und durchgeführten Befreiungsoperationen durch die ägyptische Force 777 keine weiteren ägyptischen Verkehrsflugzeuge mehr entführt. Die Gründe hierfür können vielfältig sein.

- Die Terrororganisationen und ihre Planer haben sich auf andere Ziele verlagert oder mussten annehmen, dass jeder neue Versuch erneut blutig und ohne Rücksicht auf Verluste enden und überhaupt nicht verhandelt wird.
- Die laufend verstärkten Kontrollen machten eine Entführung einer Verkehrsmaschine zunehmend schwieriger.
- Die Nachrichtendienste haben geplante Entführungen bereits im Vorfeld verhindern oder stören können.
- Generelle Abnahme von Flugzeugentführungen.

»In« und »Out« in sechs Minuten

In den ersten Minuten der US-Invasion Panamas befreien Delta Force-Operators einen US-Staatsbürger aus einem Gefängnis

Codename	Operation »Acid Gambit«
Auftrag	Befreiung von Kurt Muse aus dem Gefängnis »Carcel Modelo« in Panama City
Datum	20. Dezember 1989
Ort	Panama City/Panama
Involvierte Einheiten	DELTA FORCE – Special Force Detachement – Delta (SFOD – D), Fort Bragg, North Carolina, US Army 160th Special Operation Air Regiment (SOAR), Fort Campbell, Kentucky, US Army 16th Special Operation Squadron (SOS), Hurlburt Field, Florida, US Air Force

Vorgeschichte

Panama ist in den 80er Jahren aus verschiedenen Gründen von vitaler Bedeutung für die Vereinigten Staaten von Amerika. Einerseits liegt auf dem Hoheitsgebiet des lateinamerikanischen Staates der Panama-Kanal, welcher wegen seiner kürzesten Verbindung zwischen dem Atlantischen und dem Pazifischen Ozean von enormer wirtschaftlicher und strategischer Bedeutung für die USA ist, andererseits dient Panama als vorgeschobene Militärbasis und ist somit ein idealer Brückenkopf für die Durchsetzung von US-Interessen in Mittel- und Südamerika. So können zum Beispiel von Panama aus Waffen und Gelder in andere lateinamerikanische Länder eingeschleust werden und mehrere Horchposten der US-Nachrichtendienste leisten wertvolle Dienste in der Überwachung und Aufklärung. Lauter gute Gründe für die Regierung in Washington, das kleine Land als wichtiges Standbein auf ihrer Karte der weltumspannenden Stützpunkte der US-Streitkräfte zu betrachten.

Innenpolitisch präsentiert sich die Lage in Panama gegen Ende der 80er Jahre hingegen als unruhig. General Manuel Antonio Noriega, der seit dem mysteriösen Tod von Omar Torrijos im Jahr 1981 als Generalstabschef mit Hilfe des Militärs regierte, sieht sich mit immer stärkeren Unruhen innerhalb seiner Bevölkerung konfrontiert. Diese kann nur mit Gewalt unterdrückt werden.

Der 1934 in Panama geborene Karrieresoldat Noriega absolvierte einen Teil seiner militärischen Ausbildung in Fort Benning im US-Bundesstaat Georgia. Seit dieser Zeit bestehen gute Verbindungen und Kontakte zu US-Regierungsstellen und seit Mitte der 70er Jahre ist Noriega auch Mitarbeiter der CIA (Central Intelligence Agency). Die CIA betrachten General Noriega lange Zeit als eine der wichtigsten Stützen der USA in Mittelamerika. Dies selbst dann noch, als von Seiten der US-Drogenbekämpfungsbehörde DEA (Drug Enforcement Agency) schwere Vorwürfe wegen Drogenhandel und Geldwäsche gegen Noriega laut werden. Erst im Jahr 1988 scheint Diktator Noriega den Bogen endgültig überspannt zu haben, und in der Folge wird er fallen gelassen. Dabei spielt der Umstand, dass Noriega verdeckt das Regime in Kuba unterstützt hat, eine entscheidende Rolle.

Entwicklung der Lage

Im Frühjahr 1989 wächst der Unmut in der Bevölkerung immer mehr an und die Unruhen in Panama nehmen zu. Um seine Position zu schützen, greift Noriega zur Gewalt. Auch die zahlreichen Ausländer, welche sich in Panama eine Existenz aufgebaut haben, leiden unter den innenpolitischen Unruhen. Einer von ihnen ist Kurt Muse. Der US-Bürger wurde im US-Bundesstaat Arizona geboren und lebte mit Ausnahme einer Unterbrechung, in dem er seinen Wehrdienst in der US Army leistete, immer in Panama. Zusammen mit seinem Vater führte er in Panama City einen Familienbetrieb, eine Druckerei.

Wie viele andere US-Bürger, welche zu dieser Zeit in Panama leben, kümmert er sich lange Zeit nicht um die lokale Politik. Dies ändert sich jedoch, als nach Noriegas Machtübernahme die Willkür gegen die Bevölkerung immer mehr zunimmt. Muse will etwas dagegen unternehmen und gründet zusammen mit weiteren Gesinnungsgenossen eine Vereinigung: Das Projekt »Rettung der bürgerlichen und moralischen Werte des Landes« wird lanciert. Als in der Folge der Präsident der Vereinigung ermordet wird, stellen sie das Projekt ein. Kurt Muse, welcher im Vorstand der Vereinigung ist, druckt später in seiner Druckerei einen Aufruf zu einer Großdemonstration, worauf eine Woche später seine Druckerei niederbrennt.

Muse und seine Freunde realisieren, dass sie gefährliche Gegner haben, welche vor nichts zurückschrecken. Trotzdem machen sie weiter. Die Gruppe beschafft sich einen Funkscanner und es gelingt ihnen, die militärischen Funksprüche der Panamanian Defense Force (PDF) abzuhören und den Code zu knacken. Sie sind nun über die Pläne und Bewegungen der Militärs informiert. Neben diesen Tätigkeiten bestehen Kontakte zu US-Regierungsstellen.

Die kleine Gruppe mischt sich in den Funkverkehr der PDF ein und ruft über Funk unter anderem Offiziere der PDF namentlich auf. Darüber hinaus übermitteln sie falsche und fingierte Befehle, um die panamesischen Streitkräfte zu verwirren. Dies gelingt ihnen mehrfach.

Der nächste Schritt ist die Idee eines Radiosenders. Muse beschafft sich in Miami, Florida, die Ausrüstung für einen Radiosender und verbreitet zusammen mit fünf panamesischen Freunden Anti-Noriega-Parolen über ihren Sender »Stimme der Freiheit«.

Ihr Vorgehen ist stets das Gleiche. In der Nähe eines Radiosenders bauen sie ihre Anlage auf und übersteuern die Frequenz dieses Senders mit einer stärkeren Senderleistung. Da sie sich in der Nähe des Sendeturms aufhalten, dürfen ihre Sendungen, um nicht entdeckt zu werden, nicht zu lange dauern. Eine Sendung dauert jeweils rund 120 Sekunden, bevor die Gruppe wieder untertaucht.

Ihre Sendungen sind ein voller Erfolg und das Team um Muse will mit einem neuen Sender noch bessere Resultate erzielen. Erneut reist Muse mehrere Male in die USA, um sich mit entsprechendem Material einzudecken. Weiterhin besteht Kontakt zur CIA.

Die neue Anlage wird getestet und die Versuche verlaufen positiv. Mit einem Paukenschlag soll die Anlage zum ersten Mal »live on air« gehen: Die jährliche offizielle Regierungsansprache von Manuel Noriega, welche von einer Mehrheit der Bevölkerung am Radio mitverfolgt wird, soll durch eine Sendung der Muse-Gruppe überlagert und für die Verbreitung ihrer »Anti-Noriega-Botschaften« genutzt werden. Die Gelegenheit ist zu verlockend, um nicht genutzt zu werden.

Als es schließlich so weit ist, bringt die Gruppe die Sendeanlage auf dem Dach eines nahe gelegenen Gebäudes in Stellung. Währenddessen warten 20.000 jubelnde Noriega-Anhänger im Stadion von Panama City auf die Ansprache des Diktators. Als Manuel Noriega das Podium betritt, bricht Jubel aus. Der Zeitpunkt für die Übertragung der Widerstandsgruppe ist gekommen. Anstelle der Durchsage von Noriega wird die aufgezeichnete Botschaft der »Free Democratic People of Panama« übertragen.

Als die Übertragung abgespielt ist, bauen die vier Männer die Anlage wieder zusammen, tauchen anschließend unter und gehen nach Hause. Zu diesem Zeitpunkt können sie noch nicht wissen, wie sehr ihre Nachricht »eingeschlagen« hat.

Am folgenden Tag überschlagen sich in den panamesischen Zeitungen die Kommentare zum Vorfall. Obwohl Noriega sofort seine Geheimpolizei auf den Piratensender und seine Betreiber ansetzt, verbreitet die »Stimme der Freiheit« während zwei weiterer Monate ihre Meldungen. Um den Sender zu orten, lässt Noriega Aufklärungsspezialisten aus der damaligen Deutschen Demokratischen Republik (DDR) einfliegen. Die Deutschen nehmen ihre Arbeit auf, erweisen sich jedoch als nicht besonders erfolgreich, worauf Noriega die Kubaner zu Hilfe ruft.

Die Arbeit der Kubaner ist nicht erfolgreicher. Dennoch kommen sie der Gruppe von Muse mehrere Male gefährlich nahe. So beobachten sie einmal in der Nachbarschaft ihrer Sendeorte zivile Männer, welche auf der Suche sind. Während dieser Suche nach der Sendeanlage werden mehrfach erfolglos verschiedene Wohnungen und Häuser gestürmt. Gefunden wird nie etwas. Die Männer machen weiter, doch die Schlinge zieht sich für sie unbemerkt unaufhaltbar zusammen.

Es sind letztlich nicht die hinzugezogenen Ausländer, welche den Sender oder die Mitglieder aufspüren können. Da die panamesische Geheimpolizei vermutet, dass amerikanische Staatsbürger in dieser Sache involviert sein müssen, hält sie auf dem internationalen Flughafen alle US-Bürger fest und befragt sie. Bei einer solchen Kontrolle bleibt Kurt Muse, der von dieser Maßnahme keine Kenntnis hat, bei einer Rückkehr von einer USA-Reise hängen. Die Sicherheitskräfte nehmen ihn fest. Sie übergeben ihn der Geheimpolizei, welche ihn in ihr Hauptquartier in San Felipe bringt.

Anschließend wird sein Haus durchsucht. Nur seine Tochter ist anwesend, denn seine Frau hält sich zu diesem Zeitpunkt außer Landes auf. Glücklicherweise wird der Tochter erlaubt, das Haus zu verlassen. Dabei beweist sie eine außerordentliche Kaltblütigkeit, als es ihr unbemerkt gelingt, an den Sicherheitsbehörden vorbei eine Namensliste außer Haus zu schaffen. Nach einer telefonischen Warnung suchen daraufhin 27 Personen Schutz in einer US-Basis in Panama.

Kurt Muse hat nicht so viel Glück. Um den USA eine etwaige Suche nach ihm zu erschweren, wird er mehrfach verlegt. Die Verhöre dauern rund drei Tage und vier Nächte. Mittels Schlafentzugs versucht die Geheimpolizei Muse zu brechen. »Während dieser Zeit war ich vielleicht vier, fünf Stunden allein. Ansonsten waren sie immer bei mir«, sagt Muse später über diese ersten Tage. Auch einen Verhörspezialisten aus Chile haben die Panamesen auf ihn angesetzt. Einmal hält man ihm eine Pistole an den Kopf und droht ihn zu erschießen. Weiterer Druck wird auf ihn ausgeübt, indem er bei Folterungen anderer Gefangener zuschauen muss.

Bei der Durchsuchung seines Fahrzeugs und seines Hauses haben die Sicherheitsbehörden Beweise gefunden, welche Muse mit dem Radiosender in Verbindung bringen. Belege und Beweise, dass Kurt Muse für den CIA gearbeitet hat, finden sie nicht. Schließlich kommt Muse in das berüchtigte »Carcel Modelo«-Gefängnis. Diese Haftanstalt wurde 1925 als Modellbau für 250 Insassen entworfen und gebaut, beherbergt aber im Jahr 1989 rund 1.000 Gefangene.

Auch die US-Behörden haben in der Zwischenzeit von der Festnahme ihres Staatsbürgers erfahren und versuchen, mit ihm in Kontakt zu treten. Vorerst verhindern die Behörden von Panama dieses Vorhaben. Unter anderem mit der Begründung, es handle sich bei Muse um einen panamesischen Staatsangehörigen. Das Störmanöver beeindruckt die USA nicht und um den Zugang zu Kurt Muse zu erzwingen, erklärt das US-Außenministerium alle Visa von Staatsangehörigen von Panama für ungültig. Jetzt erst lenken die Behörden von Panama ein. Kurt Muse erhält in der Folge regelmässig Besuch von der US-Botschaft. Auf Geheiß von Noriega wird jedoch vor der Zelle von Muse eine Wache aufgestellt. Sie hat den Befehl erhalten, im Falle eines US-Befreiungsversuchs Kurt Muse unverzüglich zu erschießen.

3. Oktober 1989/Dienstag

Nicht alle Angehörigen innerhalb der PDF unterstützen die Politik von General Noriega. Am 3. Oktober will Major Moises Giroldi General Noriega stürzen und nimmt ihn fest. Die Brigade Urracá besetzt das Hauptquartier der Armee. Giroldi macht jedoch den entscheidenden Fehler, den panamesischen Diktator nicht sofort zu erschießen. Anhänger des Diktators gelingt es, das noriegatreue Bataillon 2000 zu alarmieren. Es setzt sich in Richtung des Hauptquartiers in Marsch und kämpft sich den Weg zu den Putschisten frei. Noriega wird befreit, und er selber erschießt einen der Putschisten, während weitere später erschossen werden. Der Putschversuch ist gescheitert.

Das Militär übernimmt die Macht; so auch über das Gefängnis. Die zivilen Wächter werden durch militärisches Personal ausgetauscht und die Führung in die Hände des Militärs gelegt. Muse erhält weiterhin regelmäßig Besuch von der US-Botschaft, welche alle Veränderungen in seinem Umfeld genau registrieren.

15. Dezember 1989/Freitag

General Manuel Noriega, der sich auch »Maximum Leader« nennen lässt, wird durch das Parlament von Panama zum Regierungschef ernannt, worauf er den Vereinigten Staaten von Amerika den Krieg erklärt. Die Spannungen zwischen den PDF-Sicherheitskräften und den in Panama stationierten US-Soldaten und US-Bürgern steigen. Es kommt zu Vorfällen.

16. Dezember 1989/Samstag

Die Situation für die Angehörigen der US-Streitkräfte in Panama wird immer schwieriger und es kommt zu Übergriffen. Ein Zwischenfall bringt schließlich das Fass zum Überlaufen.

First Lieutenant Robert Paz, ein junger Offizier des US Marine Corps, verfährt sich zusammen mit drei anderen Angehörigen der Streitkräfte auf der Suche nach einem Restaurant. Die unbewaffneten und zivile Kleider tragenden Männer geraten in den Straßen von Chorrillo in eine Straßensperre der PDF. Robert Paz wird von den PDF-Soldaten ermordet. Ein US Navy-Offizier gerät mit seiner Frau in dieselbe Straßensperre und wird von der PDF festgenommen. Man bringt sie ins Hauptquartier, wo beide misshandelt werden. Noriega hat den Bogen überspannt.

17. Dezember 1989/Sonntag

Als US-Präsident George Bush von diesen Zwischenfällen in Kenntnis gesetzt wird, lässt er die US-Streitkräfte in Alarmbereitschaft versetzen. Die in den vergangenen Monaten vorbereiteten Pläne für eine Invasion Panamas stehen kurz vor der Umsetzung.

18. Dezember 1989/Montag

Seit nun rund neun Monaten sitzt Muse in einer 8 mal 12 Fuß großen Zelle[1] mit einer dünnen Matratze und einer kleinen Waschgelegenheit. Während dieser Zeit durfte er lediglich viermal seine Zelle verlassen. Der Aufenthalt fordert seinen Tribut. Kurt Muse verliert in dieser Zeit im ehemaligen »Modellgefängnis« rund 25 Kilogramm an Körpergewicht. In den Nächten kann er die Schmerzensschreie anderer Gefangener hören.

19. Dezember 1989/Dienstag

Im Verlauf des Dienstags erhält Kurt Muse zwei Besuche: Während er in seiner Zelle sitzt, hört Muse plötzlich den Lärm eines Hubschraubers. Es scheint, als ob er in unmittelbarer Nähe fliegt, sich sogar seinem Standort nähert. Er geht zu seinem Zellenfenster und zu seiner Überraschung sieht er, wie ein Bell AH-1 COBRA der US Army in etwa 100 Fuß[2] Höhe über dem Gefängnis im Schwebeflug ist. Der Down-Wash des Hauptrotors lässt umherliegenden Abfall, Staub und Sand sowie vielerlei loses Zeugs im Innenhof des Gefängnisses herumfliegen. Die Gefängnisinsassen und auch Wachen schauen neugierig und zugleich verstört zur Maschine hoch. Angesichts der 20-mm-Gatling-Bordkanone unter der Nase der COBRA machen die Wachen keinerlei Anstalten, ihre Waffen gegen den Kampfhubschrauber zu erheben.

Als ob der Hubschrauberpilot zur Landung ansetzt, bewegt sich die schlanke Maschine langsam in Richtung des Bodens. Nicht nur Muse ist an seinem Fenster. Jeder Insasse, welcher im Gebäude ist und die Möglichkeit hat, in den Innenhof zu schauen, steht an seinem Fenster. Gespannt beobachtet Muse das Schauspiel, als die COBRA immer näher kommt. Er fürchtet fast, die Rotorblätter würden die Mauer des Gefängnisses touchieren. Langsam sinkt die Maschine weiter ab, bis sie schließlich auf der gleichen Höhe wie die Zelle von Muse im dritten Stock des Gefängnisses ist. Der COBRA-Bordschütze und Muse können sich in die Augen sehen. Muse wird später sagen, er hätte den Eindruck gehabt, der Bordschütze hätte ihm mit dem »Daumen hoch« ein Zeichen gegeben. Es spielt keine Rolle. Muse weiß nun, dass etwas bevorsteht. Er ist nicht vergessen. Wie der ganze Spuk begonnen hatte, so hört er auch auf. Plötzlich ist die COBRA mit viel Lärm wieder weg.

Im Verlauf des Tages erhält er den zweiten Besuch. Er ahnt zu diesem Zeitpunkt noch nicht, dass dieser Besuch sein letzter im Gefängnis sein wird.

Im Besucherraum stellt sich der unbekannte Besucher als Lieutenant Colonel Robert Perry, Treaty Officer der US Botschaft von Panama, vor. Perry erklärt dem sichtlich irritierten Muse, dass er in offizieller Mission gekommen sei. Man wisse, sagte der Besucher, dass Noriega die Anweisung gegeben hätte, ihn sofort zu töten, sollten sich die USA in irgendeiner Art und Weise entschließen, gegen Panama vorzugehen.

Die anwesenden Wachen können die Worte gut hören und wähnen sich in Sicherheit. Doch diese trügerische Sicherheit hält nicht lange, denn der Besucher setzt seine Aussagen mit den Worten fort, dass, sollte ihm – Kurt Muse – etwas passieren, niemand das Gefängnis »Carcel Modelo« lebend verlassen werde!

Der Gefangene hat den Wink verstanden. Er weiß nun, dass man ihn holen wird; man hatte ihn nicht vergessen. Ihm nicht bekannt war: DELTA FORCE trainierte seine Befreiung schon lange, sie sind bereit und schon einige Zeit in Panama.

Auftrag

Die Befreiungsoperation erhält den Decknamen »Acid Gambit«[3]. Der Auftrag[4], den die Operators[5] von DELTA FORCE erhalten, ist klar und eindeutig:

- Erstürmung des Gefängnisses und Befreiung von Kurt Muse.

Für die Ausführung dieses Auftrags ist die Anwendung von tödlicher Gewalt erlaubt.

Planung

Die ersten Überlegungen für eine Befreiungsoperation von Kurt Muse begannen bereits im Mai 1989, also über ein halbes Jahr vor der eigentlichen Ausführung. Das Sammeln von nachrichtendienstlichen Informationen sowie die Aufklärung im Vorfeld einmal ausgeklammert, besteht eine Befreiungsoperation, wie sie »Acid Gambit« darstellt, grob aus den immer gleich bleibenden drei Phasen:

1. »Infiltration«,
2. »Zugriff« und
3. »Exfiltration«.

Für die Operators von DELTA gibt es für die Infiltration und Exfiltration im Rahmen von »Acid Gambit« theoretisch drei Varianten.

1. Variante: »Luft«,
2. Variante: »Land«,
3. Variante: »Kombination« der Varianten eins und zwei.

Jede dieser drei Varianten hat ihre Vor- und Nachteile. Erst eine Gesamtbetrachtung und die Berücksichtigung vieler weiterer Faktoren und das Abwägen der Risiken führen zur gewählten Variante.

Zu den Faktoren, welche eine Rolle spielen, zählen unter anderem:

- die eigenen Mittel und ihre Möglichkeiten,
- der Gegner in unmittelbarer Nähe und in der Nachbarschaft des Zielobjektes,
- die eigentliche Bewachung und die Befehle der Wachmannschaft im Falle eines Zugriffs,

- der Zeitpunkt respektive die Tageszeit des Zugriffs,
- die Haltung der lokalen Bevölkerung (zum Beispiel:
  - stehen sie auf der Seite der Regierung,
  - verhalten sie sich neutral und
  - in verdeckter respektive offener Opposition zur Regierung? oder
- der Zustand der Geisel.

Im Vergleich zu ähnlichen militärischen und auch polizeilichen Befreiungsoperationen zeichnet sich »Acid Gambit« durch einen entscheidenden Unterschied aus: Der effektiv gewählte Zeitpunkt der Befreiungsoperation findet gleichzeitig mit der Invasion Panamas durch die USA, der Operation »Just Cause«[6], statt. Dieser Umstand bringt für die Planung und die Ausführung eine nicht zu unterschätzende Vielzahl von Einflüssen und Möglichkeiten auf den Ablauf mit sich.

Warum? Die Operation muss mit den restlichen Kampfhandlungen, wenn nicht koordiniert, so doch wenigstens abgestimmt sein. Operation Security (OpSec) verhindert oder behindert dabei eine risikoarme Koordination zwischen den eigenen involvierten Kräften.

Egal, welche Art der Infiltration oder der Verschiebung zum Zielobjekt gewählt wird, in den Überlegungen muss mit einbezogen werden, dass eigene Truppen DELTA FORCE oder die sie transportierenden Hubschrauber als Gegner wahrnehmen und entsprechend versuchen könnten, diese zu bekämpfen.

Folgende Faktoren sind maßgebend:

- Überraschungsmoment,
- Schnelligkeit der Ausführung,
- partielle Überlegenheit der Feuerkraft in der Begegnung mit dem Gegner,
- Einfachheit der Ausführung,
- autonome Ausführung der Operation,
- überlegene Teamführung und
- eine möglichst genaue nachrichtendienstliche Grundlage der zu erwartenden Bedingungen.

Die Planer entscheiden sich für die Variante »Luft«, welche folgende Vorteile hat:

- Tageszeit:
  Da »Just Cause« – die Invasion Panamas – und auch die parallel ablaufende Operation »Acid Gambit« während der Nacht beginnt, haben die angreifenden DELTA-Operators verschiedene, durch die Dunkelheit bedingte taktische Vorteile:
  - Die Nacht bietet ihnen Deckung und Schutz vor dem Gegner,
  - der Einsatz von Nachtsichtgeräten verstärkt den zuletzt genannten Vorteil für die Angreifer,
  - das Überraschungsmoment wird verstärkt und nicht zuletzt stellt
  - die Dunkelheit einen psychologischen Vorteil für den aktiven Angreifer dar.
- Überraschungselement:
  Es ist ungewiss, ob und in welcher Form den Sicherheitskräften von Panama der Zeitpunkt einer US-Invasion bekannt ist. Es darf davon ausgegangen werden, dass aufgrund der Verstärkung der US-Kräfte im Land die Vermutung einer bevorstehenden Invasion nicht ganz unbegründet war, der genaue Zeitpunkt dürfte hingegen nicht bekannt gewesen sein.

Das Überraschungselement liegt somit zu Beginn der Operation klar auf Seiten der US-Spezialeinheiten. Darüber hinaus beginnt die im Ausmaß bedeutend größere Operation »Just Cause« zeitlich praktisch gleichzeitig, weshalb die PDF abgelenkt und ihre Kräfte gebunden werden. Mit einer schnellen Evakuierung aus der Luft kann die Überraschung als entscheidender Vorteil genutzt werden. Das bedeutet, dass sich eventuelle PDF-Einheiten oder vereinzelte kleinere Einheiten, welche die Operation verhindern oder zumindest stören könnten, weniger schnell konstituieren können.

- Gefährdung durch einen Gegner (Abschuss):
  Das Gefängnis befindet sich in unmittelbarer Nachbarschaft der Comandancia, einem militärischen Gelände mit Depots und Kasernen der panamesischen Streitkräfte. Je nach Verlauf der Operation besteht somit die Gefahr, dass noriegatreue Soldaten aus der Comandancia dem Sicherheitspersonal des Gefängnisses beherzt zu Hilfe eilen können. Durch eine Luftinfiltration kann die Zeit der Gefährdung verkleinert werden, obwohl die Bedrohung durch einen Abschuss jederzeit bestehen bleibt. Durch Close Air Support (CAS) mittels eines Gunships kann diese Gefahr wenn nicht neutralisiert, so doch zumindest stark reduziert werden.
- Gefährdung durch die lokale Bevölkerung (Störung):
  Auch eine Behinderung durch die lokale Bevölkerung kann bei einer Luftinfiltration mit großer Wahrscheinlichkeit ausgeschlossen werden. Obwohl nicht mit einer aktiven Unterstützung der Sicherheitskräfte durch die lokale Bevölkerung gerechnet werden muss, wird diese Möglichkeit nicht gänzlich ausgeschaltet, wenn die Variante »Luft« gewählt wird.
  Auch wenn die Vorteile überwiegen, besteht doch ein Nachteil:
- Bei der gewählten Variante »Luft« geht eine große Gefahr von der Comandancia aus. Diese Bedrohung kann jedoch mit den erwähnten zusätzlichen »Close Air Support«-Mitteln minimiert werden.

Solche Überlegungen und die erhaltenen sowie ausgewerteten Erkenntnisse der Aufklärung und des Nachrichtendienstes führen zu einem vergleichbar einfachen Ablauf des Befreiungsplans:

1. Infiltration
   Unter dem Schutz von zwei Lockheed AC-130H SPECTRE Gunship des 16th Special Operation Squadron (SOS) der US Air Force (USAF) landen kleine, wendige McDonnell Douglas MH-6 LITTLE BIRD[7] des 160th Special Operation Air Regiment (SOAR) auf dem flachen Dach des Carcel-Modelo-Gefängnisses in Panama City. Die während des Fluges auf den seitlichen Bänken links und rechts des Rumpfes sitzenden DELTA-Operators sind durch Gurte gesichert und können nach dem Anlanden sofort abspringen. Anschließend schwärmen sie aus und beziehen sofort eine Eigensicherung. Zwischenzeitlich sind die LITTLE BIRDs bereits wieder gestartet und begeben sich in einen Warteraum. Der Bezug eines Warteraums in sicherer Entfernung vom Ziel hat auch zur Absicht, die Hubschrauber aus dem unmittelbaren Gefahrenbereich der Bordgeschütze der SPECTRE-Gunship zu halten. Die AC-130H ihrerseits, welche zum selben Zeitpunkt im Luftraum über dem Ziel in Feuerposition sind, würden während der gesamten Operation entsprechende Ziele am Boden unter Beschuss nehmen und diese ausschalten.

2. Befreiung
   Ist das Dach gesichert, erfolgt der Befehl an die DELTAs, sich vom Dach des Gefängnisses den Weg in die tiefer liegenden Geschosse bis zur Zelle von Kurt Muse im dritten Stock zu bahnen. Dabei werden sie jeden Soldaten oder Angehörigen der Wachmannschaft, sollte er oder sie Anstalten machen, die Aktion zu stören oder verhindern zu wollen, neutralisieren, notfalls erschießen.
3. Exfiltration
   Nachdem Kurt Muse aus seiner Zelle befreit ist, wird er von den DELTAs auf das Dach geführt, wo die Hubschrauber wieder einschweben und alle Amerikaner aufnehmen. Der Endpunkt des Fluges ist die Howard Air Force Base (AFB) in der Kanalzone von Panama.

Außerhalb des Gefängnisses gehen zusätzlich zu den SPECTRE-Gunship zwei DELTA-Scharfschützen-Teams in Stellung.

Sie haben unterschiedliche Aufträge:

Team 1: Ausschalten von Wachen innerhalb des Gefängnisses. Jeder panamesische Soldat oder Angehörige der Wachmannschaft wird von ihnen ins Visier genommen

Team 2: Unterbinden der Verstärkung von außerhalb des Gefängnisse.

Dank dem Einsatz von Nachtsichtgeräten sind sie befähigt, in völliger Dunkelheit schießen zu können. Sie sind über Funk erreichbar.

Training

Um das Training zu optimieren und die besten Voraussetzungen für den Einsatz zu schaffen, wird auf einem abgelegenen und gesicherten Teil der Eglin Air Force Base in Florida, USA, ein dreistöckiges Modell des Gefängnisses nachgebaut. Aufgrund

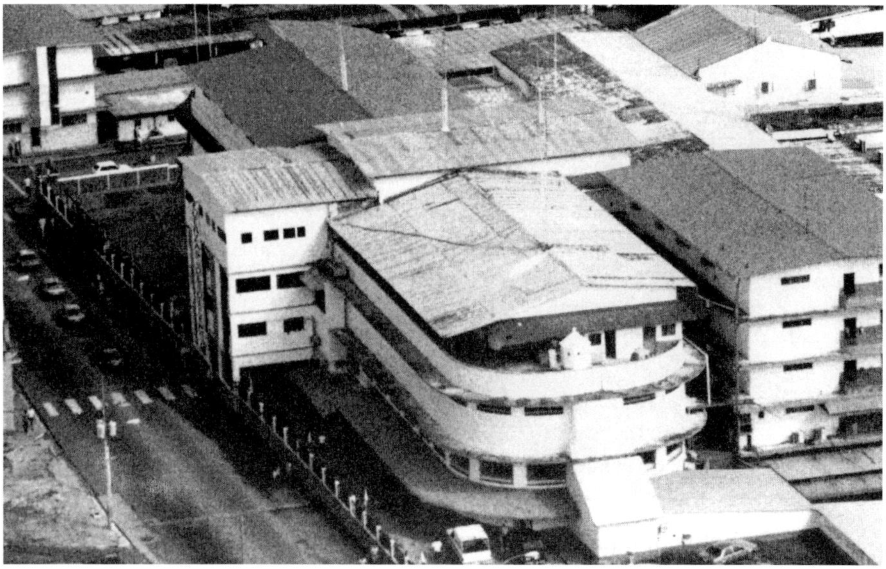

Im Vorfeld gemachtes Aufklärungsfoto der Commandancia.

der laufend erhaltenen und auch immer wieder verifizierten Informationen verfeinert sich das Modell laufend.[8] Trotzdem bleiben etliche Fragen unbeantwortet. Obwohl die Planer auf Baupläne des Gefängnisses zurückgreifen können, ist nicht jedes Detail klar. Viele Informationen stammen von Leuten, welche lediglich einen Teil des für die Operation entscheidenden Bereichs des Gefängnisses gesehen haben. Wie Puzzleteile werden die einzelnen Informationen zusammengesetzt. Was im Ablauf unbekannt bleibt, wird mit Vermutungen und Plausibilitätsüberlegungen abgedeckt.

Im Vorfeld gemachtes Aufklärungsfoto vom Zielobjekt. Die zu sprengende Öffnung auf dem Dach ist gut sichtbar.

Varianten müssen geplant werden. Sollten zum Beispiel an Orten, an denen gemäß der vorliegenden Pläne Türen eingezeichnet sind, keine Türen sein, werden in solchen Fällen »Türen« in die Wände gesprengt.

Die Angehörigen von DELTA FORCE trainieren laufend – auch mit scharfer Munition – am Modell. Die Anzahl der Männer ist dabei höher, als eigentlich für einen solchen Zugriff notwendig sind. Der Grund hierfür liegt im Umstand, dass die Planer stets mehr Männer für den Fall zur Verfügung haben wollen, zwischenzeitlich für diesen Einsatz trainierte Angehörige von DELTA abgezogen werden oder gar ausfallen sollten.

Im Rahmen der Vorbereitung wird das Objekt (Gefängnis Carcel Modelo) sowie das unmittelbare Umfeld inklusive der terrestrischen Exfiltrationsrouten durch Spezialisten auskundschaftet. Da Panama zu dieser Zeit ein frei zugängliches Land ist, kann die Aufklärung unter vergleichbar guten Voraussetzungen betrieben werden.

Ausführung

18. Dezember 1989/Montag; zwei Tage nach der Ermordung eines US-Soldaten

Hangar 3, Howard Air Force Base, Panama

Die Hubschrauber des 160th der SOAR sind bereit. Die kleineren McDonnell Douglas AH-6 und MH-6 wurden schon früher an Bord von Lockheed C-5 GALAXY-Transportmaschinen der US Air Force auf die Howard AFB überführt.

19. Dezember 1989/Dienstag

Während des Tages/Umgebung des Gefängnisses

Im Verlauf des Tages sickern zwei DELTA-Scharfschützenteams in die umliegenden Anhöhen der Quarry Hights[9] ein und beziehen gesicherte und getarnte Stellungen. Während des Tages observieren sie das Umfeld des Gefängnisses. Regelmäßig melden sie ihre Beobachtungen weiter. Da die Aufklärung von essentieller Bedeutung ist, sind auch weitere Angehörige von Spezialeinheiten in zivilen Kleidern unterwegs. Auch sie beobachten und prüfen sehr sorgfältig die bisherigen Informationen über das Umfeld des Gefängnisses. Dabei ist der Zustand der Wachen und

Während der Operation »Acid Gambit« zur Befreiung setzt das 160th Special Operation Air Regiment (SOAR) zwei Varianten der H-6-Reihe ein. Die bewaffnete und äußerst wendige AH-6 ist hervorragend für die Luft-Boden-Unterstützung geeignet und gibt den Spezialeinheiten am Boden jene Flexibilität, welche sie für die Erfüllung ihrer Aufträge benötigen. (Abb. stammt nicht vom Einsatz)

Soldaten, ihre Bereitschaft, Motivation und Diensteinstellung sowie die verwendeten Waffen von großer Bedeutung und besonderem Interesse.

Zu Beginn der Nacht/Howard Air Force Base/außerhalb Panama City

Ein letztes Mal überprüfen die Männer ihre Ausrüstung und ihre Waffen. Sie gehen in Gedanken noch einmal die bevorstehende Operation durch. In wenigen Stunden werden die US-Streitkräfte losschlagen und die Aufgabe einer Handvoll Männer von DELTA wird es sein, Kurt Frederick Muse – das »Precious Cargo« (PC) wie sie Muse intern nennen – aus dem Gefängnis zu befreien und sicher auszufliegen. Alle Beteiligten wissen, dass die Operation ein Erfolg werden muss. Im April 1980 war DELTA FORCE beim missglückten Versuch, die in der US-Botschaft in der iranischen Hauptstadt Teheran gefangen gehaltenen US-Bürger zu befreien, beteiligt. Obwohl DELTA für den Misserfolg in »Desert One« nicht verantwortlich gemacht werden konnte, lag der Makel des Scheiterns wie Blei auf der Einheit. Jetzt sollte alles anders werden. Die Gedanken an den Iran wurden verdrängt; dieses Mal werden sie erfolgreich sein. Seit Mai 1989 wurde geplant und seit dem Juli trainiert. Sie sind bereit.

Zirka 23.30 Uhr/Howard Air Force Base/außerhalb Panama City

Etwa 30 Minuten vor Mitternacht machen sich die Piloten der 160th SOAR für den Start bereit. Auch sie gingen in den letzten Stunden den Ablauf des Einsatzes noch einmal durch. Die monatelange Warterei scheint ein Ende zu haben. Alle Beteiligten hoffen, dass es zu einem Einsatz kommt und dass dieses Mal die Operation nicht wie andere in der Vergangenheit kurz vor der Ausführung abgesagt wird.

AH-6 LITTLE BIRD wird für den Einsatz vorbereitet. (Abb. stammt nicht vom Einsatz)

Zirka 23.40 Uhr/Howard Air Force Base/außerhalb Panama City

Rund 20 Minuten vor Mitternacht sind die Hubschrauber der 160th SOAR in der

Mit je zwei 7,62-mm-Minigun-M143-Maschinengewehren und zwei 2,75-Inch-Raketenabschusspods kann die AH-6 ausgerüstet werden. (Abb. stammt nicht vom Einsatz)

Luft. Es gilt ernst. Da die Kabinen der MH-6 LITTLE BIRD zu klein sind, um die Männer von DELTA im Innern aufzunehmen, sitzen sie jeweils zu dritt auf den schmalen Außenbänken beidseits des Rumpfes. Lediglich durch einen Gurt gesichert, werden sie in dieser Position den Flug bis zum Gefängnis hinter sich bringen. Diese Transportart hat neben den Gefahren auch taktische Vorteile. Die so transportierten 23 DELTA-FORCE-Operators können nach der Landung sehr schnell abspringen und sind Augenblicke später schon bereit.

Zirka 23.50 Uhr/Gefängnis Carcel Modelo/Zelle von Kurt Muse/Panama City

Während Kurt Muse auf dem Bett in seiner Zelle liegend noch in den Gedanken über den vergangenen Tag nachhängt, hört er plötzlich den charakteristischen Lärm eines 0,50-Kaliber-Maschinengewehrs. Aus seiner Army-Zeit kennt er das Geräusch dieser Waffe. Was geht vor? Da der Lärm von weit weg zu kommen scheint, nimmt er an, dass es keinen Zusammenhang mit ihm hat.[10] Trotzdem richtet er sich kurz

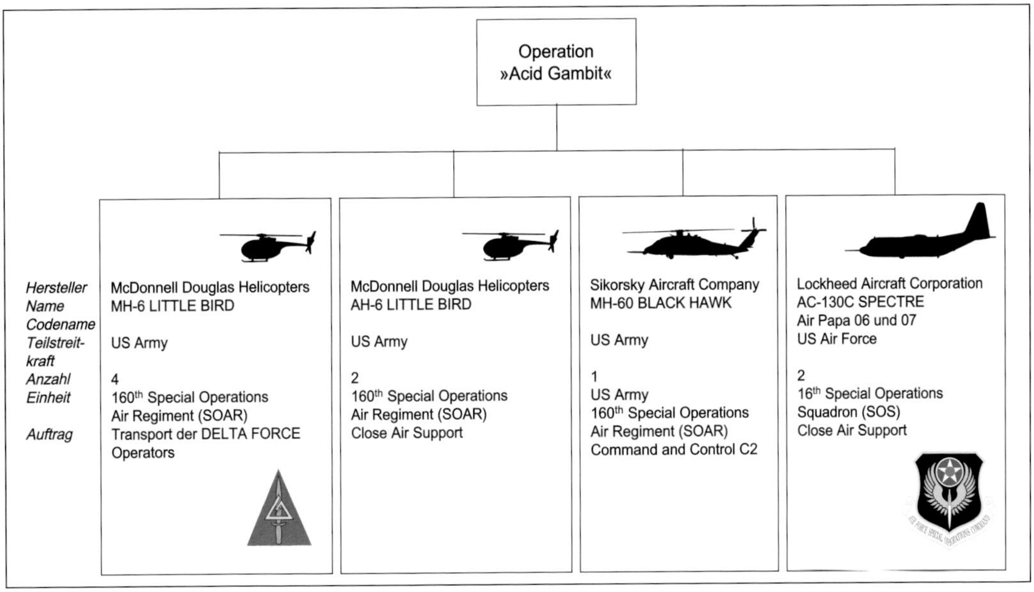

Der Operation »Acid Gambit« zugewiesene Luftmittel

Abschuss von ungelenkten 2,75-Inch-Raketen. (Abb. stammt nicht vom Einsatz)

von seiner Pritsche auf, um durch das Fenster seiner Zellentür zu schauen. Er sieht den ebenfalls erstaunten Gesichtsausdruck des Wache schiebenden Unteroffiziers vor der Zelle. Jetzt weiß Muse, dass es ernst gilt. Die nächsten Einschläge und Explosionen, die er hören kann, liegen bereits näher.

20. Dezember 1989/Mittwoch

In der ersten Stunde des neuen Tages/DELTA-Scharfschützenteam/ Quarry Heights, Umfeld des Gefängnisses

Die letzten Informationen vom Gefängnis werden übermittelt. Mit einigen gezielten Schüssen werden die sichtbaren Wachen des Gefängnisses innerhalb weniger Sekunden ausgeschaltet. Nachdem diese Gefahr neutralisiert ist, wird der Generator des Gefängnisses ins Visier genommen. Der Generator liegt in der Nähe des Eingangs. Einige Schüsse aus dem 0,50-Kaliber-Scharfschützengewehr bringen den Generator zum Stillstand. Die Lichter im Gefängnis gehen aus, es wird gespenstisch dunkel.

Gleichzeitig/Luftraum über der Comandancia und dem Gefängnis Carcel Modelo

Die MH-6 LITTLE BIRD mit dem befreiten Kurt Muse an Bord war zu schwer, weshalb die Maschine beim Start Probleme hatte. (Bild stammt nicht vom Einsatz)

Die beiden viermotorigen SPECTRE-Gunship mit den Codenamen »Air Papa 06« (inoffizielle Bezeichnung »Bad Company«[11]) und »Air Papa 07« (inoffizielle Bezeichnung »Iron Maiden«[12]) haben ihre Position im Warteraum verlassen und drehen in die Feuerstellung über dem PDF-Hauptquartier ein. In den nächsten Minuten werden beide Gunships eine so genannte »Top hat«-Flugbahn einnehmen. Das Besondere an diesem Flugmanöver[13] ist, dass gleichzeitig zwei AC-130 über ein und demselben Zielgebiet ihre kreisrunde Umlaufbahn ziehen und dabei beide SPECTRE-Gunship ihre seitlichen Waffen zum Einsatz bringen können, ohne sich gegenseitig zu gefährden.

Dies wird erreicht, indem eine der Maschinen ihren Kreis mit einem größeren Radius um das Zielgebiet fliegt, während die andere Maschine auf einem rund 1.000 Fuß[14] höheren Level ebenfalls um das gleiche Zielgebiet 360-Grad-Kurven mit einem kleineren Radius fliegt. Der Grund für den Einsatz von gleichzeitig zwei AC-130 auf ein einzelnes, vergleichbar kleines Zielgebiet liegt im Umstand, dass innerhalb von viereinhalb Minuten mehrere Ziele erfolgreich bekämpft werden müssen.

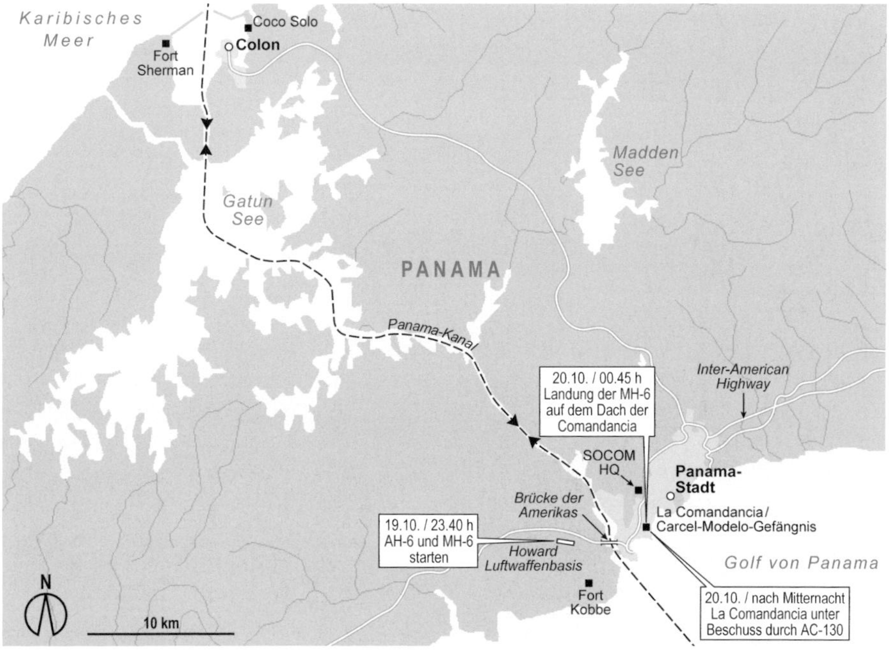

Karte von Panama

»Air Papa 06« und »Air Papa 07« des 16th SOS haben neben der Vernichtung der designierten Ziele zwei weitere Aufträge:

1. Durch den Angriff auf das PDF-Hauptquartier werden die Verteidiger – wie schon durch den kurz vor Ausführung stehenden Angriff der kleinen LITTLE BIRD – von der bevorstehenden Befreiungsoperation in der unmittelbaren Nachbarschaft abgelenkt und die Aufmerksamkeit auf die beiden SPECTRE im Orbit gelenkt.
2. Die Comandancia wird durch den Beschuss für die folgenden Einheiten der Task Force »Gator« der US Army, welche das Hauptquartier später im Rahmen der Operation »Just Cause« einnehmen und besetzen soll, zusammengeschossen und für die Besetzung vorbereitet.

Mit ihren 7,62-mm-Minigun-M143-Maschinengewehren und den 2,75-Inch-Raketen verfügt die AH-6 LITTLE BIRD über eine beträchtliche Feuerkraft. Abb. stammt nicht vom Einsatz)

Nicht nur die AC-130 SPECTRE sind in Position, auch die Crews von zwei AH-6 LITTLE BIRD stehen kurz davor, aktiv in das Geschehen einzugreifen. In wenigen Augenblicken werden sie mit ihren 7,62-mm-Minigun-M143-Maschinengewehren die erste Welle des Angriffs auf das Gefängnis Carcel Modelo eröffnen.

Abschuss von ungelenkten 2,75-Inch-Raketen. (Abb. stammt nicht vom Einsatz)

Die Wachtürme und der Gefängnishof kommen zuerst unter Beschuss. Weitere Ziele folgen. Die Absicht dahinter ist, mögliche Scharfschützenstellungen, welche die Aufklärung bisher nicht entdeckten, auszuschalten. Im Anschluss daran feuern sie mehrere ungelenkte 2,75-Inch-FFAR-Raketen auf Ziele am Boden ab. Damit soll einerseits Schaden auf dem Gelände angerichtet, andererseits das panamesische Militär abgelenkt werden.

Nachdem die beiden AH-6 mit ihrem Unterstützungsfeuer die Operation eröffnet haben, wollen sie abdrehen und den Luftraum für die beiden folgenden SPECTRE-Gunship freigeben.

Anschließend/Luftraum über der Comandancia und dem Gefängnis Carcel Modelo

Die Rechnung der Planer geht auf. Beim Angriff wird auch der Stromgenerator der Comandancia, der das Gelände mit Elektrizität versorgt, getroffen. Auf dem Gelände wird es dunkel. Auch ein Munitionsdepot explodiert nach einem Treffer aus dem 105-mm-Geschütz. Mit einem einzigen Schuss aus dem 105-mm-Geschütz wird zudem eine Verteidigungsstellung der PDF außerhalb der Comandancia ausgeschaltet. Weitere der insgesamt 13 Gebäude der Anlage kommen mit den 20-mm- und 40-mm-Gatling-Kanonen der SPECTRE unter Beschuss.

Die AC-130 SPECTRE verfügt über eine enorme Feuerkraft. Ihre Waffen setzt die SPECTRE jeweils in Schräglage fliegend ein. In diesem Fall das 105-mm-Geschütz.

Während »Air Papa 07« weiterhin im Luftraum über Comandancia und dem Gefängnis Kreise fliegen wird, dreht »Air Papa 06« ab. Die AC-130 ist noch für einen weiteren CAS-Einsatz vorgesehen.[15] Keine der beiden SPECTRE wird während »Acid Gambit« vom Boden aus getroffen. Lediglich von einem Sportplatz aus wird »Air Papa 07« mit einem schweren 12,5-mm-Maschinengewehr unter Beschuss genommen. Eine schlechte Idee der Soldaten am Boden: Die Stellung wird innert kürzester Zeit zum Schweigen gebracht.

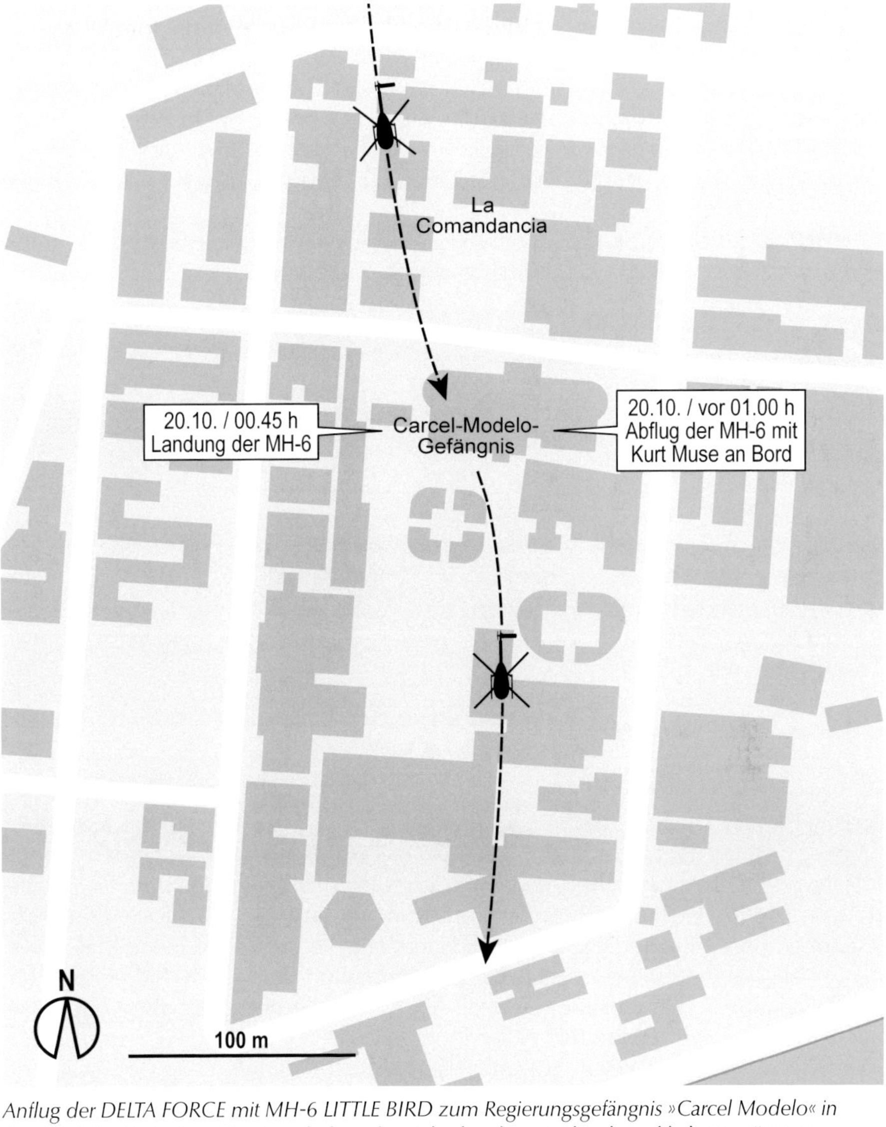

Anflug der DELTA FORCE mit MH-6 LITTLE BIRD zum Regierungsgefängnis »Carcel Modelo« in Panama City. Nach dem Absetzen heben die Hubschrauber wieder ab und kehren später zur Aufnahme wieder auf das Dach zurück.

Gleichzeitig/Gefängnis Carcel Modelo/Zelle von Muse

In seiner Zelle kann Kurt Muse den Gefechtslärm in unmittelbarer Nachbarschaft hören. Zwar ist ihm noch nicht klar, was genau vor sich geht. Trotzdem realisiert er, dass er jetzt fürchten muss, dass seine vor der Zelle postierte Wache jeden Augenblick die Eisentür aufreißt, seine Zelle betritt und ihn erschießt. Für diesen Moment will er vorbereitet sein; kampflos will er sich nicht ergeben. Er will sich wehren. In mühseliger Arbeit hat er vor einiger Zeit aus einem Aluminiumstück eine Stichwaffe hergestellt. Sollte die Wache in die Zelle stürmen, würde er sich auf die Wache stürzen und versuchen, diese zu töten. Anschließend würde er die tote Wache als Schutzschild brauchen, bis er gerettet werden würde.

Es kommt nicht so weit. Er kann die Schritte und die gerufenen Befehle der Soldaten außerhalb seiner Zelle hören, doch die Männer rennen an seiner Zelle vorbei. Um von den durch die Fenster in die Zelle fliegenden Gesteinsbrocken und Querschläger der Einschläge der 105-mm-Granaten in Deckung zu gehen, wirft sich Muse auf den Boden. Verputz fällt von Zellenwänden und –decke herunter.

Obwohl es kurze Zeit später wieder ruhig wird, kann Muse die Hubschrauber nicht hören, welche im Anflug auf das Gefängnisdach sind und landen.

00.45 Uhr/Gefängnis Carcel Modelo/Gefängnisdach

Als in der Umgebung das Licht ausfällt, befinden sich die vier McDonnell Douglas MH-6 LITTLE BIRD im Anflug auf das Dach des Gefängnisses. Die Crews der LITTLE BIRD tragen alle Nachtsichtgeräte. Im grünlichen Licht erkennen sie das Hauptgebäude und die Landezone. Die Umgebung sieht wie auf den Fotos aus, welche die Crews in vielen Stunden studiert und auswendig gelernt haben. Jetzt läuft es wie ein Film ab.

Dank ihrer Nachtflugfähigkeit sind die MH-6 hervorragend geeignet, um schnell und flexibel kleine Teams von Spezialeinheiten abzusetzen.(Abb. stammt nicht vom Einsatz)

Wenige Meter über dem Boden strecken die auf den Bänken sitzenden Operators ihre Füße, damit sie ihre Füße bei der Landung nicht zwischen dem Gefängnisdach und den Hubschrauberkufen einklemmen. Als die MH-6 einer nach dem anderen aufsetzen, springen die Männer ab. Nachdem die vierte und letzte MH-6 wieder abgehoben hat, befinden sich alle 23 Männer auf dem Dach. Bisher scheinen die Gefängniswachen ihre Anwesenheit noch nicht bemerkt zu haben oder können den Hubschrauberlärm nicht zuordnen.

Die Männer führen alles mit, was sie in den nächsten Minuten benötigen. Sie sind in mehrere Teams mit unterschiedlichen Aufgaben aufgeteilt:

- Sicherung Dach (Landezone): Während der gesamten Operation muss die Landezone als primäre Abflugzone gesichert werden. Weiter muss das Sicherungsteam

auf dem Dach die umliegenden Gebäude sowie Dächer auf mögliche Scharfschützen überwachen und diese allenfalls sofort bekämpfen. Obwohl auch alternative Aufnahmeorte denkbar sind, würde ein solcher DELTA-FORCE-Einsatz sie vor neue Schwierigkeiten stellen. Potenzielle Gefahren oder Schwierigkeiten könnten sein:
- zeitliche Verzögerung im Ablauf der Rettung,
- Möglichkeit für den Gegner, mehr Soldaten nachzuziehen oder eine erhöhte Gefahr von Begegnungen und Feuergefechten mit dem Wachpersonal.

- Sicherung Gebäude: Ein Teil des Teams, welches in das Gebäude eindringt, ist für die Sicherung und das Freikämpfen bis zur Zelle von Muse verantwortlich. Zur Sicherung werden an taktisch wichtigen Orten Operators postiert, welche in der Zwischenzeit die Abmarschroute sichern.
- Zugriff: Ein anderes Team wird für die Sicherheit von Kurt Muse verantwortlich sein und diesen sicher – vergleichbar wie Bodyguards – auf demselben Weg, wie sie ins Gebäude gelangt sind, auf das Dach führen.

Unverzüglich nach der Landung gehen die Teams entsprechend ihren Befehlen vor. Zwischenzeitlich fliegen die vier MH-6 in einen Warteraum in sicherer Entfernung nördlich des Gefängnisses; jederzeit bereit, um über Funk angefordert wieder zurückzufliegen und die Männer aufzunehmen.

Während ein Teil der Männer die Verteidigungsposition einnimmt, bereiten andere die Sprengung einer unbewachten, aber verschlossenen Dachluke vor. Sie führt in ein Treppenhaus auf das tiefer liegende Stockwerk. Die Sprengladung zur Öffnung der Luke wurde aus vier speziell angefertigten Teilladungen angefertigt. Wie im Training geübt, werden sie angeschlossen und für die Zündung vorbereitet. Eine letzte Kontrolle vor der Zündung erfolgt.

Auch Operator Nr. 1 ist vorbereitet. Auf ein Zeichen des Team-Leaders seilt er sich an der Wand des Modelo-Gefängnisses bis auf die Höhe des Zellenfensters von Muse ab. Seine Aufgabe wird es sein, die Wache vor der Zellentür, sollte sie im Begriff sein, den Raum zu betreten, um Muse zu erschießen, mit einem gezielten Schuss zu eliminieren. Weil Operator Nr. 1 während dieser Zeit ungeschützt mehrere Meter über dem Boden an der Wand hängt, wird er von seinen Kameraden auf dem Dach abgedeckt. Sobald er in Position ist, wird er via Funk das O.K. geben und auf dem Dach wird die Luke gesprengt. Lautlos gleitet er in die Tiefe. Als er während des Abseilens unter Beschuss aus dem Küchenteil der Gefängnisanlage kommt, meldet er: »Bravo Three, taking fire from the kitchen.«[16] Sekunden später gerät das Gebäude, aus dem das Feuer eröffnet wurde, unter einen mörderischen Beschuss vom Dach. Auch greift ein AH-6 LITTLE BIRD in das Geschehen ein. Operator Nr. 1 macht in der Zwischenzeit weiter, denn nun ist die Präsenz von US-Truppen innerhalb des Gefängnisses bekannt. Auf der Höhe der Zelle angekommen, schaut er in die Zelle und sieht vorerst nichts. Durch den Lärm außerhalb und innerhalb des Gefängnisses hat Muse in seiner Zelle Deckung genommen. »Bravo Three in position.«[17] Erst später wird Muse kurz aus dem Fenster schauen, als er den Beschuss des PDF-Hauptquartiers sehen will und dabei den DELTA-Operator nicht entdecken, der in unmittelbarer Nähe nur durch die Mauer getrennt außerhalb der Wand an einem Seil hängend in seine Zelle schaut und bereit ist, mit seinem CAR-15-Kommando Rifle[18] jeden zu töten, der durch die Zellentür kommt.

Nach dem O.K. von Operator Nr. 1 wird die Sprengladung gezündet. »Fire in the hole«. Die Dachluke explodiert; der Weg ist offen. DELTA FORCE betritt das Gebäude.
Gleichzeitig/Luftraum über der Comandancia und dem Gefängnis Carcel Modelo
Die Explosion der Dachluke war das Zeichen für das Losschlagen der beiden AC-130 SPECTRE. Sie erhalten den »Call for fire« von DELTA. Mit gezielten Schüssen aus der 40-mm-Gatling-Kanone wird jede Bedrohung am Boden ausgeschaltet.
Währenddessen/Gefängnis Carcel Modelo
Alles verläuft wie x-fach trainiert. Auf dem Weg zur Zelle von Muse kämpfen sich die Operators den Weg frei. Das charakteristische Kurzfeuer der Heckler & Koch MP5 ist zu hören. Jeder Widerstand unterwegs wird ausgeschaltet, zwei bis drei Wachen sterben im Kugelhagel der vorwärts stürmenden DELTAs. Andere haben Glück. Sie ergeben sich und werden mit Kabelbindern außer Gefecht gesetzt und so lange bewacht und in Schach gehalten, bis alle wieder weg sind. Sie werden überleben.
00.50 Uhr/Gefängnis Carcel Modelo/Außerhalb der Zelle von Muse
Der Gefechtslärm von außerhalb der Zelle kommt immer näher. Unter der Tür hindurchsehend und trotz des Rauchs kann Muse außerhalb der Zelle sich bewegende Lichtkegel erkennen. Es sind die auf den MP5 montierten Taschenlampen der DELTA-Operators. Sekunden später hört er eine Stimme. Eine englische Stimme, welche ihn auffordert, in Deckung zu gehen. Man werde die Tür aufsprengen, wird ihm zugerufen. Muse reagiert wie befohlen und Sekunden später wird die Tür weggesprengt. Operator Nr. 2 betritt seine Zelle, gefolgt von Operator Nr. 3. Zu seinem Schutz erhält Muse eine kugelsichere Weste sowie einen Kevlarhelm. Muse hat kaum Zeit, die Schutzausrüstung anzuziehen. Im Schlepptau eines Operators wird er durch das Gebäude auf das Dach geführt. Auf dem Weg dorthin kann er erkennen, dass die Wache, welche den Auftrag hatte, ihn zu erschießen, tot ist. Eine weitere Wache hat überlebt. Der Mann hatte sich bei der Erstürmung sofort ergeben und wurde deshalb nicht erschossen. Um zu verhindern, dass er flüchten kann, wird er gefesselt.
Vor 01.00 Uhr/Wartezone/MH-6 LITTLE BIRD
Die Crew eines LITTLE BIRD erhält den Funkspruch, zum Gefängnis zurückzukehren. Kurt Muse, das »Precious Cargo«, ist auf dem Weg auf das Dach.
Vor 01.00 Uhr/Gefängnis Carcel Modelo/Gefängnisdach
Aufsteigender Rauch behindert für die anfliegenden MH-6 LITTLE BIRD die Sicht auf das Gebäude und auf den Landeplatz auf dem Dach. Trotzdem gelingt es den Piloten, die Maschine sicher aufzusetzen. Das Timing ist perfekt, denn unmittelbar nach dem Aufsetzen der Kufen nähert sich eine Gruppe Männer dem Hubschrauber.

Aufgesprengte Tür zur Zelle von Kurt Muse.

Kurt Muse ist überwältigt, als er im Schlepptau von sechs DELTA-Operators auf dem Dach ankommt: »Es war extrem laut und der Himmel war erleuchtet von Tausenden von Leuchtspurgeschossen in allen Farben. Sie flogen in alle Richtungen. Es war wie eine Lasershow.« Beim LITTLE BIRD angekommen, steigt Kurt Muse in den hinteren Teil ein. Neben ihm nimmt Operator Nr. 2 Platz. Die restlichen Operators nehmen auf den seitlichen Außenbänken Platz.

Sekunden später hebt die MH-6 wieder ab. Beim Ausfliegen muss die Crew des LITTLE BIRD einem Stromkabel ausweichen, und der Hubschrauber gerät, kurz nachdem er über die Dachkante geflogen ist, ins Trudeln. Der Pilot lässt die Maschine mit der Nase voran in die Tiefe fallen, um Geschwindigkeit aufzunehmen. Nur knapp schlägt die Maschine nicht im Gefängnisinnenhof auf. Der Pilot kann sie auffangen und steuert die LITTLE BIRD über die Gefängnismauer.

Zirka 01.00 Uhr/Nachbarschaft des Gefängnisses

Die Probleme sind nach dem Überfliegen der Mauer nicht vorbei. Probleme mit dem Triebwerk lassen den Piloten auf einer Straße in unmittelbarer Nachbarschaft der brennenden Comandancia landen. Der Teamleader gibt Befehl, den Hubschrauber zu verlassen und einen Sicherungsring um die Maschine zu bilden. Während Operator Nr. 4 und Operator Nr. 5 schon von ihren Plätzen gesprungen sind, hat Operator Nr. 6 noch Probleme mit seinem Gurt. Als er im Begriff ist, seinem Teamkameraden zu folgen, erfolgt der Gegenbefehl. Alle Männer steigen wieder ein und der Pilot versucht, wieder abzuheben. Offensichtlich ist das Triebwerk der Maschine zu beschädigt und das Gewicht der Männer zu hoch, als dass der Pilot seine LITTLE BIRD hätte in die Luft bringen können.

Um dennoch abheben zu können, will der Pilot das Startverfahren ändern. Er will mit seiner MH-6 nur wenige Meter über der Straße Geschwindigkeit aufbauen, um dann – wenn sie genügend schnell ist – durchzustarten. Der erste Versuch misslingt, denn die Straße stellt sich als zu wenig lang heraus und an ihrem Ende steht ein achtstöckiges Gebäude. Zu hoch, um sich mit der fehlenden Geschwindigkeit über das Haus schwingen zu können. Der Pilot muss abbremsen und fliegt in eine andere Straße ein. Er hofft, dass sie länger ist. Er braucht einfach eine längere Strecke, um Geschwindigkeit aufholen zu können.

Zwischenzeitlich/Gefängnis Carcel Modelo/Gefängnisdach

Auch die restlichen Delta-Operators werden von den verbleibenden LITTLE BIRDS sowie einem zusätzlichen MH-60 PAVE HAWK vom Dach des Gefängnisses abgeholt.

Gleichzeitig/LITTLE BIRD/Luftraum über der Straße

Während die MH-6 mit Kurt Muse an Bord die Straße entlangfliegt, um genügend Fahrt aufzunehmen, versuchen andere AH-6 LITTLE BIRD Gunship, dem angeschlagenen Hubschrauber Feuerunterstützung zu leisten. Kein einfaches Unterfangen, denn die Maschine fliegt in einem Wohngebiet und die Einsatzregeln – die so genannten »Rules of Engagement« (ROE) – für den Waffeneinsatz sind klar: Die zivile Bevölkerung muss geschont werden.

Nach 01.00 Uhr/Nachbarschaft des Gefängnisses

Nach ungefähr zwei Drittel der Straße gewinnt der Hubschrauber nicht nur Fahrt, sondern auch Höhe. Obwohl sie immer noch unter Beschuss sind, scheint es, als ob es bei diesem Versuch klappen wird. Kurz bevor die Maschine in Sicherheit ist, gerät sie in die Schusslinie eines Maschinengewehrs.

Operator Nr. 2 wird von einer Kugel in seine Kevlar-Weste getroffen. Die Weste bremst das Geschoss ab, doch von der Wucht getroffen, fällt er von der Bank und rund fünf bis sechs Meter in die Tiefe auf die Straße. Operator Nr. 6 will eben den Piloten via Funk über den Vorfall informieren, als er selber von einer Kugel im Bein getroffen wird. Sein Gurt fängt ihn auf und er fällt nicht aus dem Hubschrauber. Praktisch gleichzeitig streift eine Maschinengewehrsalve den Hubschrauber und trifft erneut das Triebwerk. Die Maschine schlägt nach rechts aus und die Rotorenblätter touchieren ein Gebäude. Die LITTLE BIRD stürzt ab. Da die Maschine zu niedrig und schnell ist, kann der Pilot auch mit einer Autorotation[19] den Absturz nicht verhindern. Der Aufprall ist dermaßen hart, dass der Hubschrauber auf- und abspringt. Dabei bricht die rechte Kufe des LITTLE BIRD ab. Die Männer auf den Bänken werden hin- und hergeworfen. Während einige von ihnen auf die Straße fallen, gerät der linke Fuß von Operator Nr. 6 unter die linke Kufe des Hubschraubers. Von Schmerzen geplagt, muss Operator Nr. 6 erkennen, dass er eingeklemmt ist. Gleichzeitig kann er sehen, wie rund um die Absturzstelle panamesische Soldaten in Stellung gehen.

Auch Kurt Muse ist vom Aufprall zuerst gegen den Boden und dann an die Decke des Hubschraubers geworfen worden. Vor dem Absturz hat er die Rufe der Piloten und die Befehle der Operator auf den seitlichen Bänken mitbekommen.

Nachdem die Maschine zum Stillstand gekommen ist, realisiert Muse sofort, dass die Lage ernst ist. In Mannstärke und Feuerkraft unterlegen, ohne Aussicht auf Unterstützung und ohne ausreichende medizinische Versorgung für die verletzten Männer scheint es lediglich eine Frage der Zeit zu sein, bis sie entweder überrannt oder sterben werden.

Plötzlich hört Muse die Stimme von Operator Nr. 2. Auch er hat den Absturz unverletzt überlebt. Beiden ist klar, dass sie sich vom Wrack entfernen müssen. Muse fragt Operator Nr. 2 um eine Waffe. Zuerst zögert Operator Nr. 2, aber als ihm Muse erklärt, dass er damit umgehen kann, übergibt er ihm seine Pistole. Als sie sich vom Hubschrauber entfernen wollen, wird Operator Nr. 2 vom noch sich drehenden Rotor am Kopf getroffen. Dank seines Kevlar-Helms überlebt Operator Nr. 2 verletzt. Als er wieder zu sich kommt, schleppt Muse den stark blutenden Operator zu einem nahen Gebäude, um Deckung zu suchen. An einer Wand angekommen, kann Muse Geräusche hören. Als er nachschaut, erkennt er Operator Nr. 7. Der Commander klärt sie über die Lage auf. Seine Männer haben unweit von der gegenwärtigen Position einen Sicherungsring bezogen und warten auf Unterstützung von außen. Nach dem kurzen Briefing verschieben die drei Männer zu den restlichen DELTAs.

Zirka 01.15 Uhr/Absturtzstelle

Die Überlebenden des Absturzes haben auf einem Gehsteig hinter einigen parkierten Fahrzeugen Deckung genommen. Der vom Rotorblatt am Kopf getroffene Operator Nr. 2 blutete immer noch stark. Operator Nr. 6, der am Oberschenkel von einer Kugel getroffen wurde, blutet ebenfalls stark und leidet unter starken Schmerzen. Von den sieben Männen sind lediglich drei nicht verletzt: der Commander Operator Nr. 7, der Pilot der LITTLE BIRD und Kurt Muse. Operator Nr. 6 fehlt. Operator Nr. 7 erklärt, dass er sich bisher auch nicht über Funk gemeldet habe.

Während die anderen Männer Deckung gefunden haben, ist Operator Nr. 6 immer noch mit seinem linken Fuß unter der Kufe bei der Absturtzstelle des Hubschraubers eingeklemmt. Seine Versuche, sich mit Hilfe seines gesunden Fußes vom Gewicht der Maschine zu befreien, bleiben vorerst erfolglos. Die Schmerzen in seinem Fuß sind unerträglich. Nach weiteren Versuchen gelingt es ihm tatsächlich, sich zu befreien.

Er dreht sich auf den Bauch, um besser sehen zu können, und sieht daraufhin in einer Entfernung drei Personen stehen. Als er genauer hinsieht, erkennt er Muse. Daraufhin beginnt er, seinen verletzten Fuß nachschleifend, zur Gruppe zu kriechen. Erst als er wenige Meter (15 Yards) von ihnen entfernt ist, ruft er ihnen zu. Sie holen ihn.

In den folgenden Minuten versucht das Team, mit einem Hubschrauber Funkkontakt aufzunehmen. Als es gelingt, nimmt Operator Nr. 6 ein Infrarot-Blitzlicht hervor und hält es über den Kopf. Das für das menschliche Auge unsichtbare Licht ist mittels Nachtsichtgerät für die Hubschrauber-Piloten sichtbar.

Kurze Zeit später überfliegt ein BLACK HAWK-Hubschrauber die Straße und die Deckung der Männer. Der Hubschrauber ist nicht alleine.

Die Männer am Boden können die über dem BLACK HAWK fliegenden wendigen AH-LITTLE BIRD Gunship mit bloßem Auge nicht sehen. Erst als sie bei einem weiteren Anflug die Dächer und Brüstung eines gegenüberliegenden Gebäudes mit Feuer bedecken, um eine in Deckung liegende Gruppe zu bekämpfen, sind sie in der Nacht aufgrund des Mündungsfeuers zu entdecken. Es soll verhindert werden, dass sich Scharfschützen in diesen überhöhten Stellungen eines achtstöckigen Gebäudes einnisten können.

Abgestürzter MH-6 LITTLE BIRD in den Straßen von Panama City

Während anderswo in Panama City die Kämpfe immer heftiger werden, wird die Wartezeit auf den MEDEVAC-Hubschrauber zur Nervenprobe. Vor allem der schwer verletzte Operator Nr. 4 hat medizinische Versorgung dringend nötig. Plötzlich erkennt Operator Nr. 2 in der Dunkelheit eine Gestalt, die sich geschickt und geduckt, die Deckung der in der Straße stehenden Autos ausnutzend, den US-Soldaten nähert. Er orientiert seinen Commander. Auch Muse hat sich kurz vom verletzten Operator Nr. 4 entfernt, um zu sehen, was passiert. Da nicht zu beurteilen ist, ob der sich nähernde Mann bewaffnet und somit eine Gefahr darstellt, fragt ein Operator um Feuererlaubnis. Muse kann es verhindern. Nach einem kurzen Zurufen in spanischer Sprache entfernt sich der Mann wieder. Muse hat ihm das Leben gerettet.

Die Lage für das G-Team wird immer dramatischer. Operator Nr. 4 verliert das Bewusstsein, und auch der Zustand von Operator Nr. 6 verschlechtert sich aufgrund des Blutverlustes zunehmend. Alle anderen Männer, welche sich noch bewegen können, fahren mit ihren Aufträgen fort. In genau zugewiesenen Sektoren überwachen sie die Umgebung, bereit, sofort zu schießen, sollte es die Situation erfordern.

Muse kümmert sich weiter um den stark blutenden Operator Nr. 4. Obwohl selber unverletzt, ist auch er mittlerweile vom Blut anderer bedeckt. Plötzlich hören die Männer Kettengeräusch von sich nähernden Panzern. Minuten später können sie die Silhouetten von zwei M-113 APC erkennen. Da sie wissen, dass die PDF über keine dieser gepanzerten Fahrzeuge verfügt, muss es die US Army sein. Die rund 14 Tonnen schweren Kolosse drängen sich durch die Straße.

Mit einem M-113 wurden Kurt Muse und die mit dem MH-6 LITTLE BIRD abgestürzten Angehörigen gerettet.

»Die Verletzten zuerst«, befiehlt der Team-Leader, als die APC angekommen sind. Die Verletzten werden zu den APC getragen und in den Innenraum gelegt. Nachdem alle Männer eingestiegen sind, schiebt sich der APC wieder vorwärts.

Im Innern des Panzers bekommen die Männer nicht viel von den Vorgängen außerhalb des Konvois mit. Erst als der Panzer anhält und Muse die Funkmeldung des Panzerkommandanten hört: »Sir, PC ist sicher in Landezone Juliett angekommen«, realisiert Muse, dass sie in Sicherheit sind und dass mit »Precious Cargo« (PC) wohl er gemeint ist. Die Heckrampe des APC wird runtergelassen und die Verletzten werden aus dem Innenraum getragen.

Als letzter steigt Muse aus dem APC. Er erkennt, wo sie sind. Sie sind in der Kanalzone auf einer Straße zwischen der Balboa Elementary School und Balboa High School. Es ist 01:45 Uhr.

Vor 02.00 Uhr/Nähe Balboa High School

Schließlich erscheint der angeforderte MEDEVAC-Hubschrauber über der Szenerie. Während die Sikorsky UH-60 BLAWK HAWK eingewiesen wird, werden die Verletzten für die Evakuierung vorbereitet. Ein Teil der Verwundeten muss auf Bahren liegend zum gelandeten Hubschrauber getragen werden. Auch Kurt Muse nimmt im Hubschrauber Platz und wird sogleich in die Versorgung der Verwundeten eingespannt. Er hält eine Blutplasmaflasche für einen verletzten Operator.

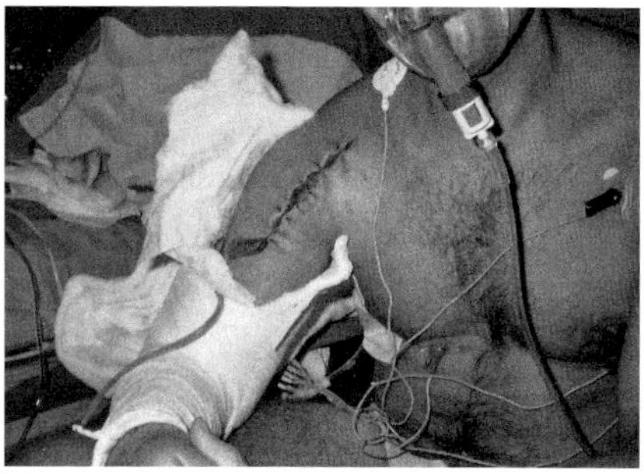

Verwundeter DELTA-FORCE-Operator nach dem Einsatz.-

Rund 90 Minuten nach dem Absturz des MH-6 LITTLE BIRD in den Straßen von Panama City ist Kurt Frederick Muse auf dem Weg in ein US Army Field Hospital auf der Howard Air Base.

Nach der Landung/US-Stützpunkt Panama

Noch vor Ausbruch der Kampfhandlungen wurden unzählige Zelte auf der Howard Air Base aufgestellt, und als der MEDEVAC landet, ist alles bereit. Die Verletzten werden sofort von Medizinern in Empfang genommen und versorgt.

Auch Kurt Muse wird von verschiedenen Militärs begrüßt. Noch in derselben Nacht hat er die Möglichkeit, das abgesonderte Sanitätszelt mit den verwundeten DELTAs aufzusuchen und seinen Rettern zu danken. »Es war ein spezieller Moment für mich. Auch den Umstand zu erkennen, dass es Menschen gibt, welche bereit sind, ihr eigenes Leben zu opfern, um andere Menschen – wie mich – zu retten.«

Am Abend/Washington

Am Abend erfährt die Öffentlichkeit die ersten Einzelheiten von der Invasion in Panama, als General Colin Powell die Presse über die Invasion in Panama informiert. Bei dieser Gelegenheit wird auch die Befreiung von Kurt Muse bestätigt.

Nachtrag

Kurt Muse war rund neun Monate »der persönliche Gefangene« von General Noriega. Er wurde in dieser Zeit mehrfach verlegt. In einem Gespräch mit dem Autor sagte er später, dass er damit rechnete, jahrelang im Gefängnis zu bleiben. Auch habe er nicht mit einer Befreiungsoperation gerechnet. Um nicht »verrückt« zu werden, hat sich Muse seine Hafttage in zwei bis dreistündige Zeitfenster unterteilt. In dieser Zeit meditierte er, versuchte so gut es geht, sich sportlich zu betätigen. »Ich lief jeden Tag in meiner Zelle 30 Minuten im Kreis. Zuerst in die eine Richtung und anschließend in die andere. Weiter machte ich tagtäglich Sit-ups«, reinigte seine Kleider und packte jeden Tag seinen Koffer aus und wieder ein. Er hatte seine Hochs und Tiefs und lebte laut eigenen Aussagen zuerst nach dem Prinzip »Hoffnung«, dann »Sehnsucht« und am Schluss »Traum«. Vielfach führte er Selbstgespräche, und es gelang ihm, seine Gedanken in den Griff zu bekommen. Der einzige »Vorteil«, welcher Kurt Muse während seiner Zeit im Gefängnis hatte, war, dass er nicht direkt physisch misshandelt und auch nicht in seinem Leben direkt bedroht wurde, wie die anderen Gefangenen. Kurt Muse nahm im Gefängnis knapp 25 Kilogramm ab.

Analyse und Wertung der Operation

Vorbereitung

Zwischen der Auftragserteilung für eine Befreiungsaktion und der effektiven Ausführung lagen Monate. Die Planer hatten deshalb genügend Zeit, entsprechende Informationen zu sammeln. Dabei kam ihnen zugute, dass Panama City während der meisten Zeit kein feindliches Territorium darstellte.

Training

Wenn auch nicht alle Informationen über das Zielgebäude und die Umgebung gesammelt werden konnten, haben sich dennoch die meisten der Informationen als richtig und vollständig erwiesen. Wie wichtig eine möglichst umfassende Aufklärung ist, zeigt der Umstand, dass ein Stromkabel offenbar nicht entdeckt wurde und ein Hubschrauber bei der Exfiltration ausweichen musste. Das Training auf einen Einsatz, ohne unter Zeitdruck für die Ausführung zu stehen, ermöglicht ein anderes Vorgehen. Selbst wenn dieser Vorteil teilweise nur im mentalen Bereich zu suchen ist, ist er letztlich ein entscheidender Faktor. Die Vorbereitung und das Training haben sich bewährt.

Geheimhaltung

Die OpSec ist für jede Aktion von Spezialeinheiten von entscheidender Bedeutung. »Acid Gambit« hat verschiedene interessante und von anderen behandelte Fallbeispiele unterschiedliche Rahmenbedingungen:

- »Acid Gambit« fand im Rahmen der Invasion Panamas – der Operation »Just Cause«, statt. Alle Überlegungen konnten somit nicht isoliert und nur auf die eigentliche Operation betrachtet werden.
- Der politische Druck auf General Noriega wurde über die Monate vor »Just Cause« kontinuierlich aufgebaut und der panamesische Machthaber musste mit einer Zuspitzung oder sogar mit einem militärischen Eingreifen der Vereinigten Staaten rechnen.
- Nach dem »Besuch« des Kampfhubschraubers und den Aussagen von Lieutenant Colonel Robert Perry, dem Treaty Officer der US-Botschaft von Panama, waren die Behörden vorgewarnt. Sie konnten annehmen, dass irgendetwas passieren wird.

Trotz dieser besonderen Rahmenbedingungen gelang es den Planern, einen Operationsablauf zu entwerfen, der diesen Aspekten gerecht wurde und diese aufnahm.

Ausführung

Die »Infiltration« sowie der »Zugriff« konnten wie geplant ausgeführt werden. Der Zugriff dauerte lediglich rund sechs Minuten.

Ob die Planer den effektiven Widerstand der Wachen innerhalb des Gefängnisses und der Soldaten außerhalb der Anlage in dieser Art und Intensität erwartet haben, kann nicht beurteilt werden.

Die getroffenen Maßnahmen, um den angreifenden Operators die nötige Überlegenheit vor Ort zu geben, erscheinen richtig und angepasst. Angesichts der Feuerkraft der AC-130 SPECTRE Gunship sowie der kleineren AH-6 LITTLE BIRD im Luftraum über dem Zielobjekt hätte theoretisch noch vor der »Exfiltration« der mögliche Widerstand am Boden massiv bekämpft und ausgeschaltet werden können. Ob bei einem solchen Vorgehen die »Exfiltration« anders abgelaufen wäre und der Absturz des Transporthubschraubers hätte vermieden werden können, ist Spekulation. Es darf nicht vergessen werden, dass die Operation in einem zivilen städtischen Umfeld erfolgte und die »Rules of Engagement« in einer solchen Operation klar geregelt waren.

War die Karte des Überraschungselements erst einmal ausgespielt, war der Gegner gewarnt. Aufgrund von anderen sich entwickelnden Schauplätzen in Panama City sowie dem Combat Air Support (CAS) war der Gegner nicht in der Lage, durch eine gezielte Aktion die Befreiung zu verhindern. Beim angetroffenen Widerstand dürfte es sich mehr um beherzte Einzelaktionen von Soldaten der PDF gehandelt haben.

Auslegung der Anlage

Retrospektiv hat sich die Auslegung der Anlage als richtig erwiesen. Einsätze von Spezialeinheiten sind immer mit Risiken verbunden, und wenn einmal ein Team auf-

Präsident George H. W. Bush überreicht einem Angehörigen des Rettungsteams von Kurt Muse den »Silver Star«, eine militärische Auszeichnung der US Army.

grund der Entwicklung der Lage das »Ruder« aus der Hand geben muss, ist jede Spezialeinheit aufgrund der eigenen Möglichkeiten (Feuerkraft und Mannstärke) unweigerlich im Nachteil.

Der Nachteil kann in vielen Fällen durch überlegene Führung eine gewisse Zeit lang kompensiert werden. Warum nicht eine oder mehrere andere MH-6 LITTLE BIRD zur Rettung der Insassen der abgestürzten Maschine geschickt wurden, ist unbekannt. Möglicherweise waren die ROE formuliert. Zudem mussten die restlichen DELTA-Operators auf dem Gefängnisdach ebenfalls noch ausgeflogen werden. Eine Änderung in der Reihenfolge der Exfiltration – zuerst Muse, anschließend die Verletzten aus den Straßen von Panama City retten und erst dann die Operators auf den Dächern – wäre möglich gewesen. Die Gründe, warum diese Variante nicht gewählt wurde, sind nicht bekannt. Möglicherweise waren auch die MH-6, nachdem sie die Operators am Startort wieder abgeladen haben, auf dem Weg zur Absturzstelle. Möglich auch, dass eine Landung von MH-6 in der Nähe der Absturzstelle einerseits zu gefährlich oder andererseits wegen der Umgebung nicht möglich war.

Verhalten des Gegners während der Operation

Die Analyse der gegnerischen Kräfte während der Operation »Acid Gambit« muss in zwei Teile unterteilt werden:

1. innerhalb des eigentlichen Operationsgebietes, d.h. im Gefängnis, sowie in der angrenzenden Comandancia,
2. außerhalb des eigentlichen Operationsgebietes, d. h. auf den Straßen und in der Umgebung der Absturzstelle

In der Comandancia sowie im Gefängnis kamen die Gegner zu Beginn der Operation unter massiven Beschuss. Die Fliegerabwehrgeschütze waren ausgeschaltet und mögliche Stellungen von Scharfschützen wurden vorsorglich zusammengeschossen. Während der sehr kurzen Zeit der Rettung war an eine koordinierte Abwehr von Seiten der PDF nicht zu denken. Nur vereinzelt griffen PDF-Soldaten zu ihren Waffen, doch in den meisten Fällen endete dies für sie tödlich. Die Operation erfolgte Dank dem Training in einem solchen Tempo, dass der Gegner nicht zum Zug kam. Der Gegner war laufend unter Druck. Die massive Feuerüberlegenheit tat ihren Teil dazu.

Außerhalb des eigentlichen Operationsgebietes war die Situation anders. Einerseits waren die Stellungen der gegnerischen Kräfte nicht bekannt und andererseits konnte die massiv überlegene Feuerkraft nicht voll und ganz entfaltet werden. Es darf jedoch angenommen werden, dass, wenn es der PDF zum Beispiel gelungen wäre,

Die Piloten des 160th Special Operation Air Regiment (SOAR) gehören zu den Besten ihres Fachs und sind entsprechend selektioniert. (Abb. stammt nicht vom Einsatz)

mechanisierte Kräfte an die Absturzstelle zu verschieben, diese durch die AC-130 ausgeschaltet worden wären.

Einmal mehr hat sich gezeigt, dass in der Hitze des Gefechtes ohne eine Führung von vorne und ohne vorbereitete Gefechtsplanung kein Gegenschlag möglich ist. Darüber hinaus war die PDF in den ersten Stunden der Gefechte an vielen Schauplätzen in Panama City gebunden, dass ein einzelner abgestürzter Hubschrauber vermutlich in der Lageanalyse nicht die höchste Priorität erhalten hat, wenn denn der Führung überhaupt bekannt war, dass ein US-Army-Hubschrauber in einer Straße abgestürzt ist.

Verluste

Auch wenn kein beteiligter Angehöriger von DELTA oder von den Besatzungen des 160th SOAR während der Operation »Acid Gambit« gefallen sind, erlitten sechs Männer zum Teil schwere Verletzungen. Operator Nr. 6 verlor einen Teil seines Fußes. Der Umstand, dass er Monate später wieder zu seiner Einheit zurückkehren konnte und weitere 12 Jahre Dienst leistete, sagt viel über die Einstellung und die Leistungsbereitschaft der Angehörigen von DELTA aus.

Psychologischer Effekt der Operation und Image

Operation »Acid Gambit« war bis 1989 die erste bekannte und erfolgreiche Rettung eines US-Bürgers durch US-Spezialeinheiten. Neun Jahre nach dem Desaster in »Desert One« war der Erfolg in vielerlei Hinsicht Balsam für die Vereinigten Staaten.

- Die Schmach von »Eagle Claw«, der misslungenen Geiselbefreiungsaktion von DELTA FORCE 1980 im Iran, konnte, wenn auch nicht ausgemerzt, doch wenigstens ein wenig durch einen Erfolg überdeckt werden.
- Die Reputation von DELTA FORCE konnte mit dem Erfolg wieder hergestellt werden.
- Die Durchführung bewies, dass die Vereinigten Staaten von Amerika gewillt und fähig sind, eigene Staatsbürger weltweit zu retten.

Mittel

Hubschrauber

Typ		AH-6G/J LITTLE BIRD MH-6 LITTLE BIRD
Hersteller		McDonnell Douglas Helicopters
Triebwerke		Rolls-Royce/Allison 250-C30
Leistung		425 shp
Länge		7,49 Meter (24 Fuß, 7 Inches)
Höhe		2,72 Meter (8 Fuß, 11 Inches)
Hauptrotordurchmesser		8,05 Meter (26 Fuß, 5 Inches)
Gewicht (max.)		1.792 Kilogramm (3.950 Pfund)
Geschwindigkeit		282 Kilometer pro Stunde (175 mph)
Reichweite		485 Kilometer mit normaler Beladung
Besatzung	AH-6	2 (Pilot/Kopilot, Beobachter)
	MH-6	2 (Pilot/Kopilot, Beobachter)
Zuladung		550 Kilogramm (extern) 2 bis 3 Personen intern 6 Personen (je drei auf jeder Seite) auf Bänken links und rechts der Kabine anstelle der Bewaffnung
Bewaffnung	AH-6 (wahlweise)	M 143 7,62-mm-Minigun M 261 Raketenwerfer (7-fach) M 260 Raketenwerfer (19-fach) AGM-114 Hellfire Anti-Panzer-Abwehrlenkwaffe 12,7-mm-Maschinengewehr
	MH-6	keine
Mission	AH-6	Feuerunterstützung (CAS)
	MH-6	Transport von Spezialeinheiten

Gunship

Typ	AC-130H SPECTRE
Hersteller	Lockheed Aircraft Corp.
Triebwerke	Vier Allison T56-A-15 Propellerturbinen
Leistung	3.160 kW (4.300 Wellen-PS)

Spannweite	40,40 m (132 Fuß, 7 Inches)
Länge	29,80 m (97 Fuß, 9 Inches)
Höhe	11,70 m (38 Fuß, 6 Inches)
Gewicht (max.)	69.750 Kilogramm (155.000 Pfund)
Geschwindigkeit	483 Kilometer pro Stunde (300 mph auf Meereshöhe)
Dienstgipfelhöhe	7.576 Meter (25.000 Fuß)
Reichweite	2.407.6 Kilometer (1.300 nautische Meilen)
Besatzung	14 Mann 5 Offiziere (Pilot, Copilot, Navigator, Feuerleitoffizier, Offizier für elektronische Kriegsführung) 9 höhere Unteroffiziere Flugingenieur, Lademeister (Loadmaster), Operateur für Infrarot-Sensoren und fünf Bordschützen
Bewaffnung	2 M61 20-mm Vulcan (mit 3.000 Schuss) 1 40-mm Bofors (mit 256 Schuss)

Out of Africa - Rettung vom Meer

Evakuierung von Zivilisten aus dem vom Bürgerkrieg bedrohten Somalia im Vorfeld des bevorstehenden Golfkrieges im Irak

Codename	»Eastern Exit«
Auftrag	Noncombatant Evacuation Operation (NEO) - Evakuierung gefährdeter US-Bürger sowie Angehöriger anderer Staaten
Datum	5./6. Januar 1991
Ort	Mogadischu, Somalia
Involvierte Einheiten	US Navy Seal 4th Marine Expeditionary Brigade (MEB), US Marine Corps Marine Heavy Helicopter Squadron-461 (HMH-461) »The Iron Horse« Marine Medium Helicopter Squadron-263 (HMM-263) »The Thunder Eagles« und HMM-365 »The Blue Knights«

Vorgeschichte

Im Jahr 1960 wird das bisher unter der Verwaltung der Vereinten Nationen (UNO) stehende und durch Italien als Treuhänder geführte Somalia in die Unabhängigkeit entlassen. Das sehr stark durch Clan-Struktur-Beziehungen geprägte Land am Horn von Afrika erhält zum ersten Mal eine Staatsstruktur moderner Art. Obwohl nun der Norden und der Süden zusammengeführt werden, können nicht alle Gebiete, in denen Somalis leben, in einem Staat zusammengefasst werden. Teilweise leben Somalis auch in den anliegenden Grenzgebieten der Nachbarländer.

Zuerst verläuft die Entwicklung in Richtung Demokratie zuversichtlich, doch mit der Zeit zeichnen sich deutliche Unterschiede zwischen dem Norden und dem Süden ab.

In der Folge wenden sich einzelne somalische Parteien der Sowjetunion zu. Moskau beginnt daraufhin, das an einem strategisch wichtigen Ort liegende Land sowohl militärisch als auch wirtschaftlich zu unterstützen und wird im Zuge dieser Anstrengungen immer mehr zu einem wichtigen Partner für die somalische Regierung.

Im Jahr 1967 kommt es anlässlich der Wahlen zu Unstimmigkeiten. Das Hauptthema des Wahlkampfes – der Pan-Somalismus –, die Wiedervereinigung mit den somalischen Minderheiten im angrenzenden Ausland, bedeutet faktisch eine Kriegserklärung an die Nachbarländer Äthiopien, Kenia und Dschibuti. Die Konsequenzen des erhöhten Drucks in der Gesellschaft sind weitere Zersplitterungen innerhalb der somalischen Gesellschaft.

Nur zwei Jahre später – 1969 – putscht sich der 50-jährige General Mohammed Siad Barré durch die Ermordung des somalischen Präsidenten Abdirashid Ali Shermarke an die Macht und ruft die Sozialistische Republik Somalia aus. Durch die Schaffung eines politischen Systems unter militärischer Führung kann er seine Macht ausbauen. Da rund die Hälfte seiner Regierung Mitglieder des eigenen Clans sind, kann General Mohammed Siad Barré auf deren starke Unterstützung bauen. Er fördert einen Personenkult nach sowjetischem Vorbild und versucht einen Zentralstaat mit einem Mix aus marxistischen und islamischen Vorstellungen einzurichten. Bis 1974 schafft er einen autoritären Staat sozialistischer Prägung. Drei Jahre später – 1977 – erklärt Barré Äthiopien den Krieg, welcher zu Tausenden von Toten und über 1,5 Millionen Flüchtlingen führt. Mit massiven Problemen und leeren Staatskassen konfrontiert, wendet er sich von Moskau ab und den Vereinigten Staaten zu. Mit diesem Schachzug kann sich General Siad Barré, der sein Land weiterhin mit einem Mix aus »Führung durch harte Hand« und »herrsche und teile« führt, bis 1988 an der Macht halten. Doch der politische Widerstand hat sich zu Beginn der achtziger Jahre konstituiert.

So bildet sich zu dieser Zeit in der britischen Hauptstadt London die Somali National Movement (SNM). Diese vor allem im nördlichen Somalia tätige Organisation will eine politische Änderung, doch dauert es noch bis Ende der achtziger Jahre, bis es zu ersten Verschiebungen kommt.

Erst mit der Gründung zweier weiterer Organisationen, der Somali Patriotic Movement (SPM), vor allem tätig im südlichen Teil Somalias, und der United Somali Congress (USC), tätig in Zentralsomalia, im Jahre 1989 erhöht sich der Druck auf Siad Barré. Die Organisationen weiten ihre politischen Aktivitäten auf den bewaffneten Kampf aus. Um den Rückhalt in der Bevölkerung nicht gänzlich zu verlieren, leitet Siad Barré Reformen ein. Diese finden jedoch in der Bevölkerung keine Unterstützung. Im Gegenteil: Alle Organisationen fordern nun das Ende des Regimes von Siad Barré.

Im Oktober 1990 beginnt die SNM in ihrem Stammland im Norden Somalias mit Angriffen auf Einrichtungen der somalischen Regierung. Auch die USC in Zentralsomalia bleibt nicht untätig und eröffnet ihrerseits mit dem gewalttätigen Kampf eine zweite Front.

Innerhalb nur eines Monats zeigen sich die ersten Zeichen einer Schwächung von Siad Barré und Anfang Dezember 1990 werden die ersten USC-Verbände vor den Toren der Hauptstadt gesichtet. Siad Barré ist unter Druck. Er offeriert Friedensgespräche, doch keine der Organisationen geht darauf ein. Die Vertreter ausländischer Organisationen sowie die Ausländer sehen sich in den Wirren dieses innerstaatlichen Durcheinanders immer größeren Gefahren ausgesetzt. Die Überfälle mit tödlichem Ausgang nehmen zu. Die Lage am Horn von Afrika gerät außer Kontrolle. Das öffentliche Leben bricht immer mehr auseinander und die Sicherheitslage der in Somalia weilenden Ausländer verschlechtert sich zunehmend. Verschiedene Milizen und Clanchefs übernehmen die Macht. Sie wollen sich Territorien, Einflussgebiete und den Zugang zu den Ressourcen für die Zeit nach Siad Barré sichern.

Entwicklung der Lage

5. Dezember 1990/Mittwoch

Als sich auch zu Beginn des letzten Monats im Jahr 1990 die Situation für die in der Hauptstadt Mogadischu arbeitenden Ausländer noch mehr verschärft und zunehmend gefährlicher wird, fordert der amerikanische Botschafter in Somalia, James K. Bishop, seine Landsleute auf, das Land aus Sicherheitsgründen freiwillig zu verlassen. Gleichzeitig mit dieser Empfehlung veranlasst der ranghöchste Amerikaner in Mogadischu eine Reduktion seiner Angestellten in der amerikanischen Botschaft. Alle Botschaftsmitarbeiter, welche in einer Funktion arbeiten, die für die Aufrechterhaltung des Betriebs nicht essentiell ist, werden schrittweise außer Landes gebracht. Auch die Frau des US-Botschafters sowie seine Tochter sind unter den ersten Personen, welche evakuiert werden. Obwohl Botschafter Bishop erst knapp fünf Monate im Land ist, kann er die Lage aufgrund seiner Erfahrung realistisch einschätzen, hat er doch bereits eine Evakuierung aus Liberia, einem ebenfalls von einem Bürgerkrieg bedrohten Land, erlebt.[1]

Zwischen dem 11. und dem 13. Dezember 1990/Dienstag bis Donnerstag

General Siad Barré unternimmt in der zweiten Dezemberwoche einen Versuch, die drei Rebellenorganisationen SNM, SPM und USC in der ägyptischen Hauptstadt Kairo an einen Tisch zu bringen und mit ihnen über die Zukunft des Landes zu verhandeln. Die Gespräche scheitern.

Mitte Dezember 1990

Auch andere westliche Staaten wie Deutschland, Großbritannien und Italien schließen sich der Einschätzung der Amerikaner an und empfehlen ihren Landsleuten, das immer mehr im Chaos versinkende Land zu verlassen. Die UNO evakuiert den größten Teil ihrer rund 300 Mitarbeiter.

19. Dezember 1990/Mittwoch

Seit dem Aufruf des US-Botschafters hat der größte Teil der US-Bürger Somalia verlassen und auch die Anzahl der in der Botschaft beschäftigten US-Personen hat sich innerhalb von zwei Wochen von 147 auf 37 verkleinert. Weitere Übergriffe auf westliche Bürger und Angestellte der US-Botschaft sowie Schießereien außerhalb des Botschaftsgeländes belegen die Richtigkeit dieser Entscheidung und verdeutlichen die Gefahren.

Zwischen dem 19. und dem 30. Dezember 1990/Mittwoch bis Sonntag

In den 12 Tagen zwischen dem 19. und dem 30. Dezember sind die noch in der US-Botschaft verbleibenden Angestellten sowie der US-Botschafter damit beschäftigt, die von den abgereisten Personen zurückgelassenen Gegenstände zu verpacken sowie mögliche Evakuierungsmaßnahmen durchzugehen. Außerdem versuchen die US-Diplomaten noch eine irgendwie geartete Waffenruhe oder ein Abkommen zwischen den diversen Gruppierungen zustande zu bringen.

Alle Vermittlungsversuche sind erfolglos. Die Diplomaten bekommen aufgrund der geführten Gespräche und Kontakte vielmehr den Eindruck, dass die innere Ordnung demnächst völlig zusammenbrechen wird.

30. Dezember 1990/Sonntag

Kurz vor dem Jahreswechsel eskaliert die Situation: Die somalischen Streitkräfte und die Rebellen befinden sich in einer offenen Auseinandersetzung. Trotzdem hofft US-Botschafter Bishop zu diesem Zeitpunkt noch, dass der innerstaatliche Konflikt hinter den Mauern der Botschaft ausgesessen werden kann.

Die US-Botschaft in Mogadischu ist die flächenmäßig größte US-Botschaft in der Region. Sie befindet sich an der Afgoi Road und ist zirka drei Meilen[2] vom internationalen Flughafen von Mogadischu entfernt. Das ganze Gelände ist von einer fast elf Fuß[3] hohen Mauer umgeben, doch sind in regelmäßigen Abständen Öffnungen in die Mauern eingelassen. Die »Fenster« sind zwar mit Eisenstangen gesichert, ermöglichen jedoch, von außerhalb in die Anlage hineinzuschießen.

31. Dezember 1990/Montag

Mit Ausnahme von zwei Freiwilligen, welche sich in einem nahen Gebäude als Beobachtungsposten verschanzt haben und mit der US-Botschaft in Kontakt stehen, haben sich am Montag alle US-Bürger auf dem Botschaftsgelände zusammengefunden. Ein Geschoss durchschlägt das gepanzerte Fahrzeug des US-Verteidigungsattachés und verfehlt Colonel Ken Culwell nur knapp. Immer wieder werden auch Gebäude und Fahrzeuge innerhalb des Geländes von verirrten Schüssen und Querschlägern getroffen.

1. Januar 1991/Dienstag

Während am Neujahrstag außerhalb der Botschaft die Intensität der Kämpfe weiter zunimmt, findet sich im Central Command (CENTCOM) eine erste Notiz für einen möglichen militärischen Einsatz zur Rettung von Zivilisten. Am selben Tag erbittet US-Botschafter James K. Bishop seine Vorgesetzten im State Department in Washington um eine vollständige Evakuierung der gesamten US-Gemeinschaft aus dem bedrohten Mogadischu.

2. Januar 1991/Mittwoch

Nur einen Tag nach der Bitte um Evakuierung von US-Botschafter Bishop stimmt das State Department zu[4] und die militärischen Vorbereitungen beginnen. Noch am selben Tag werden in den USA die ersten Aktivitäten durch den Chairman of Joint Chief Staff (CJCS) ausgelöst.

- Der CJCS beauftragt den Commander-in-Chief Central Command (CINCENT), verschiedene Mittel der US-Streitkräfte zu mobilisieren und vorbereitende Maßnahmen einzuleiten. Dazu zählen:
- Das Central Command der Air Force (CENTAF) stellt mehrere Lockheed C-130 HERCULES Transportflugzeuge sowie eine Lockheed AC-130 SPECTRE Gunship[5] zur Unterstützung einer Evakuierungsoperation zur Verfügung.
- Das Army Central Command (ARCENT) stellt ein Military Police Battalion als Sicherungselement für den Flughafen von Mogadischu zur Verfügung.
- Das Navy Central Command (NAVCENT) stellt eine Task Force (TF), bestehend aus LPD (Amphibious Assault Ship) sowie LPH (Amphibious Transport Ship), zusammen, welche zur Unterstützung einer NEO (Noncombantant Evacuation Operation) vor die Küste Somalias verlegt wird.
- Das Special Operations Command Central Command (SOCCENT) unterstützt mit Sikorsky MH-53 PAVE LOW sowie einer angemessenen Anzahl von Tankern[6] die Noncombatant Evacuation Operation (NEO).

Bereits zu diesem Zeitpunkt hat auch der US-Verteidigungsminister eine bewaffnete Eskortierung bewilligt.

Unmittelbar nach diesem Befehl verlegt die US Air Force C-130 HERCULES auf den Flughafen Nairobi in Kenia. Auch die anderen Kräfte werden entsprechend bereitgestellt. Eine erste Planung sieht vor, die Zivilisten mittels einer Luftbrücke zwischen

Kenia und Somalia auszufliegen. Aufgrund der mangelnden Informationen sind die Planer zu diesem Zeitpunkt davon ausgegangen, dass lediglich etwa 100 US-Bürger gerettet werden müssen.

Die USA sind mit ihren Bemühungen und Vorbereitungen nicht alleine. Auch andere Staaten planen zu diesem Zeitpunkt in unterschiedlicher Intensität die Evakuierung ihrer Landsleute aus Somalia. Es finden auch Überlegungen statt, eine Operation in Zusammenarbeit mit mehreren Staaten durchzuführen.

Auftrag

Die US-Operation erhält den Codenamen »Eastern Exit«. Die Befehle für die US-Streitkräfte umfassen drei Ziele:

Evakuierung
- des in der US-Botschaft festsitzenden Botschafters,
- der eigenen Staatsbürger sowie
- weiterer Zivilisten und Botschaftsangehörigen anderer Staaten.

Planung

Obwohl auch das SOCCENT vom CJCS den Auftrag erhalten hat, entsprechende Mittel bereitzustellen, scheint die Gewichtung der Planung in den Tagen nach dem »GO!« vor allem auf den Schultern der US Navy (USN) zu liegen. Eine beachtliche Anzahl von Über- und Unterwassereinheiten sind aufgrund des kontinuierlichen Aufmarsches im Vorfeld des Irak-Krieges in der Region. Viele Einheiten sind schon seit Wochen und Monaten im arabischen Raum, entsprechend akklimatisiert und durch wochenlanges Training für den bevorstehenden Krieg gegen den Irak auf einem hohen Ausbildungsniveau.

Räumlich dem Operationsgebiet »Somalia« am nächsten liegt ein Flottenverband der USN vor der omanischen Küste. Folgende Schiffe liegen vor der Hafenstadt Muskat vor Anker:
- USS Guam (LPH-9), ein Hubschrauberträger der Iwo-Jima-Klasse (mit zwei Staffeln CH-46E SEA KNIGHT an Bord),
- USS Iwo Jima (LPH-2), ein Hubschrauberträger der Iwo-Jima-Klasse (mit einer Staffel CH-53E SEA STALLION an Bord),
- USS Trenton (LPD-14), ein Landungsschiff der Austin-Klasse (mit einem Detachement von CH-53E SEA STALLION an Bord),
- USS Pensacola (LSD-38), ein Docklandungsschiff der Anchorage-Klasse,
- USS Spartanburg County (LST-1192), ein Landungsschiff der Newport-Klasse,
- USS La Moure County (LST-1194), ein Landungsschiff der Newport-Klasse,
- USS Saginaw (LST-1188), ein Landungsschiff der Newport-Klasse.

Darüber hinaus befinden sich zwei Maritime Prepositioning Ships (MPS) und Versorgungsschiffe vor Ort, darunter die
- USS Sacramento (AOE-1),
- AJ Higgins und
- WS Diehl.

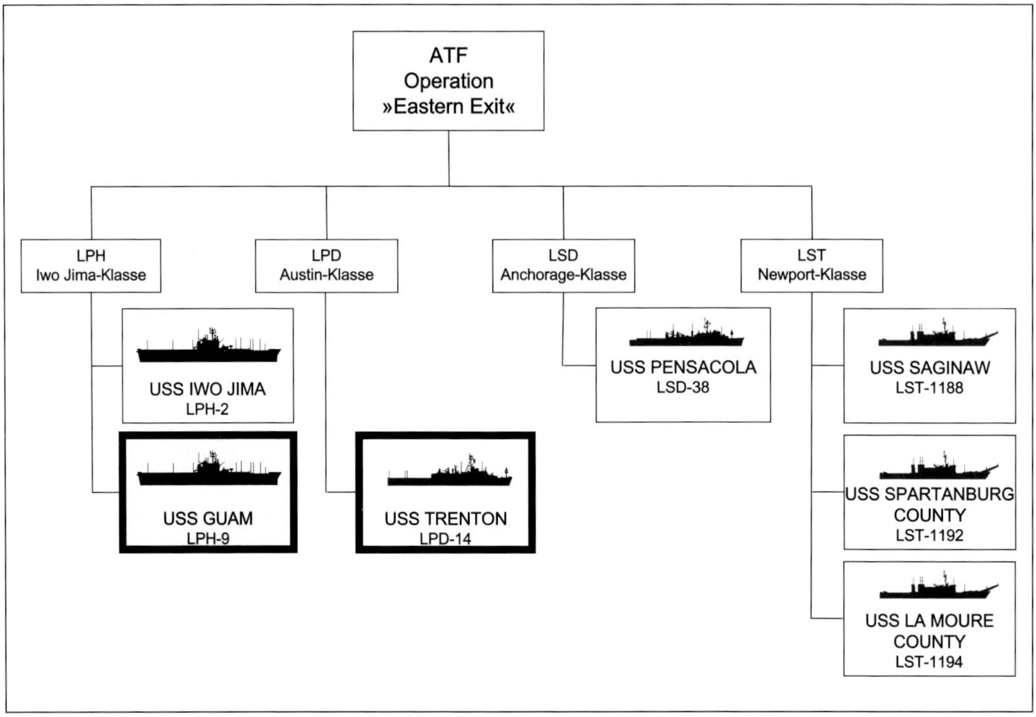

Überwasserschiffe der US Navy im Einsatzgebiet ATF der Operation »Eastern Exit«

In der weiteren Region befinden sich zudem die

- USS NASSAU (LHA-4), ein Landungsschiff der Tawara-Klasse (Nähe Dubai),
- USS SHREVEPORT (LPD-12), ein Docklandungsschiff der Austin-Klasse (Nähe Dubai) und die
- USS MISSOURI (BB-63), ein Schlachtschiff der Iowa-Klasse, mit drei Begleitschiffen.

Der ursprüngliche Vorschlag für eine Amphibious Task Force (ATF) für die NEO in Somalia sieht sieben Schiffe vor. Die ATF soll wie folgt zusammengesetzt werden:

- vier amphibische Schiffe (je ein LPD, ein LPH, ein LSD und ein LST),
- zwei Begleitschiffe sowie
- ein Versorgungsschiff.

Ein Hintergedanke für eine solche Flotte ist auch die Überlegung, dass die sich in Somalia abzeichnenden Kämpfe eine größere und robustere Streitmacht nötig machen könnten. Die US-Streitkräfte – so die Überlegung – sollen nicht überrascht werden und aufgrund einer sich plötzlich verändernden Lage zu wenig Mittel vor Ort haben.

Viceadmiral Arthur Stanley, Commander US Navy Central Command, entscheidet sich für eine schlankere Variante. So kurz vor einem sich abzeichnenden Krieg mit dem Irak will er möglichst viele operative Handlungsfreiheiten für seine Überwasser-

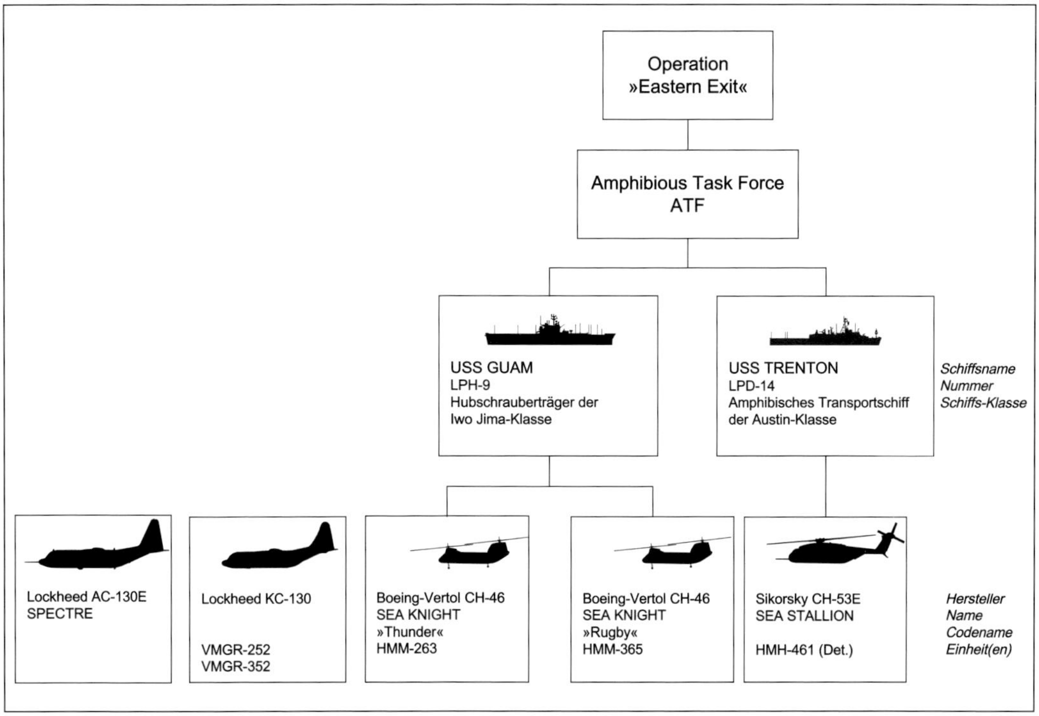

Alle Elemente der ATF Operation »Eastern Exit«

schiffe im arabischen Raum respektive im Persischen Golf behalten. Die ATF soll lediglich aus zwei Schiffen bestehen. Bei seiner Entscheidung dürften ferner auch die Erfahrung einer vergleichbaren NEO in Monrovia, Liberia, eine Rolle gespielt haben. Bei dieser Operation wurden über einen längeren Zeitraum erhebliche Mittel gebunden. Zudem spielte möglicherweise auch der Umstand eine Rolle, dass zusätzliche Kriegsschiffe befreundeter Staaten wie Frankreich und Italien entweder schon vor Ort oder doch zumindest auf dem Weg in das Seegebiet von Somalia sind. Die Entscheidung der US Navy, nur ein LPH und ein LPD zu entsenden, hat jedoch eine entscheidende taktische Konsequenz für den Einsatz: Sie bringt die ATF um die Möglichkeit, die Operation mittels einer Strandlandung durch Luftkissenboote (Landing Craft, Air Cushion/LCAC) und amphibische Panzer (Amphibious Assault Vehicle) zu unterstützen. Diese robuste Variante scheidet somit aus, bevor sie überhaupt umfassender hätte angedacht werden können.[7]

2. Januar 1991/Mittwoch

22.30 Uhr[8]/Muskat, Oman

Am Abend des 2. Januar lichten die USS Guam und die USS Trenton ihre Anker und verlassen das Seegebiet von Oman. Für viele Crewmitglieder auf den beiden Schiffen ist zu diesem Zeitpunkt unklar, wohin die Reise geht. In den letzten Wochen und Monaten haben sie intensiv für den bevorstehenden Einsatz im Irak trainiert,

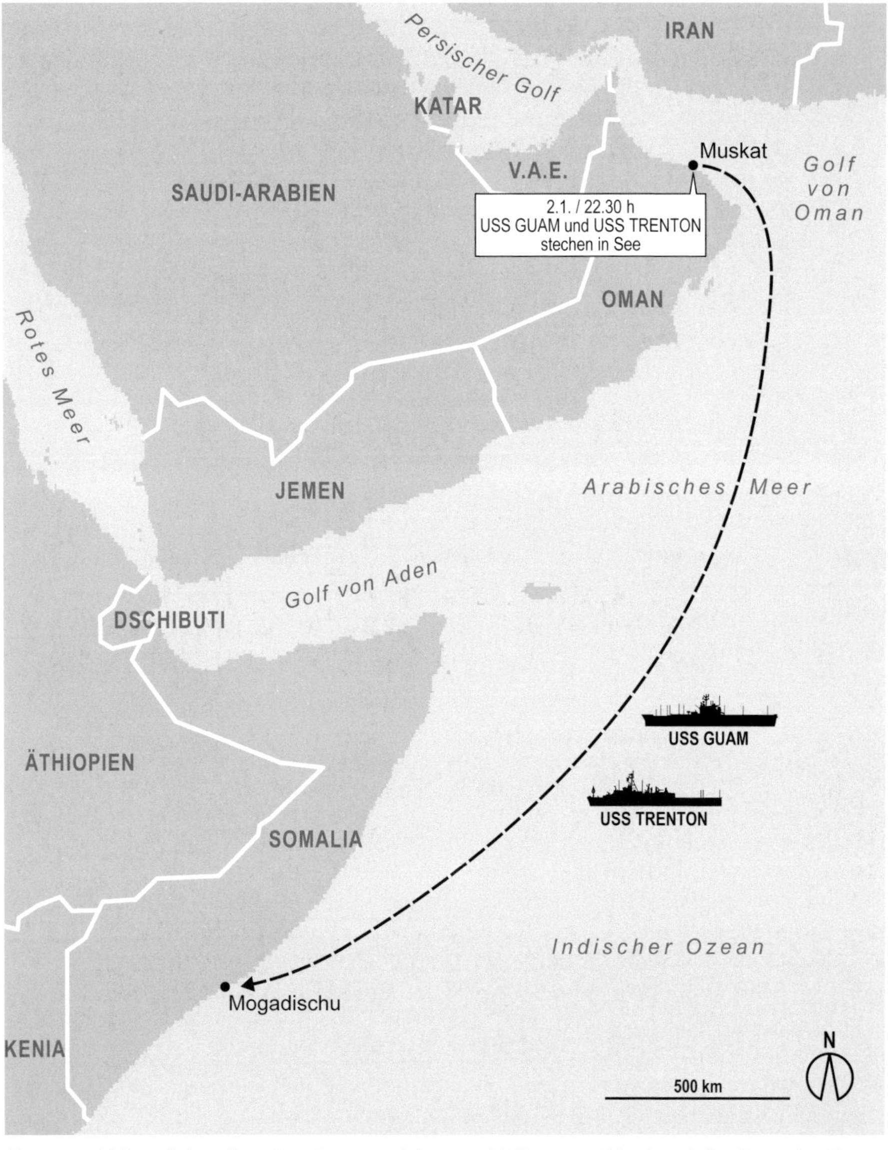

Horn von Afrika – Schauplatz einer Rettungsaktion von Zivilisten am Vorabend der Operation Desert Storm im Irak.

weshalb die allgemeine Meinung ist, dass der Irak-Krieg in wenigen Tagen ausbrechen werde und sie mit ihren beiden Schiffen näher in das Einsatzgebiet verschieben werden. So denkt auch USMC Captain Robert A. Doss[9], Aircraft Commander auf einer Boeing-Vertol CH-46E SEA KNIGHT, zuerst an den Persischen Golf als Ziel. Er wird während eines nächtlichen Trainingsflugs zusammen mit anderen Hubschraubern seiner Staffel HMM-263 zur USS GUAM zurückbeordert. Nach der Landung

PLH-9 USS GUAM

erfährt Captain Doss einerseits den Grund für den Abbruch des Trainings und andererseits bemerken die Männer auf den beiden USN-Kriegsschiffen, dass der Kurs in südöstlicher Richtung und in Richtung Horn von Afrika geht, in die entgegengesetzte Richtung des Persischen Golfs.

Noch während der Fahrt in den Süden beginnt der Stab mit der Planung der Operation »Eastern Exit«.[10] Die Informationslage ist zu diesem Zeitpunkt noch unklar. Auch die Planer der Hubschrauberstaffeln verfügen über keine ausreichenden Informationen und Angaben für den bevorstehenden Einsatz. Captain Doss: »Weil wir keine Informationen über den Einsatzort hatten und zudem die Anforderungen für die Mission immer noch ›reinkamen‹, erarbeiteten wir Listen mit Informationen, welche wir benötigten.« Bis in die frühen Morgenstunden des 3. Januar arbeiten Captain Doss und weitere Angehörige der Hubschrauberstaffeln an ihren Überlegungen. Später erhalten sie weitere wertvolle Informationen von den gescheiterten Versuchen anderer Nationen.[11]

Ungeachtet der verschiedenen möglichen Varianten, den Auftrag ausführen zu können, ist das generelle Vorgehen sowohl für eine amphibische als auch eine luftbewegliche Evakuierung der in der amerikanischen Botschaft zusammengezogenen US-Bürger sowie den Angehörigen weiterer Staaten gegeben.

Die eigentliche Evakuierungsoperation besteht aus drei Phasen:

1. Infiltration von Sicherungselementen mittels Langstreckenfluges mit Hubschraubern,
2. Sicherung des Botschaftsgeländes, Vorbereitung der zu evakuierenden Personen. Währenddessen nähern sich die USN-Schiffe weiter dem Zielort,
3. Exfiltration (Abzug).

Die Planer müssen sich mit einer Vielfalt von Rahmenbedingungen sowie Varianten auseinandersetzen. Beispielsweise hat die Geschwindigkeit der beiden US-Kriegsschiffe einen Einfluss auf die Operation.[12] Fahren die Schiffe mit Höchstgeschwindigkeit, so reduziert sich ohne zusätzliche Bunkerung von Treibstoff auf hoher See durch weitere US-Versorgungsschiffe die Durchhaltfähigkeit vor Ort. Wird mit einer geringen Geschwindigkeit operiert, so verschiebt sich die Ankunft der Schiffe. Je nach Entwicklung der Lage vor Ort eine entscheidende Frage.

Eine der größten Schwierigkeiten in der Planung waren die ungenauen Informationen über die Lage vor Ort. Die Planer tragen eine Liste mit 42 essentiellen Fragen zusammen, welche für die Vorbereitung kritisch sind, und übermitteln diese in die US-Botschaft in Mogadischu.

Theoretisch gibt es drei mögliche Varianten für die beiden Phasen »1. Infiltration« und »3. Exfiltration«:

Variante 1: Amphibisch und Land

Variante 2: Luft

Variante 3: Kombination der Varianten 1 und 2

Jede der drei Varianten hat Vor- und Nachteile und ist aufgrund der entsandten Mittel unterschiedlich realistisch.

Variante 1: Amphibisch und Land

Die Variante 1 sieht eine »amphibische« Landung an der Küste der Hauptstadt vor. Zu diesem Zweck würden die Boote in entsprechender Nähe respektive Distanz zur Küste zu Wasser gelassen und anschließend selbstständig an die Küste fahren. An Land angekommen, wird der »Brückenkopf« gesichert und die Botschaft mittels einer Verschiebung auf den Straßen erreicht. Dort angekommen, werden die Zivilisten aufgenommen und mit Fahrzeugen an den Strand zu den wartenden Landungsbooten zurückgeführt.

Nachteile:

1. Zeitfaktor (frühestes Ablegen der Boote):
   Für eine amphibische Landung müssen sich die US-Kriegsschiffe bis in die Reichweite der Boote vor die Küste der Hauptstadt verschieben. Aufgrund der massiv geringeren Geschwindigkeit der Schiffe im Vergleich zu einer luftbeweglichen Variante würde es ungleich länger dauern, bis die Operation gestartet werden kann. Zudem sind in der ATF keine Landing Plattform Dock (LPD) und Tank Landing Ship (LST)-Schiffe integriert. Diese Schiffe verfügen im Gegensatz zu den eingesetzten Landing Platform Helicopter (LPH) und Landing Platform Dock (LPD) über entsprechende Mittel, wie zum Beispiel Luftkissen-Landungsboote. Eine amphibische Landung nur mit den Booten, die auf der USS GUAM und der USS TRENTON vorhanden sind, erscheint mit der Überlegung, dass diese nicht für einen solchen Einsatz vorgesehen sind, als nicht realistische Lösung.
2. Zeitfaktor (Tageszeit):
   Die Variante 1 ist nur während des Tages praktisch durchführbar.
   Überraschungselement:
3. Das Überraschungselement mit einer solchen Evakuierungsvariante reduziert sich mit dem Auftauchen der Schiffe am Horizont. Die US-Streitkräfte sind länger sichtbar und während einer Evakuierung vor allem verwundbarer.

4. Orientierung:
   Eine Orientierung in den Straßen von Mogadischu stellt für die begleitenden Sicherungselemente eine nicht zu unterschätzende, die Aufgabe zusätzlich erschwerende Rahmenbedingung dar.
5. Eingesetze Mittel:
   Ein solcher Einsatz bindet erhebliche Sicherungsmittel sowohl am Strand als auch während der Verschiebung. Der Transport müsste darüber hinaus in gepanzerten Fahrzeugen erfolgen. Solche gepanzerten Fahrzeuge – so genannte HMMWW (High Mobility, Multi Purpose Wheeled Vehicle) – wurden von Commander Land Forces (CLF) beantragt, jedoch nicht bewilligt.
6. Gefährdung durch einen Gegner:
   Sowohl die Sicherungselemente als auch die zu evakuierenden Zivilisten sind durch eine Verschiebung auf der Straße und ohne ausreichenden und adäquaten Schutz einer erheblicheren und längeren Gefährdung ausgesetzt. Unter Umständen muss der Weg zur Botschaft freigeschossen werden.
   Mittels bewaffneter Hubschrauber könnte eine limitierte Luftunterstützung gewährleistet werden. Doch auch hier muss in Betracht gezogen werden, ob ein dermaßen offensives Eingreifen durch die Rules of Engagement (ROE) abgedeckt ist.

Vorteile:
- Der Vorteil einer amphibischen Landung würde in der größeren Transportkapazität liegen.

Variante 2: Luft
Die Evakuierung kann durch eine Luftbrücke zwischen der US-Botschaft und den US-Kriegsschiffen durchgeführt werden oder durch einen Langstreckenflug mit Landung in der US-Botschaft sowie Weiterflug nach Mombasa in Kenia.

Nachteile:
- Koordinationsaufwand und Führung:
  Eine nächtliche Evakuierung erhöht den Koordinationsaufwand sowohl in der Luft als auch am Boden. Es wird schwieriger, alle involvierten Personen (Zivilisten und Militärs) zu führen sowie sicherzustellen, dass niemand vergessen wird. Der Einsatz wird aufgrund der Dunkelheit sowohl für die Piloten als auch die Sicherungselemente anspruchsvoller.

Eingesetzte Mittel:
Auf der USS GUAM und USS TRENTON sind drei verschiedene Typen von Hubschraubern stationiert:
- Sikorsky CH-53E SEA STALLION, Detachement des HMH-461 »The Iron Horse«,
- Boeing-Vertol CH-46E SEA KNIGHT, HMM-263 »The Thunder Eagles« und HMM-363 »The Blue Knights«,
- Bell UH-1N HUEY, Detachement HMLA-269.

Die kleinere Bell UH-1 scheidet aufgrund der Anzahl verfügbarer Maschinen und der Leistungsparameter aus. Die beiden größeren Muster, die SEA STALLION und die SEA KNIGHT, haben unterschiedliche Leistungsparameter, welche in der Planung berücksichtigt werden müssen. Der wichtigste Unterschied ist jedoch, dass lediglich die Sikorsky CH-53E SEA STALLION über die technischen und taktischen Möglichkeiten der Luft-Luft-Betankung verfügt. Ein anderer Faktor beeinflusst zudem die Wahl des Musters respektive die Planung einer Evakuierung aus der Luft: Es sind lediglich zwei Maschinen dieses im Vergleich zur SEA KNIGHT leistungsfähigeren Typs verfügbar.

Vorteile:

- Zeitfaktor (frühester Start der Hubschrauber):
  Auf der USS GUAM und USS TRENTON befinden sich genügend Helikopter für eine Evakuierung mittels Lufttransport. Eine Evakuierung mittels mehrerer Wellen kann zu einem zeitlich früheren Zeitpunkt angesetzt werden. Die Hubschrauber können im Gegensatz zu den Beibooten Hunderte von Kilometern außerhalb der Küste starten und die Operation lancieren. Während die Operation am Laufen ist, können sich die US-Kriegsschiffe zwischenzeitlich weiter der Küste nähern.
- Zeitfaktor (Tageszeit):
  Wird die Evakuierung während der Nacht durchgeführt, können sich die US-Piloten mit dem Gebrauch von Night Vision Googles (NVG) einen enormen taktischen Vorteil verschaffen. Der Gegner verfügt über keine Nachtkampffähigkeiten und auch die Kämpfe in der Hauptstadt finden hauptsächlich während des Tages statt.
- Überraschungselement:
  Mit einer schnellen Evakuierung aus der Luft kann die Überraschung als entscheidender Vorteil genutzt werden. Das bedeutet, dass sich eventuelle Kräfte der rivalisierenden Rebellen, welche die Operation verhindern oder zumindest stören wollen, weniger schnell konstituieren können.
- Orientierung:
  Das Botschaftsgelände ist aus der Luft einfacher zu finden, weshalb die Orientierung erleichtert wird. Eine Annäherung an die US-Botschaft aus der Luft ist einfacher, als eine Fahrt durch die teilweisen engen und unübersichtlichen Straßen von Mogadischu.
- Eingesetzte Mittel:
  Mit einer luftbeweglichen Variante werden weniger Sicherungselemente benötigt, da lediglich das Botschaftsgelände zeitweilig gehalten respektive gesichert werden muss. Es müssen keine Straßen oder anderes Gelände durch Sicherungspersonal gesichert werden.
- Gefährdung durch einen Gegner (Abschuss):
  Die Gefahren eines Beschusses vom Boden sind kleiner.
  Der potenzielle Gegner verfügt über Boden-Luft-Raketen des Typs SA-2 GUIDELINE und SA-3 GOA. Diese Systeme sind für einen Einsatz zum Abfangen von Zielen in mittlerer bis großer Höhe optimiert und können vergleichsweise leicht unterflogen werden. Zudem kann ihre Einsatzfähigkeit aufgrund der Wartung und der Ausbildung des Personals in Frage gestellt werden. Die zahlreichen mobilen Fliegerabwehrgeschütze leichten und mittleren Kalibers stellen, obwohl nicht radargesteuert, eine größere Gefahr dar. Trotzdem können diese Systeme, sofern ihre Standorte bekannt sind, entweder umflogen oder eine Zielerfassung der Hubschrauber durch entsprechende Flugmanöver zumindest erschwert werden. Die Gefahr durch schultergestützte SA-7 Boden-Luft-Systeme oder die ebenfalls schultergestützte Panzerabwehrwaffe RPG-7 (Rocket-Propelled Grenade) kann mit einer entsprechenden Flughöhe ebenfalls minimiert werden.

- Gefährdung durch die lokale Bevölkerung (Störung):
  Die lokale Bevölkerung kann eine Evakuierung aus der Luft weniger leicht und schnell stören oder behindern.

Variante 3: Kombination aus der Variante 1 und 2

Die dritte Variante ist eine Kombination der amphibischen sowie der luftbeweglichen Variante. Aufgrund der Ausgangslage sowie der zu erwartenden Möglichkeiten des Gegners wäre diese Variante die schlechteste von allen. Darüber hinaus handelt es sich um die mittelintensivste Variante.

Ein in die Planungsgruppe integrierter Warrant Officer erweist sich als »Glückstreffer«. Als ehemaliger Marine Security Guard (MSG), der Mitte der 80er Jahre in der US-Botschaft in Mogadischu Dienst geleistet hatte, macht er die Planer darauf aufmerksam, dass nach seiner Meinung damals von einem anderen Standort für eine neue Botschaft gesprochen wurde und deshalb die Unterlagen möglicherweise veraltet sein könnten. Eine Überprüfung seiner Angaben beweist die Richtigkeit dieser Aussage.

Als die Planer in der Folge realisieren, dass der Standort der US-Botschaft auf ihren verwendeten Karten nicht mehr der Realität entspricht, weil die Botschaft an einen anderen Ort verlegt wurde, bricht die Variante 3 weg. Der neue Standort der amerikanischen Botschaft liegt nicht mehr an einer zentralen Lage in Mogadischu und in der Nähe der Küste, sondern wurde mehr ins »Hinterland« verlegt.

Aufgrund dieser Tatsache wird prioritär die Variante »Luft« weiterverfolgt. Als sich der Stab während der Planung vertieft auf die Variante »Luft« einlässt, ergeben sich wiederum mehrere Untervarianten für eine Infiltration mittels Hubschrauber. Eine der wichtigsten Fragen, die es zu lösen gilt, ist:

Welcher Hubschraubertyp soll eingesetzt werden?

Auflinierte CH-46 SEA KNIGHT auf dem Deck der USS GUAM

Die Planer haben drei Untervarianten:
Untervariante 1: Nur mit den Sikorsky CH-53E SEA STALLION
Untervariante 2: Nur mit den Boeing-Vertol CH-46E SEA KNIGHT
Untervariante 3: Mit einer Kombination beider Hubschraubertypen.

Mit der Untervariante 1 (SEA STALLION) kann aufgrund der größeren Reichweite und der Möglichkeit, in der Luft zu betanken, die Operation früher beginnen. Der gravierende Nachteil ist jedoch, dass mit lediglich zwei Hubschraubern des HMH-461 zu wenig Mittel zur Verfügung stehen.

Mit der Untervariante 2 (SEA KNIGHT) stehen mit insgesamt 24 auf den US-Schiffen befindlichen Maschinen genügend Hubschrauber zur Verfügung, doch wegen der geringeren Reichweite der Maschinen kann erst ab 01.00 Uhr lokaler Mogadischu-Zeit am 7. Januar mit der Luftbrücke begonnen werden.

Mit diesen Rahmenbedingungen beginnen die Planer sofort mit der Besprechung der kombinierten Untervarianten 3 (SEA STALLION und SEA KNIGHT).

In der Folge wird intensiv über den Zeitpunkt für den Start der ersten CH-53E SEA STALLION-Hubschrauber nachgedacht. Bis zur endgültigen und schließlich durchgeführten Variante werden drei verschiedene Zeitpunkte für einen Start der Operation angedacht und durchgerechnet:

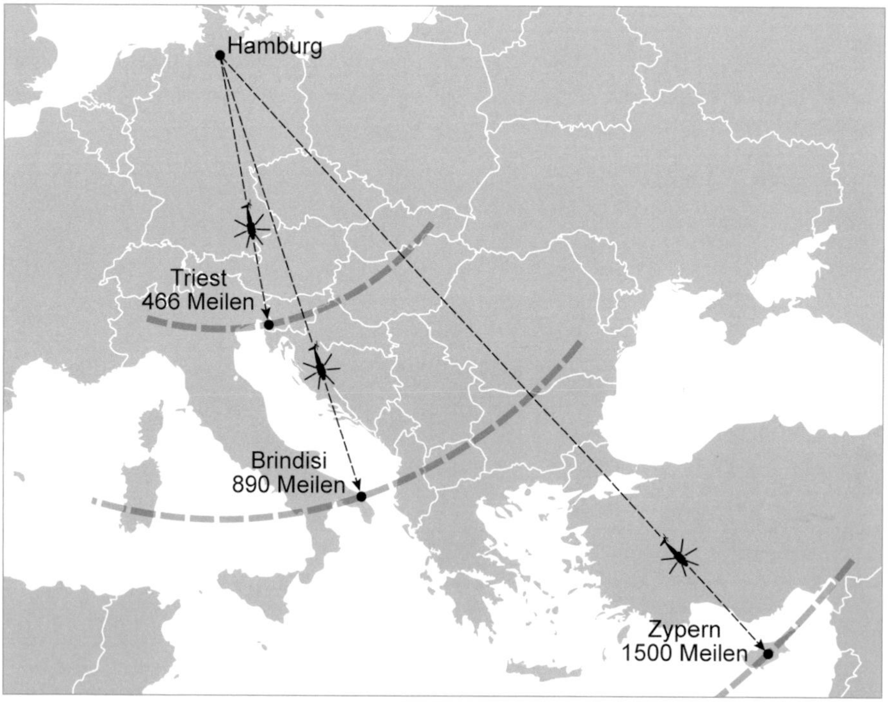

Vergleich der Flugdistanzen der CH-53 der drei verschiedenen geprüften Infiltrationsvarianten übertragen auf Mitteleuropa. Jede Variante sah zwingend mindestens eine Luft-Luft-Betankung vor. Gewählt wurde schließlich die mittlere Variante. Die Distanz entspricht ungefähr einem Non-Stop-Flug von Hamburg, Deutschland, nach Brindisi, Italien.

1. Start in einer Entfernung von 1.500 nautischen Meilen[13]
   Diese Variante schließt fünf Luft-Luft-Betankungen[14] mit ein, wovon zwei zwingend erfolgreich sein müssen, damit es nicht zu einer erzwungenen Landung der Maschinen kommt. Sollte eine Betankung nicht möglich sein, würde die Planung einen alternativen Landeort oder die Rückkehr zu den US-Schiffen vorsehen.
2. Start in einer Entfernung von rund 890 nautischen Meilen[15]
   Auch die mittlere Variante benötigt eine Luft-Luft-Betankung, die zwingend erfolgreich sein muss.
3. Start in einer Entfernung von rund 466 nautischen Meilen[16]
   Auch der letzte und kürzeste Flugweg setzt erfolgreiche Luft-Luft-Betankungen voraus.

Ungeachtet der Tatsache, in welcher Distanz zum Zielort die Operation beginnen soll und gestartet wird, stellt jede Variante sowohl an die Hubschraubercrew als auch an die Maschinen hohe Anforderungen. Um die Belastung für die Besatzung in den beiden ersten Varianten verringern zu können, soll die zweiköpfige Pilotencrew durch einen dritten Mann verstärkt werden. Somit kann sich die fliegende Besatzung während des Fluges entsprechend ablösen und hat eine längere Durchhaltefähigkeit. Diese Lösung hätte jedoch eine entscheidende Konsequenz. Auf der USS TRENTON sind zum Zeitpunkt des Auslaufens nur drei vollständige CH-53-Besatzungen (Zwei-Mann-Crew) verfügbar. Bei einer verstärkten dreiköpfigen Crew steht für einen späteren Zeitpunkt wegen der Ruhezeiten keine dritte Crew zur Verfügung.

Auch die Belastung für die im Frachtraum mitfliegenden Sicherungskräfte wären entsprechend höher gewesen. Neben diesen Rahmenbedingungen hätte die Hubschrauber-Formation durch KC-130-Tanker begleitet werden müssen, welche ihrerseits durch andere Tankerflugzeuge mit Treibstoff hätten versorgt werden müssen. Die Anzahl der verfügbaren Tankerflugzeuge wäre somit ein weiterer kritischer Erfolgsfaktor geworden.

Zu weiteren wichtigen Parametern oder offenen Fragen für die finale Planung zählen:

- Der Einsatz soll – wenn immer möglich – während der Dunkelheit durchgeführt werden.
- Der Startzeitpunkt der ersten Welle hat einen Einfluss auf die Zusammenstellung der Cockpitbesatzung sowie die Anzahl der Luftbetankungen. Die Koordination der Luftbetankungen ist ein missionskritischer Aspekt.
- Die Rules of Engagement (ROE) der US-Streitkräfte sehen eine Vermeidung unnötiger Schäden vor.
- Egal in welcher Variante die Infiltration durchgeführt wird: Ein Zwischenfall zwischen dem Botschaftsgelände und den US-Kriegsschiffen hat einen großen Einfluss auf den Verlauf der Operation, zum Beispiel eine Notlandung eines der US-Hubschrauber über Mogadischu oder ein Notwassern auf dem Weg zurück.
- Auch die Stärke und Ausgestaltung der Einheiten, die zum Schutz der Operation in das Botschaftsgelände verlegt werden sollen, ist noch nicht geklärt. Der Umfang ist einerseits abhängig von der Gefahrenlage, andererseits von den Möglichkeiten des Lufttransports. Genaue nachrichtendienstliche Angaben über den Zustand in Mogadischu liegen zu diesem Zeitpunkt der Operation nicht vor. Eine umfangreiche Liste mit Fragen wird am 3. Januar an die US-Botschaft übermittelt. Erschwe-

rend kommt hinzu, dass die ATF und die US-Botschaft nicht über eine gesicherte Kommunikationsverbindung miteinander kommunizieren können.

3. Januar 1991/Donnerstag
Während des Nachmittags/An Bord der USS TRENTON
Um die beiden Sikorsky CH-53E SEA STALLION luft-luft-betankungsfähig zu machen und den Hubschraubern damit überhaupt die nötige Reichweite für den Einsatz ermöglichen zu können, müssen zuerst wieder die Betankungssonden an den Maschinen montiert werden. Das teleskopartig ausfahrbare Rohr, welches sich auf der rechten Seite unterhalb des Cockpits befindet, wurde vor der Verlegung der Schiffe im Rahmen der laufenden Operation »Desert Shield« in den arabischen Raum aufgrund der beschränkten Platzverhältnisse an Bord demontiert. Die Montage der Sonden ist weniger gravierend als die Tatsache, dass die für den Einsatz vorgesehenen Piloten über wenig Training bis gar keine Erfahrungen in diesem Flugmanöver verfügen. Keiner der Piloten hat in den letzten sechs Monaten einen Trainingsflug mit einer anschließenden Luft-Luft-Betankung durchgeführt. Einer der Piloten hat seine letzte Betankung in der Luft sogar vor über zwölf Monaten gemacht und ein weiterer Pilot ist für dieses Einsatzmanöver sogar überhaupt nicht qualifiziert.[17] Neben dem Trainingsstand der Crew tritt noch eine weitere technische Unsicherheit auf. Da auf den Schiffen ein Luftdruckgerät, mit dem das Betankungssystem hätte getestet werden können, fehlt, ist die Funktionstüchtigkeit des Systems nicht in jedem Fall gewährleistet.

Für die Selbstverteidigung und um den US-Sicherungskräften eine begrenzte Feuerunterstützung geben zu können, wird in die SEA STALLION die Bewaffnung, bestehend aus zwei 0,50-cal-Maschinenkanonen[18], und einem 7,62-mm-Maschinenge-

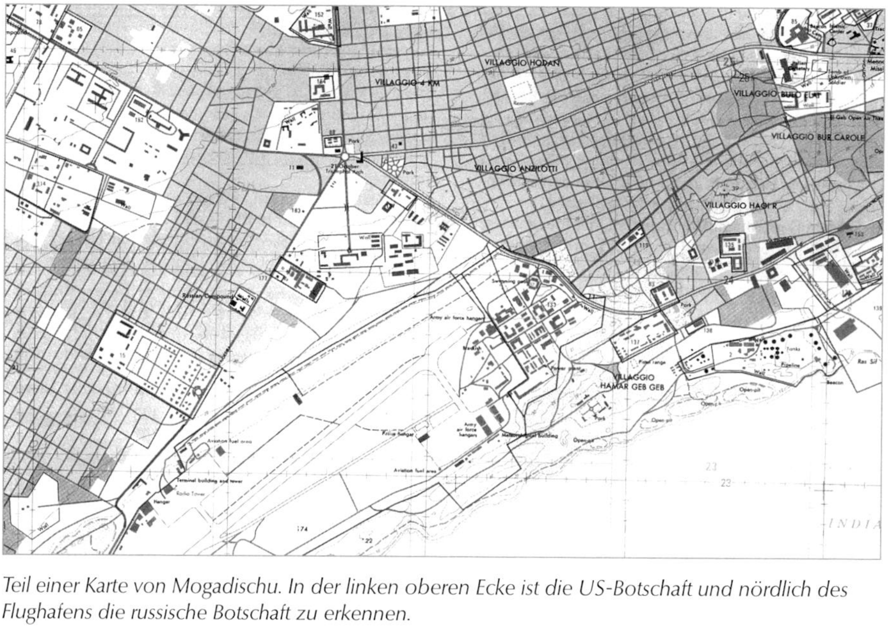

Teil einer Karte von Mogadischu. In der linken oberen Ecke ist die US-Botschaft und nördlich des Flughafens die russische Botschaft zu erkennen.

wehr, eingebaut. Da aufgrund der Einschätzung des Nachrichtendienstes die Gefahr durch gegnerischen Beschuss vom Boden hauptsächlich durch schultergestützte, infrarot-gelenkte SA-7-Lenkwaffen ausgeht, werden in die AN/ALE-39-Selbstschutzsysteme[19] der SEA STALLION vor allem Flares[20] aufgefüllt und weniger Chaff[21] zur Abwehr radargelenkter Lenkwaffen.

Die CH-53E operieren somit mit einer fünfköpfigen Besatzung:
- Zwei Mann im Cockpit (Pilot und zugleich Aircraft Commander sowie Copilot),
- zwei Bordschützen an den 0,50-cal-Maschinenkanonen sowie
- dem Crew Chief an einem M-60 7,62-mm-Maschinengewehr auf der Heckrampe.

Die durch diese Konfiguration überzähligen CH-53-Piloten bleiben als Ersatzcrew für einen allfälligen dritten Einsatz am Nachmittag des 5. Januars zur Verfügung, sollte ein weiterer Flug noch nötig werden.

17.15 Uhr/USS Trenton/Indischer Ozean

Nach den abgeschlossenen Vorbereitungsarbeiten verlegen die beiden Sikorsky CH-53E SEA STALLION mit einem kurzen Flug von der USS Trenton auf die USS Guam. Nach der Landung erhalten die Crews ihre ersten Briefings durch den Nachrichtendienst. Nachdem sich die Crews gegen 20.00 Uhr zurückgezogen haben, um sich für den bevorstehenden Einsatz ausruhen zu können, planen und koordinieren die Spezialisten des Tactical Air Control Squadron (TACRON) die Luftbetankungen.

Abend/US-Botschaft/Somalia

Im Verlauf des späteren Abends wird das Botschaftsgelände von zirka 10 bis 15 Schüssen getroffen.

4. Januar 1991/Freitag

Im Verlauf des Tages/Mogadischu, Somalia

Auch andere Staaten wollen ihre Angehörigen evakuieren. Die Versuche von Italien und der Sowjetunion, ihre Staatsangehörigen mittels Flugzeugen vom internationalen Flughafen von Mogadischu auszufliegen, scheitern.[22] Auch ein durch Italien initiierter Versuch eines Waffenstillstands für den Abzug der Ausländer scheitert. Die Lage in der Hauptstadt ist immer noch sehr angespannt.

Im Verlauf des Tages kommt es zwischen den Sicherheitskräften und Angehörigen der US-Botschaft und von Somalis außerhalb der Botschaft zu einer Schießerei, als die Somalis versuchen, auf das Botschaftsgelände vorzustoßen. Die Botschaft wird durch eine rund 30-köpfige lokale Sicherheitsmannschaft unter der Führung von Robert Noble, einem ehemaligen Angehörigen des britischen Special Air Service (SAS), geschützt. Das US-eigene Schutzdetachement besteht aus fünf Angehörigen des Marine Security Guard Detachment. Es ist vor allem in der Kanzlei der Botschaft im Einsatz für die Bewachung und den Schutz klassifizierter Verschlusssachen.

Mittag/US-Botschaft/Somalia

Die Lage wird immer gespannter. US-Botschafter Bishop bittet um die Entsendung von zwei Platoons (Zügen) von Fallschirmjägern aus Saudi-Arabien für den Schutz der Botschaft. Auch zwei US-Bürger, welche außerhalb der Botschaft einen Beobachtungsposten auf einem Gebäude eingenommen haben, werden in die Botschaft zurückgezogen. Später erhält der Botschafter die Mitteilung, dass seinem Antrag um Entsendung von Fallschirmjägern nicht entsprochen werden kann, die Hilfe in Form der ATF jedoch unterwegs ist.[23]

Im Verlauf des Nachmittags/USS Guam/Vor der somalischen Küste

Mit dem Wissen um die Schließung des internationalen Flughafens von Mogadischu wird die Luftvariante mit den beiden CH-53-Helikoptern immer wahrscheinlicher. Die Piloten beurteilen die Variante mit der kürzesten Distanz mit der größten Erfolgswahrscheinlichkeit. Ihre Beurteilung dieser Variante:

- weniger Luft-Luft-Betankungen als die anderen beiden Varianten,
- aufgrund der Position der ATF Abflug, Aufenthalt und Rückflug im Dunkeln respektive im Morgengrauen,
- bestmöglicher Schutz.

Die Planung der Luftbetankung wird zum vorrangigen Thema.

16.00 Uhr/Bahrain

Um den geplanten Flug der SEA STALLION zu gewährleisten, starten am Nachmittag drei KC-130-Tanker[24] des USMC von Bahrain und verlegen auf Flugplätze, welche näher dem Operationsgebiet liegen.

Schließlich wird die Zusammensetzung der ersten Welle bestimmt. Sie sieht drei unterschiedliche Elemente vor:

1. Führung,
2. Evakuierung und
3. Sicherung.

1. Element »Führung«

<u>Forward Command Element (FCE)</u>

Geführt durch:	Lieutenant Colonel Willard D. Oates
Bestehend aus Angehörigen des:	4th MEB
Stärke:	3 Mann
Auftrag:	Führungselement der Operation »Eastern Exit« innerhalb der US-Botschaft

<u>US Navy Seal Team</u>

Geführt durch:	Commander Steve Luoma
Bestehend aus Angehörigen der:	Navy SEAL
Stärke:	9 Mann
Auftrag:	Schutz des US-Botschafters James K. Bishop Das Team ist ein Teil des FCE

2. Element »Evakuierung«

<u>Evacuation Coordination Center (ECC)</u>

Geführt durch:	Major William N. Saunders
Bestehend aus Angehörigen des:	USMC
Stärke:	2 Mann
Auftrag:	Verantwortlich für den Ablauf der Evakuierung

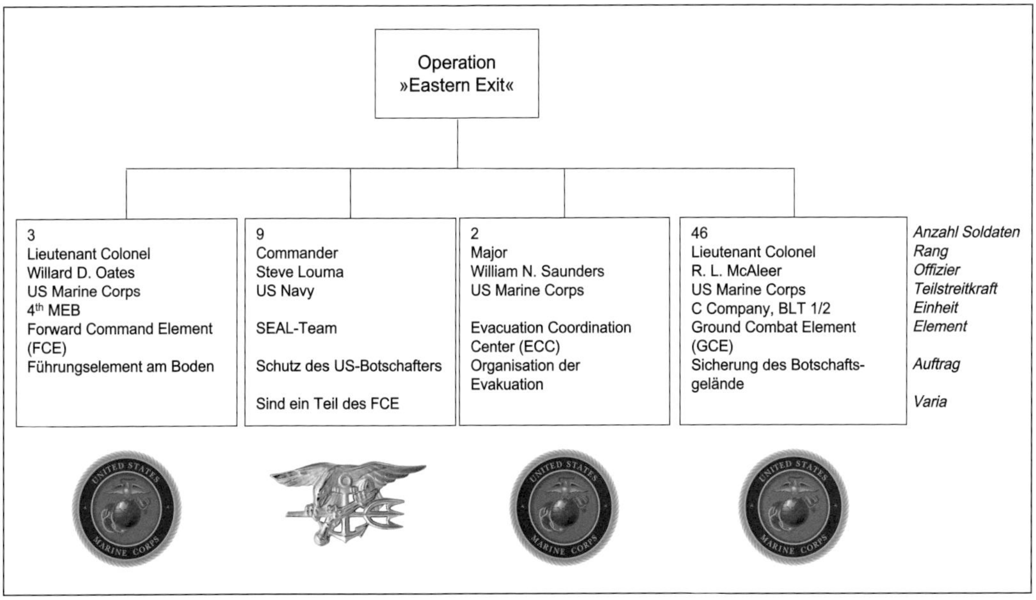

Bodenkräfte der »Eastern Exit«, wie sie am 5. Januar 1991 mit der ersten Welle in die US-Botschaft geflogen wurden.

3. Element »Sicherung«

Ground Combat Element (GCE)

Geführt durch:	Lieutenant Colonel Oates
Bestehend aus Angehörigen des:	C Company, BLT 1/2 (Battalion Landing Team) 2nd Marines
Stärke:	46 Mann
Auftrag:	Sicherung des Botschaftsgeländes Sicherung des Abzugs

Die ursprüngliche Planung sah eine Gesamtstärke von 80 Mann vor. Aufgrund der Platzverhältnisse wurde die erste Welle jedoch auf 60 Mann reduziert. Gestrichen wurden unter anderem zehn Mann des GCE, ein zweiköpfiges Combat-Camera-Team und weitere Männer aus dem ECC.

Der vorgesehene Ablauf der Operation sieht schließlich wie folgt aus:

1. Infiltration/Lufttransport CH-53 (USS GUAM – US Botschaft Mogadischu)
   Lufttransport eines 60-köpfigen Sicherungselements[25] zur Verstärkung des Botschaftsschutzes vor Ort mittels Lufttransport durch zwei schwere Hubschrauber des Typs Sikorsky CH-53E SEA STALLION.
   Aufgrund der großen Distanz sind für den Hinflug zwei und für den Rückflug eine Luft-Luft-Betankungen nötig. Die ersten beiden Luftbetankungen ermöglichen es den Hubschraubern, die US-Botschaft zu erreichen. Die dritte Luftbetankung ermöglicht die Rückkehr zur USS GUAM. Diese ist zwischenzeitlich weiterhin Richtung Mogadischu unterwegs und somit näher zum Einsatzort gelangt.

Aus Sicherheitsgründen findet der Flug während der Dunkelheit statt. Die Piloten sind entsprechend mit NVG (Night Vision Goggles) ausgerüstet.

2. Landung innerhalb des Geländes der US-Botschaft in Mogadischu
   Die Sicherungskräfte verlassen unverzüglich die Hubschrauber und beziehen eine gesicherte Stellung. Die Security Force, welche das Botschaftsgelände sichern, besteht aus US Marines der C Company, BLT 1/2. Die Mitglieder der Elitetruppe der US Navy SEAL kümmern sich um den Schutz des amerikanischen Botschafters James K. Bishop.
3. Exfiltration/Lufttransport CH-53 (US-Botschaft Mogadischu – USS GUAM)
   Die noch im Morgengrauen gelandeten Hubschrauber werden unverzüglich und nach Möglichkeit noch im Schutz der Dunkelheit die ersten gefährdeten US-Bürger und Ausländer ausfliegen und zur USS GUAM zurückkehren. Der Hubschrauberträger wird zu diesem Zeitpunkt immer noch zu weit von der Küste entfernt sein, als dass die US-Hubschrauber nicht ohne Luftbetankung bis zum Schiff fliegen können. Da jedoch der Träger in der Zwischenzeit ein rechtes Stück näher gekommen ist, ist nur noch eine Luftbetankung mit einem Lockheed KC-130-Tanker nötig.
4. Sicherung der US-Botschaft und Vorbereitung der Evakuierung
   Die durch die neu angekommenen 60 Soldaten verstärkte Botschaftsbewachung wird während des Tages die Evakuierung der US-Bürger, der Botschaftsangehörigen sowie der anderen Zivilisten für die kommende Nacht vorbereiten. Zu diesem Zweck werden Gruppen zu je 15 Personen gebildet. Die Leute werden entsprechend vorgängig instruiert, um einen möglichst reibungsfreien Ablauf gewährleisten zu können.
5. In- und Exfiltration/Lufttransport CH-46E (USS GUAM – US-Botschaft Mogadischu – USS GUAM)
   Während des ganzen Tages nehmen die USS TRENTON und die USS GUAM weiterhin Kurs auf Mogadischu, um noch näher vor die somalische Küste zu gelangen. Schließlich werden die Schiffe möglichst nahe vor der Küste kreuzen, so dass mit den Boeing-Vertol CH-46E SEA KNIGHT die restlichen Zivilisten abgeholt werden können. In insgesamt vier Wellen fliegen die SEA KNIGHT alle berechtigten Personen aus. Erst mit der letzten Welle wird auch das Sicherungselement wieder ausgeflogen.
6. Versorgung der Betroffenen
   Nach erfolgter Evakuierung werden die Zivilisten medizinisch betreut und auf die beiden Schiffe USS GUAM und USS TRENTON verteilt.

Abends/USS GUAM/Vor der somalischen Küste/Indischer Ozean

Im Verlauf des Abends gibt es verschiedene Befehle für den Start der Operation »Eastern Exit«. Obwohl sie sich alle als falsch erweisen, belegen sie, dass der Beginn der Operation immer näher rückt. Die Waffen und die Munition werden verteilt. Praktisch jeder Soldat ist mit einer automatischen Waffe ausgerüstet. Weiter werden leichte Panzerabwehrwaffen (LAAW und AT-4) und Handgranaten mitgeführt. Einzelne der Waffen werden nicht ausgepackt, denn im Falle einer Delaboration, das heisst einer Bereitstellung der Waffen, könnten diese, wenn sie nicht gebraucht worden sind, aus Sicherheitsgründen nicht mehr eingepackt werden.[26] Weiter werden zusätzliche Elemente bestimmt, welche in einer zweiten Welle mit den CH-53E in das Botschaftsgelände eingeflogen werden können. So zum Beispiel eine 81-Mann-Verstärkung für die Angehörigen des Evacuation Coordination Center (ECC), zusätzliches medizinisches Personal, weitere Militärpolizei, welche die zu evakuierenden Zivilisten durchsuchen können, sowie Hilfspersonal für die Abwicklung der Operation vor Ort. Die Verstärkungen werden in 15-köpfige Gruppen unterteilt und mit einer Nummer versehen. Damit will man sicherstellen, dass die Militärangehörigen innert kurzer Zeit verladen und eingeflogen werden können.

Ausführung

5. Januar 1991/Samstag

01.45 Uhr/USS GUAM/Vor der somalischen Küste/Indischer Ozean

Nach wenigen Stunden Schlaf stehen die beiden Besatzungen der CH-53E auf. Bis zum geplanten Start dauert es noch rund 60 Minuten. Während dieser Zeit werden sie mit den neusten Wetterdaten versorgt, über die Nachrichtenlage informiert sowie mit weiteren Informationen zum bevorstehenden Einsatz aufdatiert. Auch die beiden geplanten und für den Einsatz missionskritischen Luft-Luft-Betankungen werden noch einmal besprochen. Während die Piloten anschließend zu ihren Maschinen gehen und die Preflight-Checks machen, kümmern sich die Copiloten um die Navigation. Sie werden die Letzten sein, welche die Hubschrauber besteigen werden. Die Navigation des Fluges über dem Meer gestaltet sich schwierig. Das interne OMEGA-Navigationssystem der SEA STALLION benötigt für eine genaue Bestim-

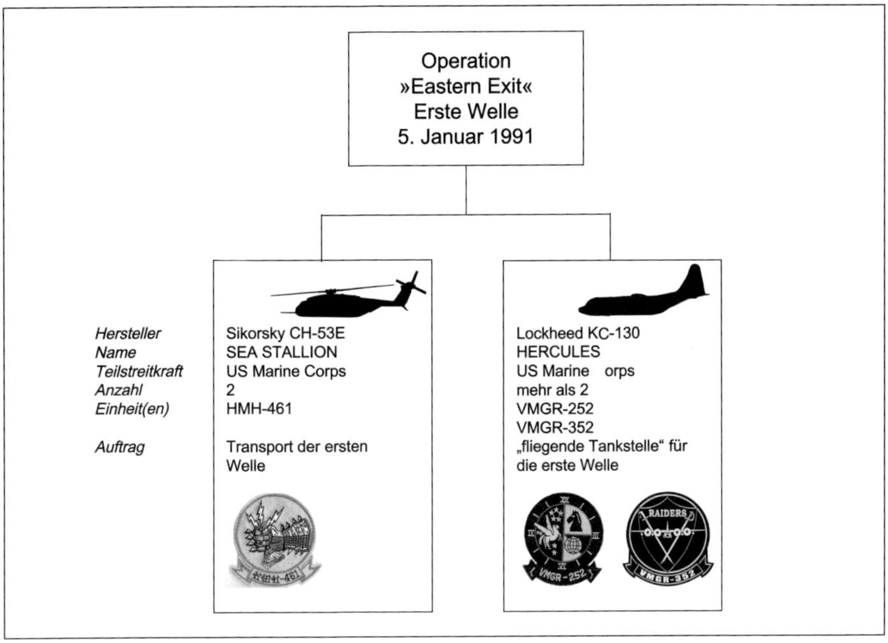

Luftmittel – erste Welle mit CH-53E SEA STALLION am 5. Januar 1991.

mung der aktuellen Position Signale von drei landgestützten Sendern. Dies ist beim bevorstehenden Flug nicht gewährleistet.

02.30 Uhr/USS Guam/Vor der somalischen Küste/Indischer Ozean

Fünfzehn Minuten vor dem Start besteigt die 60-köpfige Evakuierungseinheit die Hubschrauber. Um sicherzustellen, dass im Falle eines Ausfalls von einem der beiden CH-53E die verbleibenden Soldaten – wenn auch um die Hälfte reduziert – handlungsfähig bleiben, werden die Männer aufgeteilt. Das bedeutet zum Beispiel, dass in beiden Hubschraubern Mitglieder des SEAL-Teams sind. Sollte ein Hubschrauber ausfallen, so würde die Entscheidung über das weitere Vorgehen durch die beiden Offiziere vor Ort, Major Dan Schultz (HMH-461) und Lieutenant Colonel W. D. Oates (FCE-Kommandant), gefällt werden.

02.45 Uhr[27]/USS Guam/Vor der somalischen Küste/Indischer Ozean

Es ist stockdunkel, als die beiden Sikorsky CH-53E SEA STALLION des Marine Heavy Helicopter Squadron-461 (MHH-461) »The Iron Horse« vom Deck der USS Guam abheben. Die externen Tanks sind vollständig gefüllt und das Gewicht der Hubschrauber beträgt rund 70.000 Pfund.[28] Der US-Hubschrauberträger befindet sich zu diesem Zeitpunkt rund 466 nautische Meilen[29] vom Zielort entfernt. Kurz nach dem Start fällt bei beiden Hubschraubern das OMEGA-Navigationssystem aus. Der Ausfall kommt für die Crews nicht überraschend, weil das System lediglich auf zwei anstelle der mindestens drei benötigte Fixpunkte aufschalten kann. Zudem gibt es einen eigentlichen »blinden Fleck« in der OMEGA-Abdeckung in diesem Teil der Welt. Mit Unterstützung[30] der USS Guam halten die beiden CH-53E in einer Höhe von 6.000 Fuß[31] fliegend in südlicher Richtung zum Treffpunkt des ersten Aerial Refueling Control Point (ARCP). Pilot Major Dan Schultz bezeichnet denn auch den Flug in der Nacht ohne genaue Navigation und Referenz und über Wasser als eine fliegerische Herausforderung. Da wegen der Montage der Bordkanonen die beiden Seitentüren hinter dem Cockpit ausgebaut werden mussten, zieht es während des ganzen Fluges in den Innenraum und es wird kühl.

Auf dem Flug in Richtung Mogadischu/Zwischen der somalischen Küste und der USS Guam

Um sich visuell nicht aus den Augen zu verlieren, fliegen die beiden CH-53 in einer »Two-Ship«-Formation relativ eng nebeneinander. Den Funkkontakt zwischen den Hubschraubern halten die Crews mittels FM-Funk aufrecht, welcher zwar nur eine sehr geringe Reichweite aufweist, aufgrund der geringen Abstrahlung jedoch eine potenzielle Entdeckung durch Funkaufklärung minimiert.

Jede Betankung ist missionskritisch für die Operation »Eastern Exit«. Damit die Retter in den Hubschraubern wegen Problemen bei der Luft-Luft-Betankung und des sich dadurch ergebenden Treibstoffmangels nicht selber zum Notfall werden und gerettet werden müssen, sind die ARCP so gewählt, dass die Maschinen stets über genügend Treibstoff verfügen, um sicher zu den Schiffen zurückfliegen zu können, sollte eine Betankung nicht klappen.

Als sich die beiden Hubschrauber dem ARCP nähern, rufen sie den KC-130 mittels UHF-Funk[32] auf. Zwar wissen nun die Tanker-Besatzungen, dass die SEA STALLION im Anflug sind, können sie jedoch noch nicht sehen. Im Gegensatz zu den Hubschraubern sind die KC-130 nicht mit NVG ausgerüstet. Wegen eines defekten

Positionslichts ist zudem die CH-53E von Major Schultz nicht zu erkennen. Das Problem wird für die Tanker-Crews einfach gelöst. Die Hubschrauber-Piloten fordern die Tanker auf, sowohl ihre Flughöhe als auch die Geschwindigkeit konstant zu halten. Anschließend würden die Piloten selbstständig zu den Tankern aufschließen. Da lediglich Major Schultz Erfahrungen mit Luft-Luft-Betankungen in der Nacht hat, wird das Verfahren schließlich geändert. Da der ARCP weit außerhalb, auf dem offenen Meer liegt, wird mit Unterstützung der Tankerlichter und ohne den Einsatz der NVG betankt.

Ohne große Schwierigkeiten gelingt es Major Schultz mit dem Betankungsstutzen seiner SEA STALLION den linken Drogue – das korbförmige Gegenstück am Ende des Treibstoffschlauches des ihm zugewiesenen Tankers – anzufliegen und zu »treffen«.

In wenigen Momenten wird seine Maschine Treibstoff aufnehmen. Vorerst verläuft der Vorgang ohne Probleme, doch plötzlich ruft der Crew Chief von Major Schultz, Sergeant John McKay, »Breakaway«. Dieses Kommando ist für die Hubschraubercrew die Aufforderung, den Tankvorgang sofort und ohne zurückzufragen abzubrechen. Major Schultz zögert nicht und bricht die Betankung ab. Er lässt den Hubschrauber zurückfallen. Was ist passiert? Unmittelbar nachdem die ersten Gallonen Treibstoff von der KC-130 übernommen wurde, spritzte im Innenraum der SEA STALLION plötzlich Treibstoff auf die sitzenden Soldaten.[33] Sergeant John McKay hat sofort mit der Suche des Lecks begonnen. Dabei steigt er einfach über die Köpfe der Soldaten. Schließlich findet er das Leck und kann es mit Unterstützung des Mechanikers improvisiert schließen. Das Leck ist geschlossen, doch dafür stinkt es im Innenraum des Hubschraubers penetrant nach Treibstoff.

Major Schultz fliegt ein zweites Mal an. Diese Betankung verläuft ohne Zwischenfälle und auch der zweite Hubschrauber hat mittlerweile am zweiten Tanker und am rechten Drogue erfolgreich Treibstoff aufnehmen können. Innerhalb von acht bis neun Minuten nehmen beide Hubschrauber rund 11.000 Pfund[34] Treibstoff auf.

Zu diesem Zeitpunkt sind die Hubschrauber schon seit rund 185 nautische Meilen[35] unterwegs und das OMEGA-Navigationssystem findet neue Referenzpunkte. Es kann sich wieder aufschalten. Mit Unterstützung der KC-130 wird die Position überprüft und aufdatiert. Wegen seiner Unzuverlässigkeit wollen sich die Piloten jedoch für den weiteren Verlauf der Operation nicht ausschließlich auf das OMEGA verlassen und verwenden es lediglich als Backup-System. Mit dem Abschluss der ersten Betankung haben die Maschinen genügend Treibstoff, um bis zur US-Botschaft fliegen zu können.

Später auf dem Flug in Richtung Mogadischu/Zwischen der somalischen Küste und der USS Guam

Die zweite Luftbetankung der »The Iron Horse« erfolgt nach weiteren rund 225 nautischen Meilen[36] Flug. Sollte diese Betankung scheitern, würden die Hubschrauber bis zur Botschaft fliegen, die Truppen absetzen und anschließend in die Wüste weiterfliegen, sich verdeckt halten und warten, bis die US-Kriegsschiffe in Reichweite der Maschinen wären. Diese Maßnahme wird nicht nötig, denn alles klappt. Rund 53 nautische Meilen[37] vor der somalischen Küste ist die zweite Betankung abgeschlossen und die Hubschrauber sind bisher mit über je 20.000 Pfund[38] Treibstoff versorgt worden.

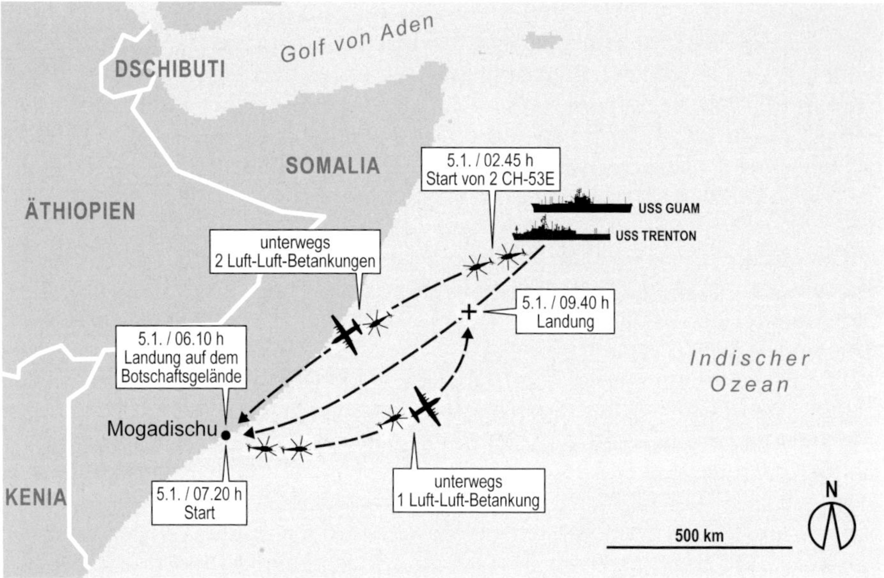

Erste Welle mit zwei CH-53E SEA STALLION am 5. Januar 1991

Nun ist der Zeitpunkt gekommen, um die Bordwaffen einzuschießen und die mitfliegenden Soldaten über den bevorstehenden Einflug zu orientieren. Während die beiden SEA STALLION die Betankungshöhe verlassen, um auf die tiefere Eindringflughöhe abzusinken, steigen die beiden KC-130 auf eine größere Flughöhe. Im weiteren Verlauf der Operation werden sie als Relais zwischen den tief fliegenden »The Iron Horse« und der hinter dem Horizont in Richtung der somalischen Küste fahrenden ATF dienen.

Eigentlich hätte zu diesem Zeitpunkt bereits eine Lockheed AC-130 SPECTRE der USAF im Anflug auf Mogadischu sein sollen. Doch bei einem Funkkontakt mit dem für die Feuerunterstützung vorgesehenen »Gunship« stellt sich heraus, dass die AC-130 mit einer rund einstündigen Verspätung unterwegs ist. Da die SEA STALLION weder über genügend Treibstoff verfügen, um auf die SPECTRE warten zu können, noch den taktischen Vorteil des Endanfluges in der Dunkelheit respektive im Morgengrauen aufgeben wollen, steuern die Piloten ihre Maschinen trotzdem in den Endanflug.

Zirka zwischen 05.30 Uhr bis 06.00 Uhr/Über Mogadischu/Somalia

Auf einer Höhe von lediglich 25 bis 50 Fuß[39], einer Geschwindigkeit von 175 Meilen[40] und einer Verschiebung von lediglich drei Minuten hinter dem Zeitplan donnern die beiden schweren Maschinen über den südlichen Strand in Richtung US-Botschaft. Die aufgehende Sonne am östlichen Horizont im Rücken geben ihnen einen minimalen zusätzlichen Schutz vor Entdeckung, denn die Hubschrauber sind im Anflug aus der Sonne schwierig zu entdecken. Obwohl laut Erkenntnissen des Nachrichtendienstes der Hauptteil der Kämpfe im nördlichen Teil der Stadt sowie in der Umgebung des Präsidentenpalastes und auch während des Tages stattfindet, hat Major Schultz die Infiltrationsroute weiter südlich geplant. Zudem werden die Hubschrauber einen Flugweg nehmen, der sie möglichst wenig über große Straßen führen wird. Die Absicht dahinter ist, den aus den Fernsehübertragungen bekannten auf zivilen Pick-up montierten schweren 12,7-mm-Maschinengewehren auszuweichen. Major Schultz vermutet solche Fahrzeuge vor allem entlang der wichtigen Einfall- und Verbindungsstraßen. Der Kommandant der »Two-Ship«-Formation glaubt, die Botschaft anhand des Golfplatzes sowie der weißen Mauern, welche das Gelände umgeben, erkennen zu können. Ein entscheidender Fehler! Auf seiner Karte aus dem Jahr 1969 liegt die Botschaft isoliert und ein wenig außerhalb der Stadt. Im Januar 1991– rund 20 Jahre später – hat sich die Stadt ausgedehnt. Zudem haben fast alle Gebäude weiße Mauern und der Golfplatz ist auch nicht zu entdecken. Später wird er auch noch feststellen, dass es lediglich bei den Löchern einen minimalen Rasen hat.

Nach rund 10 bis 15 Minuten Suchflug entscheidet sich Major Schultz für eine Rückkehr zur Auffanglinie über dem Meer. Er steuert – gefolgt von der zweiten SEA STALLION – seine CH-53E zurück in Richtung Meer und wählt, nachdem er wieder über dem Wasser angekommen ist, den Backup-Weg. Über den internationalen Flugplatz fliegend sollte er nach rund 70 Sekunden Flug über dem Botschaftsgelände sein. Als die CH-53E auf dem neuen Einflug sind, überfliegen sie eine Fahrzeugkolonne mit Somaliern. Die Männer, erschrocken vom Lärm der lauten General-Electric-Triebwerke und durch die bedrohlich tief fliegenden Maschinen aufgeschreckt, spurten in Deckung. Ihre 12,7-mm-Maschinenkanonen lassen sie glücklicherweise unbemannt zurück; sie kommen nicht zum Einsatz. Fast gleichzeitig gelingt es der Hubschraubercrew, einen Funkkontakt zur Botschaft aufzubauen. Es ist dies der erste Kontakt. Jeder frühere Kontakt wurde mit Rücksicht vor einer frühzeitigen Entdeckung vermieden. Weil jedoch der Funker in einem fensterlosen Raum sitzt, kann er den Crews der beiden Hubschrauber keine Unterstützung für den Anflug leisten.

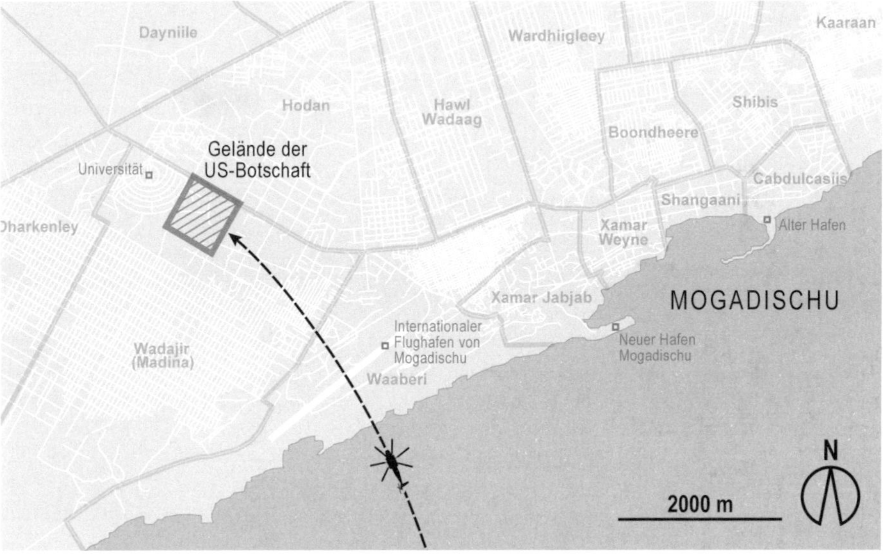

Flugroute der beiden CH-53E SEA STALLION auf die US- Botschaft in Mogadischu. Die Flughöhe beträgt weniger als 20 Meter über Grund.

Nach 06.00 Uhr/Über Mogadischu/Somalia

Innerhalb weniger Minuten nach dem Kontakt entdecken die Piloten ein Gelände, bei welchem es sich um die Botschaft handeln könnte. Sie sehen ein Gelände, welches von hohen Mauern umgeben ist. Weiter erkennen sie etwa 100 bis 150 Somalis, welche mit Leitern ausgerüstet versuchen, die Botschaftsmauern zu überwinden. Wenn die Crew ihre Blicke auf die Stadt richtet, können sie entdecken, dass in der Stadt geschossen wird.

Zwischen zirka 06.05 und 06.15 Uhr/Im Anflug auf das US-Botschaftsgelände/Somalia

Die CH-53E gehen in den Anflug auf die US-Botschaft.[41] Als sich die Hubschrauber den das Gelände umgebenden Mauern nähern, werden die Somalis, welche zu diesem Zeitpunkt versucht die Mauern zu überwinden, durch den starken »Down-Wash« der Hauptrotoren förmlich weggeweht. Auch die Leitern fliegen weg. Jene Somalis, welche wegen des aufgewirbelten Sands und Staubs noch sehen können, flüchten entsetzt.

Zirka 06.15 Uhr/US-Botschaft Mogadischu/Somalia

Mit zehn Minuten Verspätung gegenüber der ursprünglichen Planung setzen die beiden CH-53 auf einer großen Fläche innerhalb der Botschaft auf. Die Heckrampen werden gesenkt. Die Navy SEALs und die US Marines verlassen die Hubschrauber. Während die SEAL sofort zur Kanzlei verschieben, beziehen die US Marines zuerst eine 360-Grad-Sicherung rund um die Landezone der Hubschrauber, bevor sie die Zone ausdehnen und ihre vorgesehenen Stellungen einnehmen.

Das SEAL-Team unter dem Kommando von Commander Steve Luoma nimmt sofort Verbindung mit dem Führer der Marine Security Guard (MSG) auf. In Zusam-

Sicht auf das Gelände der US-Botschaft in Mogadischu in Somalia. Das Gebäude im Vordergrund ist die Kanzlei. Der Landeplatz der Hubschrauber ist im oberen mittleren Abschnitt der Aufnahme zu sehen. Die Aufnahme stammt vom Dezember 2002.

menarbeit mit dem MSG wird die Hauptaufgabe der SEALs sein, den US-Botschafter für die kommenden Stunden zu schützen und die Kanzlei zu sichern. Währenddessen werden die US Marines unter dem Kommando von Lieutenant Colonel Robert P. McAleer zusammen mit dem Embassy Security Officer sowie den lokalen somalischen Wächtern die Sicherstellung des Schutzes des Geländes gewährleisten.

Auch Lieutenant Colonel Oates verschiebt sofort nach der Landung der Hubschrauber in die Kanzlei. Er trifft auf US-Botschafter Bishop. Faktisch ist Oates dem US-Botschafter, welcher aufgrund seiner Funktion Kommandant aller US-Truppen am Boden ist, unterstellt. Bishop erläutert Oates, wie er sich den Ablauf der Operation und das Verhalten der US-Truppen vorstellt. Seine Vorstellung über die Rules of Engagement (ROE) ist wie folgt:

1. Die US-Botschaft und alle sich auf dem Gelände befindlichen Zivilisten sollen evakuiert werden. Die angekommenen Truppen sind keine Verstärkung des beste-

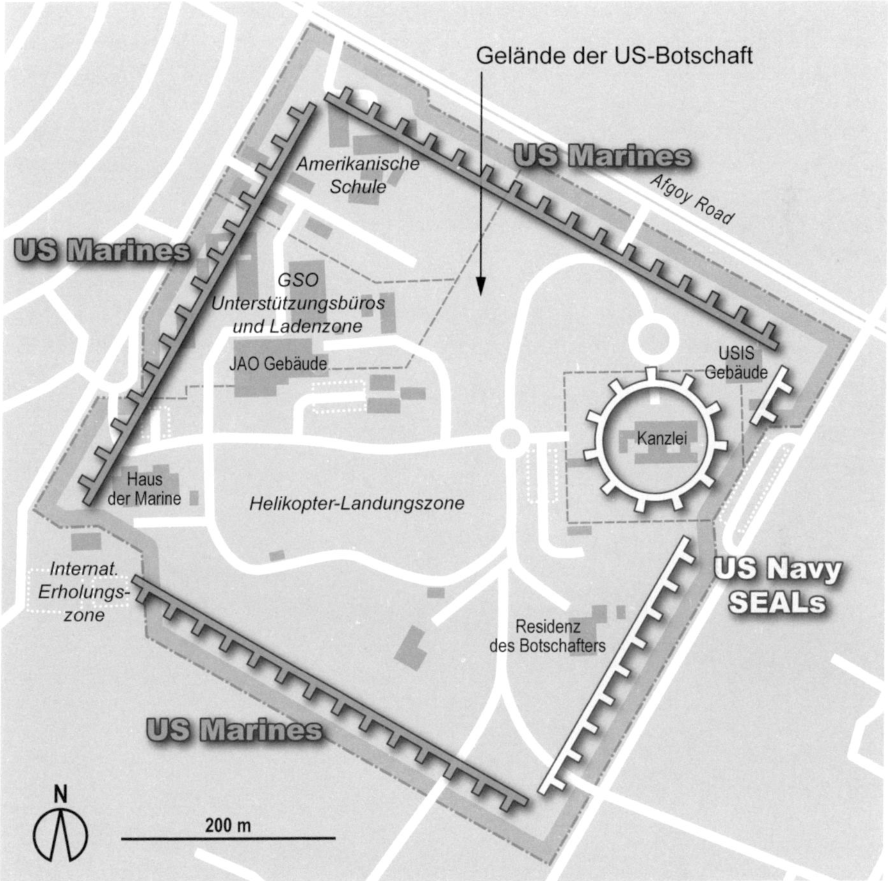

Situationsplan der amerikanischen Botschaft in Mogadischu. Die US Navy SEALs sicherten die Kanzlei (Aufenthaltsort des US-Botschafters), während die US Marines die nördlichen, westlichen und südlichen Mauern sicherten.

hendenden Botschaftsschutzes mit zusätzlichen Soldaten. Der innersomalische Konflikt soll nicht innerhalb des Geländes abgewartet werden.
2. Der Einsatz von Schusswaffen ist erst erlaubt, sollten Eindringlinge mit offensichtlich feindlichen Absichten über die Botschaftsmauern steigen oder die Sicherheitssituation sich drastisch verschärfen.
3. Verschiedene wichtige Verteidigungszonen innerhalb der US-Botschaft werden bestimmt. Darunter zählen: das Joint Administrative Office (JAO), das Kanzleigebäude, das Marinegebäude und die Hubschrauberlandezone. Laut Aussagen des Botschafters soll im Falle eines Eindringens von Somalis wenn immer möglich zuerst eine Zone aufgegeben werden und der Rückzug angetreten werden, bevor die Schusswaffen zum Einsatz kommen.

Mit diesen defensiven Maßnahmen will der US-Botschafter unter allen Umständen den Eindruck vermeiden, die Vereinigten Staaten würden in irgendeiner Art und Weise einen Einfluss im somalischen Bürgerkrieg nehmen wollen. Beide Parteien – sowohl die Regierung als auch die Rebellen – haben im Vorfeld keine Sicherheitsgarantien abgegeben, dass den ausländischen Bürgern keinen Schaden zugefügt werden wird.

Mit diesen Vorgaben und dem Wissen, dass für eine Sicherung zu wenig Soldaten vorhanden sind, verteilt Lieutenant Colonel Oates das GCE wie folgt auf dem Botschaftsgelände:

Nördliche und westliche Mauern	Ein Platoon (Zug) mit US Marines
Südliche Mauern	Ein Platoon (Zug) mit US Marines
Südöstlicher Teil	US Navy SEAL (auf dem Dach der Kanzlei)

Die beiden Hauptzugänge im Norden und im Westen werden zusätzlich mit DRAGON Panzerabwehrlenkwaffen-Stellungen gesichert.

Sicht auf die Kanzleigebäude der US-Botschaft in Mogadischu. Die Aufnahme stammt vom Dezember 2002.

AC-130 SPECTRE im Flug. Die Aufklärungssensoren sowie die Bewaffnung sind auf der linken Rumpfseite eingebaut.

Während in der Zwischenzeit die US Navy SEALs und die Marines ihre Positionen eingenommen haben, laufen bei beiden SEA STALLION die Triebwerke weiter. Auch die Bordkanonen bleiben weiterhin besetzt. Lediglich je ein Triebwerk schalten Major Schultz und Captain Jeff Bowden aus.

Gleichzeitig/Luftraum über Mogadischu/Somalia

Die verspätete Lockheed AC-130 SPECTRE der USAF erscheint im Luftraum über der somalischen Hauptstadt. Ihre Aufgabe wird sein, einerseits mit Hilfe ihrer Ausrüstung und Instrumente als Aufklärungssensor aus der Luft, andererseits als fliegendes »Gunship« die Operation zu unterstützen, sollte denn ein bewaffnetes Eingreifen nötig werden.

Zwischen 06.20 und 07.10 Uhr/US-Botschaft Mogadischu/Somalia

Die ersten 61 Zivilisten machen sich für den ersten Flug bereit. Unter den zu evakuierenden Personen befinden sich neun Botschafter, unter anderem der diplomatische Vertreter aus der Türkei, den Vereinigten Arabischen Emiraten und aus Nigeria sowie der omanische Chargé d'Affaires. Da die zu Evakuierenden lediglich ein Gepäckstück mitnehmen dürfen, bleibt viel Gepäck auf dem Botschaftsgelände zurück. Weil zu wenig Kräfte für die Koordination der Evakuierten verfügbar sind, fehlt es auch an Soldaten, welche die Zivilisten vor dem Einsteigen durchsuchen können. Dieser Umstand führt unter anderem zu einem Zwischenfall, bei dem ein Zivilist vor dem Besteigen der SEA STALLION einen Soldaten fragt, was er mit seiner Pistole machen soll, welche er mitführt! Sie wird ihm unverzüglich abgenommen.

07.10 Uhr/US-Botschaft Mogadischu/Somalia

Nach rund 60 Minuten am Boden heben die beiden SEA STALLION wieder ab und drehen, nachdem sie an Höhe gewonnen haben, in Richtung des offenen Meeres ab.

Wie schon beim Anflug fliegen die US-Maschinen extrem tief über die Stadt. In der Zwischenzeit ist die Sonne aufgegangen und die Kämpfe in Mogadischu sind wieder frisch aufgeflammt. Leuchtspurgeschosse, Explosionen und Rauchsäulen sind zu sehen. Während des Flugs zurück in Richtung des Meeres reagiert im Cockpit auch das Instrument mit dem Radarwarner. Major Schultz kann auch ein unbekanntes Flugzeug erkennen, doch die beiden tief fliegenden SEA STALLION werden offensichtlich nicht entdeckt. Die erste Welle konnte erfolgreich durchgeführt werden.

Gleichzeitig/Indischer Ozean

In einer Entfernung von rund 380 nautischen Meilen[42] mit Kurs auf die Küste nähert sich die ATF mit immer noch rund 19 Knoten Fahrt der Hauptstadt Mogadischu.

Zwischen 07.20 Uhr und 09.40 Uhr/Auf dem Weg zur USS Guam/Indischer Ozean

Nachdem die Hubschrauber das offene Meer erreicht haben, steigen sie auf eine Höhe von rund 6.000 Fuß auf. Obwohl die Hubschrauber im Gegensatz zum Infiltrationsflug beim Rückflug lediglich einmal tanken müssen und zudem auch nur noch ein Tanker verfügbar ist, ist das Können der Piloten erneut gefordert.

Das hat mehrere Gründe:

- Da das Tankerflugzeug mehr Treibstoff mit sich führt, ist das Fluggewicht der Maschine höher. Um nicht in den Stall[43] zu fallen, muss die KC-130 entsprechend schneller fliegen. Die Geschwindigkeit ist mit 125 Knoten[44] rund 15 Knoten[45] höher, als bei einer regulären Luftbetankung.
- Der KC-130 ist mit einem anderen Drogue ausgerüstet, welcher sich im Luftstrom mehr und unruhiger bewegt und deshalb anspruchsvoller anzufliegen ist.
- Aufgrund einer Fehlfunktion öffnet sich der Drogue nicht völlig, was den Anflug mit der Betankungssonde zusätzlich erschwert.
- Die KC-130 verliert zudem auch noch Treibstoff. Um zu verhindern, dass nicht zuviel Treibstoff auf die Hubschrauber spritzt, müssen die SEA-STALLION-Piloten in einem anderen Winkel den Betankungsstutzen anfliegen.
- Auch die Position der Hubschrauber während der Betankung ist in einer leicht überhöhten Stellung unterschiedlich als normal. Das Flugmanöver erfordert das ganze Können der fliegenden Besatzungen. Obwohl eine CH-53 schließlich mit der Betankungssonde am Drogue einklinken kann, muss der Pilot den Betankungsvorgang trotzdem abbrechen und kann lediglich die Hälfte des vorgesehenen Treibstoffs aufnehmen. Ein Hubschrauber muss achtmal versuchen, bis es schließlich mit dem Einklinken der Sonde im Drogue klappt. Während der zunächst erfolglosen Versuche, den Drogue zu treffen, überlegt sich Major Dan Schultz, was im Falle eines Misserfolgs unternommen werden soll. Sollen beide Maschinen oder nur eine umkehren und in der Wüste landen und warten, bis Unterstützung kommt.

Glücklicherweise trifft dieser Fall nicht ein und beide Hubschrauber haben genügend Treibstoff, um bis zur USS Guam zurückzufliegen. Die ganze Betankung dauerte viel länger als geplant. Die Betankung der CH-53E von Major Schultz dauerte alleine 18 Minuten.

Bevor der Tanker nach der erfolgten Betankung abdreht und zu seinem Ausgangsort in Oman zurückfliegt, bestimmt der Navigator an Bord noch einmal die Position der Formation und übermittelt die Daten an die beiden Hubschrauber. Noch lange

Luft-Luft-Betankung einer CH-53 durch eine KC-130 HERCULES des Marine Refueler-Transport Squadron 252 (VMGR-252), USMC. Das Manöver ist bei Tage schon anspruchsvoll. Die Aufnahme stammt von einem Trainingsflug.

nachdem die Maschine aus dem Blickfeld der CH-53 verschwunden ist, dient der Tanker zudem auch noch als Relais zwischen den SEA STALLION und dem Hubschrauberträger.[46]

Gleichzeitig/Luftraum über Somalia

Die beiden anderen Tanker, welche den Hinflug unterstützt haben, haben sich zu diesem Zeitpunkt bereitgehalten, die beiden CH-53E zu betanken, sollte ein Flug nach Mombasa/Kenia nötig werden. Nach der erfolgreichen dritten Betankung drehen sie ab und fliegen nach Mombasa. Sie nehmen Treibstoff auf und halten sich erneut bereit, eine weitere Welle mit CH-53E unterstützen zu können, sollte dies erforderlich werden.

Nach 07.20 Uhr/US-Botschaft Mogadischu/Somalia

Nachdem die Hubschrauber wieder gestartet sind, besteht die unmittelbare Hauptaufgabe primär in der Sicherung des Geländes. Die nächste Welle von Hubschraubern wird erst in der folgenden Nacht erwartet.

Innerhalb der Botschaft ist der Gefechtslärm der Artillerie und des Infanteriefeuers in der Stadt hörbar. Die SEAL und die Marines, welche auf Posten sitzen, die einen Blick in die Stadt zulassen, sehen schwarze Rauchsäulen über den Dächern der Stadt aufsteigen. Sporadisch fahren auch Lastwagen, auf denen bewaffnete Somalis sitzen, auf der nördlichen Straße entlang der Botschaft vorbei. Zu welcher Fraktion sie gehören, ist nicht zu erkennen. Auch Plünderungen sind zu erkennen. Die öffentliche Ordnung in der Stadt zerfällt immer mehr. Es setzt sich das »Recht« des Stärkeren durch. In dieser Situation wird die Lage für eine Gruppe von Amerikanern und weiteren Ausländern in einem Gebäude außerhalb der Botschaft immer bedrohlicher. Die Männer befinden sich in den Büros des U.S. Office of Military Cooperation (OMC) an der Via Mekka Highway und sind in ihrer Sicherheit bedroht. Sie müssen in die US-Botschaft zurückgeschafft werden.

08.47 Uhr/US-Botschaft Mogadischu/Somalia

Mit drei gepanzerten Fahrzeugen der Botschaft macht sich eine Gruppe von drei US Marines und sechs SEALs auf den Weg zu dem nur knapp zwei Blocks entfernten Gebäude. Die Soldaten haben den Auftrag, an keiner Straßensperre zu halten. Nötigenfalls wollen sie sich den Weg mit Waffengewalt freischießen.

08.57 Uhr/US-Botschaft Mogadischu/Somalia

Nach nur rund zehn Minuten sind alle bedrohten Zivilisten und die US-Soldaten sicher zurück. Vier weitere Fahrzeuge und 22 Zivilisten verschiedener Nationalitäten[47] haben sich in ihrem Schlepptau befunden.

Im Verlauf des Morgens/US-Botschaft/Mogadischu

Ein großes Problem stellt für Lieutenant Colonel Oates der ständige Fluß von lokalen Mitarbeitern der Botschaft dar, welche das Gelände betreten und wieder verlassen. Für ihn liegt die Vermutung nahe, dass ein Großteil der Personen hofft, im Falle einer Evakuierung ebenfalls ausgeflogen zu werden. Dies ist aber aufgrund internationaler Regelungen nicht möglich.[48]

Noch vor Ankunft der CH-53E auf der USS GUAM fordert Lieutenant Colonel Oates eine Verstärkung um 44 Mann. Er begründet die Verstärkung vor allem mit dem vorgesehenen Ablauf der Evakuierung am Abend. Unter diesen Männern wären weitere sieben US Marines der Aufklärungskompanie, welche mit ihren NVG in der Nacht nützliche Dienste leisten könnten, das zweiköpfige Combat Camera-Team, welches beim ersten Flug auf dem Hubschrauberträger zurückgelassen worden ist, und zusätzliche Angehörige des militärischen Nachrichtendienstes.[49] Noch um 09.10 Uhr wird seinem Antrag positiv entsprochen und eine weitere Verstärkung für 15.00 Uhr angekündigt. Kurze Zeit später wird der Antrag aber wieder in Frage gestellt und um 10.00 Uhr schließlich abgelehnt. Nur im äußersten Notfall will man die US-Soldaten mit zusätzlichen Mitteln verstärken.

Gerettete Zivilisten nach ihrer Ankunft auf der USS GAUM

Obwohl während des ganzen Tages Schüsse zu hören sind, gibt es nur einen einzigen Zwischenfall, welcher eindeutig als direkter Angriff auf das Botschaftsgelände gewertet werden kann. Nach der Ankunft der Hubschrauber am Morgen wurde ein zweiköpfiges Scharfschützenteam auf einen Turm innerhalb des Botschaftsgeländes geschickt. Nach rund einer Stunde kommt das Team durch Somalis unter Beschuss. GFE-Kommandant Lieutenant Colonel McAleer entschließt sich, das Team wieder abzuziehen.[50]

09.40 Uhr/USS GUAM/Vor der somalischen Küste/Indischer Ozean

Rund acht Stunden nach dem Start setzen die beiden CH-53 wieder auf der USS GUAM auf. Die evakuierten Zivilisten werden in Empfang genommen und erhalten eine erste medizinische Untersuchung. Nachdem die Passagiere ausgestiegen sind, heben die Hubschrauber wieder ab und nehmen Kurs auf die USS TRENTON.

10.20 Uhr/USS GUAM/Vor der somalischen Küste/Indischer Ozean

Die beiden Sikorsky CH-53E SEA STALLION des HMH-461 »The Iron Horse« landen auf der USS TRENTON. Ursprünglich ist vorgesehen, einen weiteren Einsatz mit den großen Hubschraubern durchzuführen. Eine ausgeruhte Besatzung ist zu diesem Zeitpunkt auf der USS TRENTON in einem »Stand-by«-Status und wäre für einen Einsatz bereit, doch wurde dieser Flug noch vor der Rückkehr der SEA STALLION um 10.00 Uhr »bis auf weiteres« eingestellt. Für die Piloten der ersten Welle, Major Dan Schultz, Captain Brian Philips, Captain Jeff Bowden und Captain Kevin D. Moon, ist die Operation »Eastern Exit« abgeschlossen. Obwohl ein weiterer Einsatz einer CH-53E vorerst verschoben ist, halten sich die KC-130-Tanker bis 13.00 Uhr bereit, um allenfalls unverzüglich eingreifen zu können.

11.30 Uhr/US-Botschaft Mogadischu/Somalia

Noch vor dem Mittag macht sich ein weiterer gesicherter Konvoi auf den Weg, um bedrohte Ausländer in die US-Botschaft zu holen. Der sowjetische Botschafter in Somalia, Vladimir Korneev, hatte US-Botschafter Bishop über Funk um Unterstützung gebeten, da er befürchtete, dass sie es nicht aus eigenen Kräften sicher bis auf das US-Botschaftsgelände schaffen würden. Seine Fahrzeuge waren entweder schon zerstört oder von Straßenbanden geraubt worden. Die Russen sitzen fest. Botschafter Bishop ist mit einer Evakuierung einverstanden, doch muss diese Rettung ohne die Unterstützung durch US-Soldaten erfolgen. Er will die schon schwachen US-Kräfte nicht durch eine weitere Rettung außerhalb der Botschaft noch mehr schwächen. Das Problem wird gelöst, indem lokales Sicherheitspersonal der US-Botschaft mit Unterstützung durch somalische Polizei – welche für diese Aufgabe entsprechend entschädigt wurde – die Russen abholen.

12.30 Uhr/Mogadischu/Somalia

Nach rund 60 Minuten sind die somalischen Sicherheitskräfte mit einer 38-köpfigen russischen Gruppe sicher zurück. Aber nicht nur die diplomatischen Angehörigen des ehemaligen Klassenfeindes können nur mit »Cash« gerettet werden. Auch 15 britische Staatsangehörige werden in vergleichbarer Art und Weise aus einer noch gefährlicheren Gegend der Stadt »abgeholt«. Der Preis für die Briten ist entsprechend höher. Doch nicht alle haben Glück. Südkoreanische Staatsangehörige, welche ebenfalls wie die Briten und die Russen hätten gerettet werden sollen, verzichten, weil sie den Somalis nicht trauen. Sie werden zurückgelassen.

Im Verlauf des Nachmittags/US-Botschaft Mogadischu/Somalia

Der Bruder des somalischen Präsidenten, ein Major-General und Chef der somalischen Polizei, wird bei US-Botschafter Bishop vorstellig. Er wünscht zusammen mit 25 Mitgliedern seiner Familie von den USA evakuiert zu werden. Während einer lauten und hitzigen Unterredung mit dem US-Botschafter wird dem betrunkenen Major-

General erklärt, warum dies nicht möglich ist. Mit einer Eskorte wird der somalische General vor die Mauern der Botschaft begleitet.

Nachdem am Morgen ein erster Antrag um Verstärkung nicht unterstützt wird, wird am Nachmittag erneut nachgefragt. Wiederum wird der Antrag abgelehnt. Die Folge dieser Ablehnung ist, dass das Evacuation Coordination Center (ECC) und das Counterintelligence Team (CIT) mit minimalen Mitteln auskommen müssen. Da der CIT seine eigentliche Aufgabe nicht wahrnehmen kann, hilft ein Warrant Officer des Evacuation Coordination Center aus.

Die Konsequenzen des personellen Unterbestandes sind unter anderem:

- Angehörige der Botschaft übernehmen Aufgaben, welche eigentlich das Evacuation Coordination Center hätte übernehmen sollen. Zum Beispiel: Die Vorbereitung für ein Manifest, auf dem die zu evakuierten Zivilisten notiert werden, die Ein- und Unterteilung der Männer, Frauen und Kinder in 15-köpfige Gruppen.
- Soldaten, welche für die Sicherung der Umgebung eingesetzt waren, werden abgezogen.
- Es ist zu wenig ausgebildetes Personal verfügbar, welches die Zivilisten für die bevorstehende Evakuierung einweisen und durchsuchen kann.
- Es ist nicht in jedem Fall sichergestellt, dass sich unter den Auszufliegenden nicht Personen befinden, welche dafür nicht berechtigt sind.

Früher Abend/US-Botschaft Mogadischu/Somalia

Während des späteren Nachmittags beginnt der Forward Air Controller (FAC) auf dem Botschaftsgelände mit dem Einrichten der Hubschrauberlandezone (HLZ) für den Abend. Autos, welche die HLZ versperren, werden abgeschleppt, um den Platz frei zu bekommen. Weiter wird auf dem Turm der Botschaft ein Infrarotlicht montiert und chemische Lichter zu einem großen Buchstaben »Y« ausgelegt. Später, wenn es dunkel wird, sollen sämtliche Lichter der Botschaft gelöscht werden, denn die SEA KNIGHT werden nur mit Hilfe von NVG einfliegen.[51] Je dunkler es mit der Zeit wird, desto wichtiger werden die NVG der Soldaten.[52] Die Vorbereitungen für die Evakuierung der Personen dauern länger als ursprünglich geplant. Die US Marines sehen sich mit allzu menschlichen und alltäglichen Problemen konfrontiert. Obwohl allen Personen mitgeteilt worden ist, dass sie nur ein Gepäckstück mitnehmen können, versuchen mehrere Zivilisten, mehr als ein Gepäckstück mitzunehmen. Als Folge davon entstehen heftige Diskussionen. Mehrere Personen versuchen erfolglos ihre Haustiere mitzunehmen.[53]

Am Abend/USS Guam/Vor der somalischen Küste/Indischer Ozean

Auf der USS GUAM laufen die letzten Vorbereitungen für die Luftbrücke zwischen der ATF und der US-Botschaft. Beide Hubschrauberstaffeln (HMM-263 und HMM-365) stellen je fünf ihrer total 12 Maschinen zur Verfügung. Insgesamt sind 20 Flüge vorgesehen. Das Vorgehen ist in der Art geplant, als dass die jeweils nachfolgende Welle erst startet, wenn die ausgeflogene wieder auf dem Rückweg ist. Jeweils ein Hubschrauber in der Formation wird als Back-up-Maschine mitfliegen, um im Fall einer Notlandung oder eines technischen Problems sofort Unterstützung leisten zu können. Weitere Ersatzmaschinen sind bereitgestellt. Zwei bewaffnete Bell UH-1 des USMC stehen auf der USS TRENTON bereit, um nötigenfalls Feuerunterstützung leisten zu können. Da jedoch die USAF AC-130 SPECTRE über Mogadischu erwartet werden, wird ihr Einsatz als eher unwahrscheinlich eingestuft.

Entgegen der ursprünglichen Absicht, die evakuierten Zivilisten in Mombasa, Kenia, an Land zu bringen, erfährt der Plan eine Änderung. Am Abend des 5. Januar 1991 erhält die ATF den Befehl, mit den evakuierten Zivilisten nach Muskat, Oman, zurückzukehren.

Auf den Schiffen wird nach dieser Nachricht sofort mit den Vorkehrungen begonnen, die Unterbringung der Männer, Frauen und Kinder zu organisieren. Die Änderung hat zur Folge, dass die Evakuierten nicht nur 24 bis 36 Stunden an Bord der US-Kriegsschiffe verbringen werden, sondern etwa fünf bis sechs Tage.

23.00 Uhr/US-Botschaft Mogadischu/Somalia

Eine Stunde vor Mitternacht stehen die ersten fünf Gruppen mit je 15 Personen vor dem JOA bereit, um evakuiert zu werden. Die Evakuierung ist in insgesamt vier Wellen geplant. In den beiden ersten Wellen werden alle Zivilisten ausgeflogen, in der dritten Welle ist das Botschaftspersonal inklusive Botschafter Bishop vorgesehen und in der vierten und letzten Welle verlassen die Spezialkräfte das Botschaftsgelände.

Während in der Stadt die Kämpfe immer noch andauern, sind 30 Minuten vor Mitternacht alle Vorbereitungen für eine Evakuierung abgeschlossen. Die Spannung unter den Zivilisten steigt. Sie stehen kurz vor ihrer Rettung.

Zwischen 23.30 Uhr (5. Januar) und 02.23 Uhr (6. Januar)/Rund 30 Meilen außerhalb Mogadischu/Indischer Ozean

Schon seit einiger Zeit steht die erste Welle mit fünf CH-46E SEA KNIGHT (Callsign: »Thunder One« bis »Thunder Five«) auf dem Deck der USS GUAM bereit. Sie gehören zum HMM-263 und werden die Evakuierungsoperation der CH-46E beginnen. Jede Maschine ist mit je vier Crewmitgliedern besetzt: zwei Piloten (Aircraft Commander und Copilot) sowie ein Crew Chief und ein Flugmechaniker. Die bei-

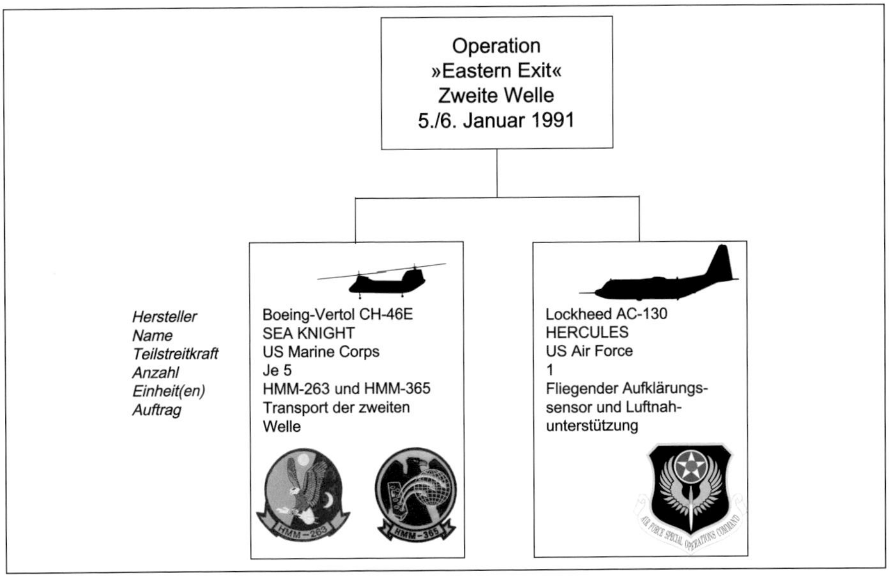

Luftmittel – zweite Welle mit CH-46E SEA KNIGHT am 5./6. Januar 1991

den Unteroffiziere im Frachtraum der SEA KNIGHTs haben zudem als Bordschützen eine Doppelfunktion. Sie werden während der kritischen Phasen des Einsatzes hinter ihren 0,50-Cal-Maschinengewehren stehen und nötigenfalls Feuerunterstützung respektive -abwehr leisten. Alle Crewmitglieder sind mit NVG ausgerüstet. Die USS GUAM ist zu diesem Zeitpunkt rund 30 Meilen[54] vor der somalischen Küste und wird auch während der Evakuierungsoperation ständig Kurs auf die Küste halten. Mit dem Verkürzen der Distanz zwischen der US-Botschaft und dem Hubschrauberträger reduziert sich im Verlauf der Operation auch die Flugzeit zwischen dem Start und dem Landeort für die vier Wellen. Rund 15 Minuten vor Mitternacht hebt die erste Welle vom Deck des Trägers ab. Die zweite Welle mit fünf Maschinen der HMM-365 (Callsign: »Rugby One« bis »Rugby Five«) steht ebenfalls schon bereit.

In den nächsten knapp drei Stunden beginnt ein Pendelflug zwischen der USS GUAM und dem Botschaftsgelände in Mogadischu. Die fünf CH-46E SEA KNIGHT fliegen in völliger Dunkelheit und mit Unterstützung von NVG. Die Landung der Hubschrauber erfolgt auf einem geräumten Platz innerhalb der Botschaft. Zwischen 15 bis 20 Minuten stehen die Maschinen mit laufenden Rotoren am Boden, während um sie herum die Personen für die Evakuierung zu den Hubschraubern geführt werden.

Captain Doss, Pilot im fünften Hubschrauber der ersten Welle: »Wir flogen in einer Formation, die wir ›tactical cruise formation‹ nennen. Vor dem Übergang in den Anflug reduzierten wir die Abstände zwischen den Maschinen noch weiter. Wir wussten, dass die HLZ Platz für fünf CH-46E bietet, doch wollten wir bereit sein, sollte der Platz aus irgendeinem Grund kleiner sein oder eine der Maschinen nicht dort landen können, wo es eigentlich vorgesehen war.«

Die somalische Hauptstadt war durch die NVG leicht zu erkennen. Der Himmel über dem Meer war klar und in der Stadt war vereinzelt immer noch Licht zu erkennen. Die Kämpfe am Boden waren durch die Leuchtspurgeschosse und die vereinzelten Querschläger gut zu erkennen.

Ein anderes Problem stellte das Erkennen des so genannten Initial Point (IP) in der Dunkelheit dar. Über diesen IP müssen die Hubschrauber die Küste überfliegen, um in die richtige Region der US-Botschaft zu gelangen. Passieren die Helikopter den IP nur 1.000 Meter zu weit rechts, so überfliegen sie bekannte SAM- und AAA-Stellungen. Fliegen sie links zu weit am IP vorbei, verlassen sie bekanntes Gebiet auf ihrer vorliegenden Karte und fliegen somit »aus der Karte«.

Captain Doss: »Die Landschaft oder die Küstenlinie bot uns keine Referenzen für den IP, also den Punkt, wo wir die Küste überfliegen und über das Stadtgebiet eindringen wollten. Aus diesem Grund nahmen wir die Position der USS GUAM als Referenz und flogen einen vorgegebenen Kurs ab.«

Lieutenant Colonel Wallace führt die erste Welle sicher über den IP, und nach dem Passieren des Auffangpunktes sinken die Hubschrauber auf eine Höhe von rund 150 Fuß[55] und fliegen damit rund 50 Fuß[56] höher, als die höchsten Hindernisse auf dem Flugweg. Weiter reduzieren die Piloten die Geschwindigkeit und nähern sich mit etwa 80 Knoten[57] dem Ziel. Zu diesem Zeitpunkt fliegen die Piloten auf einem vorgegebenen Kurs (Bearing) während einer bestimmten Zeit. Nach Ablauf dieser Zeit sollte das Gelände der US-Botschaft leicht zur linken Seite in Flugrichtung der Maschinen zu erkennen sein und die SEA KNIGHT in den letz-

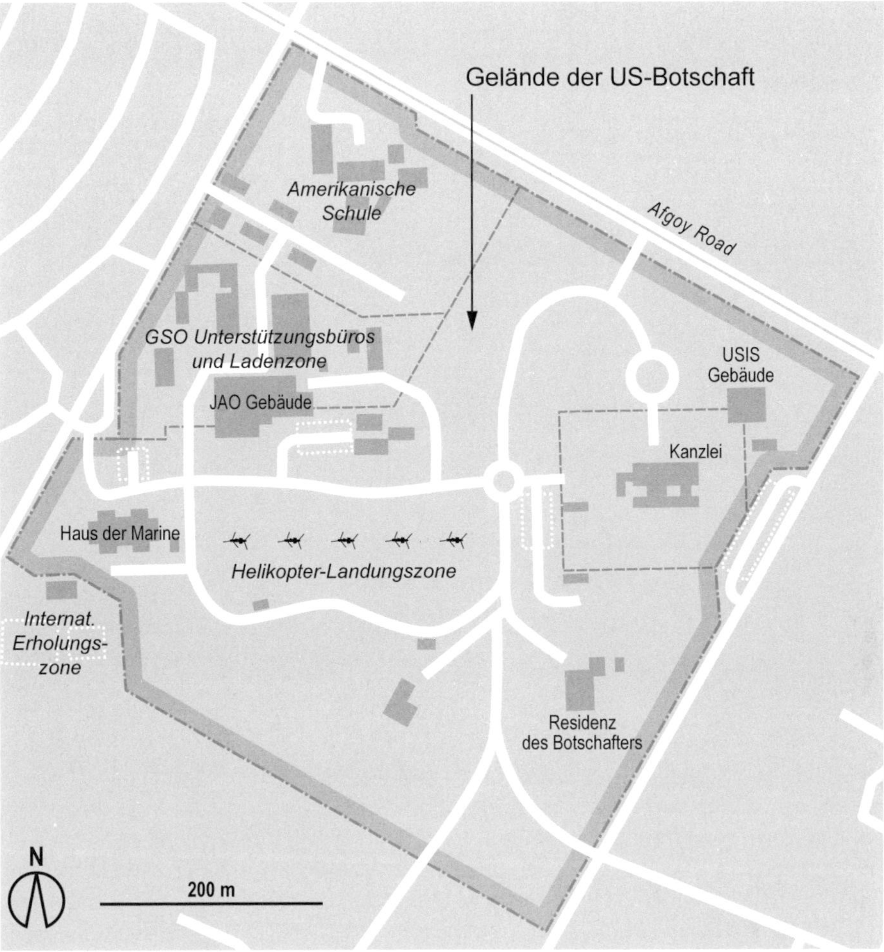

Situationsplan der amerikanischen Botschaft in Mogadischu. Die CH-46E SEA KNIGHT landeten jeweils hintereinander. Die Triebwerke wurden während der Zeit am Boden nicht abgeschaltet.

ten Anflug übergehen. »Wir wussten, dass die US-Botschaft am Rand einer dicht bevölkerten Region war, und wir hatten eine Ahnung, in welcher räumlichen Referenz unser Ziel zum Flughafen von Mogadischu stehen sollte. Diese beiden Informationen gaben uns eine gewisse Sicherheit, dass wir nicht zu weit geflogen waren, nachdem wir den Strand passiert hatten«, erklärt USMC-Pilot Doss die letzte Phase des Anflugs. Mehrere Infrarot-Strobe-Lights, welche auf einem Turm innerhalb der Botschaft montiert wurden, sollen den Piloten als zusätzliche Orientierungshilfe dienen.

»Wir glaubten daran, dass die Lichter dort (auf dem Turm) sein werden. Wenn wir uns für die Landung formierten und wir am richtigen Ort sind, müssten wir die Lichter auf einer Position von 11.00 Uhr erkennen können.«

Die Lichter sind da und die Piloten ziehen die Formation noch näher zusammen.

Zivilisten werden zu einer wartenden CH-46 SEA KNIGHT geführt. Die Aufnahme stammt von einer Übung.

23.40 Uhr/US-Botschaft Mogadischu/Somalia

Captain Doss: »Als wir auf die HLZ anflogen, war unsere Formation eigentlich sehr gut.« Doch sobald der »Down-wash« der Rotorenblätter der ersten SEA KNIGHT den Sand aufwirbelt, verschlechtert sich die Sicht augenblicklich, bis schließlich die Maschinen in einer Staubwolke, einem so genannten »Brown-out«, verschwinden. Als der aufgewirbelte Sand durch die Rotorenblätter fliegt, entstehen aufgrund der statischen Aufladung kleine Funken, welche jedoch den Piloten, welche hinter einer anderen Maschine in den Anflug gehen, die Position einigermassen gut anzeigen. Sollte der Anflug nicht im ersten Versuch gelingen, hätte dies für den zeitlichen Ablauf der Operation Konsequenzen:

- Mit einem Durchstarten müssen sich die fünf CH-46E neu auflinieren und neu orientieren. Das kostet wertvolle Zeit und verzögert den geplanten Ablauf.
- Mit einem neuen Anflug setzen sich die Hubschrauber einer zusätzlichen Gefahr durch Beschuss vom Boden aus.

Es gelingt und die fünf SEA KNIGHT schieben sich langsam in die HLZ. Es gibt keine Zwischenfälle. Vom Beginn der Sandwolke bis zum Aufsetzen der Räder auf der HLZ dauert es rund 30 Sekunden. Nach dem Aufsetzen verändern die Piloten die Stellung der Rotoren, um möglichst wenig Sand aufzuwirbeln und somit die Evakuierungsoperation zu unterstützen.

23.58 Uhr/US-Botschaft Mogadischu/Somalia

Die erste SEA KNIGHT ist gelandet. Die restlichen CH-46E folgen unmittelbar.

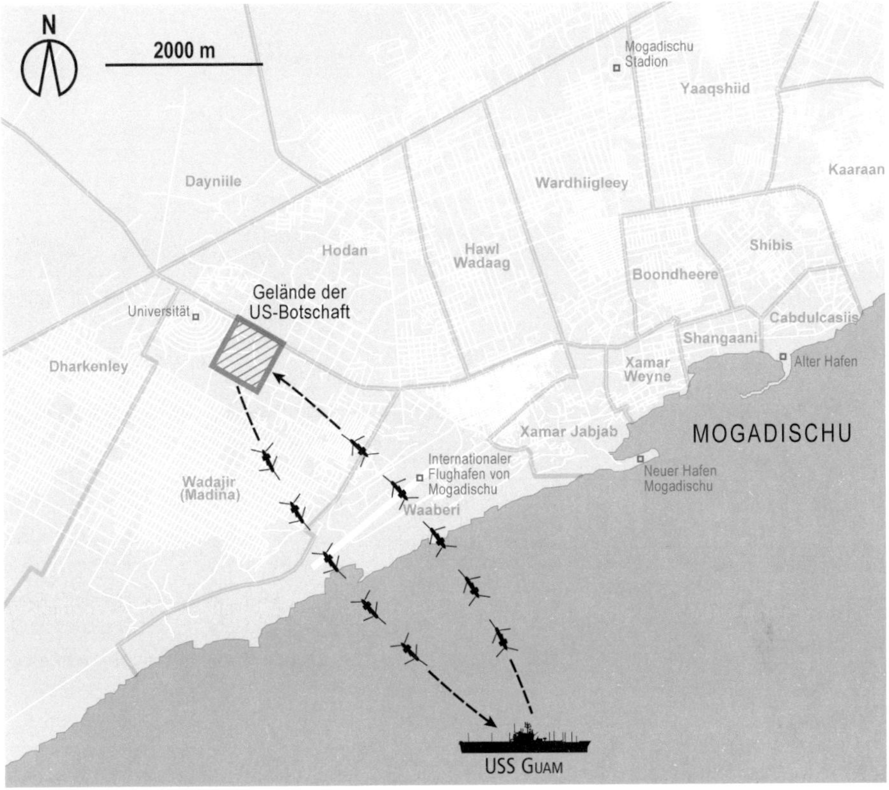

Zweite Welle mit je fünf CH-46E SEA NIGHT am 5. Januar 1991. Jeweils eine Welle war mit Passagieren zur USS GUAM unterwegs, während die andere Welle auf dem Weg in die US-Botschaft war.

6. Januar 1991/Sonntag

Zwischen 23.58 Uhr und zirka 00.18 Uhr/US-Botschaft Mogadischu/Somalia

Die Maschinen stehen knapp 20 Minuten bei laufenden Motoren am Boden. Die Crewmitglieder verlassen während dieser Zeit die Maschine nicht. Hinter den Mauern der US-Botschaft gelandet, bekommen sie von den Kämpfen außerhalb des Botschaftsgeländes nichts mit. Durch ihre NVG können sie in grünlichem Licht die Umgebung erkennen. Sie sehen, wie die Zivilisten durch US Marines in Gruppen zu 15 Personen zu den fünf wartenden Hubschraubern geführt werden. Nachdem alle Personen der ersten Welle an Bord sind, heben die Maschinen wieder ab und drehen nach dem Start in Richtung des Meeres ab.

00.20 Uhr/US-Botschaft Mogadischu/Somalia

Unmittelbar nachdem die erste Welle abgehoben hat, werden weitere 75 Zivilisten für die zweite Welle vorbereitet. Die Meldung, dass die erste Welle gestartet ist, ist bereits abgesetzt.

Gleichzeitig/USS GUAM/Vor der somalischen Küste/Indischer Ozean

Die fünf SEA KNIGHT der »Blue Knight« stehen auf dem abgedunkelten Deck der USS GUAM schon seit dem Abflug der ersten Welle bereit. Nachdem der Komman-

Flugplan der zweiten Welle, Zeitangabe in ZULU

Welle	Einheit	Callsign	Startzeit	Landezeit USS GUAM
1	HMM-263	»Thunder«	2043 Z	2058 Z
2	HMM-365	»Rugby«	2121 Z	2133 Z
3	HMM-263	»Thunder«	2152 Z	2200 Z
4	HMM-365	»Rugby«	2210 Z	2220 Z

dant der zweiten Welle vom Start der ersten Welle erfahren hat, heben die Maschinen ab. Sie werden denselben Flugweg wählen wie die Maschinen rund 40 Minuten zuvor.

00.30 Uhr/USS GUAM/Vor der somalischen Küste/Indischer Ozean

Sofort nach der Landung der ersten Welle auf dem Hubschrauberträger werden die Männer, Frauen und Kinder in Empfang genommen.[58] Über 125 Personen – vom Geistlichen bis zum Gepäckträger – stehen für den Empfang bereit. Zuerst passieren die Personen eine medizinische Kontrolle.[59] Anschließend werden sie durchsucht, müssen sich ausweisen und werden registriert. Die Identifikation der Evakuierten stellt sich als ein Problem heraus, da einzelne Personen ihre Ausweise nicht mehr bei sich tragen sowie ihre Identität nicht bekannt geben wollen, weil sie fürchten, wieder zurückgeschafft zu werden. Für diesen Ablauf sind rund vier Stunden eingeplant. Effektiv passieren die Evakuierten in der Hälfte der Zeit alle Kontrollen. Wie vorgesehen werden die Zivilisten auf die USS GUAM und die USS TRENTON verteilt. Die VIP unter den Zivilisten erhalten eine entsprechende Bevorzugung.

Während die Zivilisten versorgt werden, werden die fünf SEA KNIGHT mit laufenden Rotoren aufgetankt.

00.51 Uhr/US-Botschaft Mogadischu/Somalia

Die zweite Welle mit fünf CH-46E hebt in völliger Dunkelheit ab. Die Nachricht des erfolgten Starts wird an die USS GUAM übermittelt und kurze Zeit später hebt die dritte Welle mit fünf Hubschraubern vom US-Kriegsschiff ab.

Zwischen der zweiten und der dritten Welle/US-Botschaft/Mogadischu

Als die zweite Welle in der Botschaft landet, erscheint ein somalischer Major am Haupteingang und wünscht den US-Botschafter zu sprechen. Er ist den Amerikanern bekannt, denn er hatte ihnen im Verlauf des Tages verschiedentlich gegen Bezahlung geholfen. Nun fordert er den Botschafter auf, die Evakuierung zu stoppen, denn die somalische Regierung habe für die Operation keine Bewilligung erteilt. Seine Forderungen unterstreicht der Major mit einer Handgranate in seiner Hand sowie zwei Lastwagen vor dem Haupteingang, auf deren Ladeflächen Soldaten stehen. Weiter droht der Offizier die anfliegenden Hubschrauber abzuschießen. Die Lage wird mit einigen Tausend US-Dollars in cash sowie einigen Autoschlüsseln von Fahrzeugen gelöst, welche herrenlos auf dem Botschaftsgelände stehen. Entscheidender für die Amerikaner bleibt jedoch, dass die Operation in der Zwischenzeit planmäßig weitergeht.

Zeit in der HLZ US-Botschaft	Startzeit	Landezeit USS GUAM	Anzahl Personen an Bord
20 Minuten	2118 Z	2130 Z	75 Zivilisten
18 Minuten	2151 Z	2201 Z	75 Zivilisten
10 Minunten	2210 Z	2220 Z 2335 Z	4 CH-46 mit 60 Zivilisten 1 CH-46 mit 10 Zivilisten
29 Minuten	2249 Z	2323 Z	60 Soldaten der Sicherungskräfte

01.10 Uhr/US-Botschaft Mogadischu/Somalia

Vier der fünf Maschinen der dritten Welle starten kurz nach ein Uhr. Wegen einer Verunsicherung im Ablauf bleibt die fünfte Maschine am Boden stehen. Im entstandenen Durcheinander rennen Marines hin und her und zählen die Personen. Es muss sichergestellt sein, dass niemand vergessen wird. Nicht auszudenken, was mit einem Ausländer passiert, wenn die Amerikaner die Botschaft verlassen haben und der Mob das Gelände stürmt.

01.20 Uhr/US-Botschaft Mogadischu/Somalia

Die vierte und letzte Welle von SEA KNIGHTs fliegt die HLZ an. Die US Marines ziehen sich schrittweise zu den Hubschraubern zurück. Am Schluss wird die Sicherung nur noch durch die Bordkanonen der CH-46E gewährleistet.

01.49 Uhr/US-Botschaft Mogadischu/Somalia

Kurz vor zwei Uhr lokaler Zeit hebt die letzte Welle mit fünf Hubschraubern ab. Dabei kommt es beinahe zu einer Katastrophe, als zwei Marines, die den Befehl für den Rückzug nicht erhalten oder bemerkt haben. Die beiden Radiooperatoren wären beinahe vergessen worden.

Die letzte Welle blieb zehn Minuten länger als die drei vorhergehenden Wellen am Boden. Der Grund lag einerseits im Zählen aller Soldaten und im Umstand, dass die dritte Welle nicht wie geplant evakuiert und ausgeflogen wurde. Besatzungen und mitfliegende US Marines berichten später, dass die Plünderungen des Botschaftsgeländes durch den Mob unmittelbar nach dem Abheben der letzten Maschinen begonnen haben.

Noch vor ihrem Abflug haben die Amerikaner ihren lokalen Hilfskräften erlaubt, dass sie nach dem Abfliegen alles, was sie gebrauchen können, mitnehmen dürfen. Später wird herauskommen, dass kurze Zeit später die Haupttore zum Kanzleigebäude mit Panzerabwehrraketen beschossen wurden, um sie aufzubrechen.

02.43 Uhr/USS GUAM/Vor der somalischen Küste/Indischer Ozean

Die letzten CH-46E SEA KNIGHT landen auf der USS GUAM. Die fliegerische Operation ist erfolgreich abgeschlossen.

03.03 Uhr/USS GUAM/Vor der somalischen Küste/Indischer Ozean

Botschafter James K. Bishop erklärt die Evakuierung für erfolgreich abgeschlossen. 281 Zivilisten[60] – unter ihnen acht Botschafter – aus über 30 Ländern wurden gerettet.

Nachtrag

10. Januar 1991/Donnerstag

Am Morgen/USS Guam/Indischer Ozean

Mit dem 10. Januar fällt die »Ankunft« des 282. Evakuierten zusammen, als in den Morgenstunden des Donnerstags in der medizinischen Station der USS Guam eine schwangere Frau ein gesundes Kind auf die Welt bringt.

11. Januar 1991/Freitag

Im Verlauf des Freitags treffen die beiden US-Kriegsschiffe in Muskat ein. Nachdem alle Zivilisten von Bord gegangen sind, verlassen die Schiffe Muskat mit Ziel »Persischer Golf« wieder.

26. Januar 1991/Samstag

Knapp drei Wochen nach der erfolgreichen Operation »Eastern Exit« wird General Siad Barré abgesetzt. Seine Flucht endet in Nigerias Hauptstadt Lagos. Er stirbt am 2. Januar 1995 an einem Herzinfarkt.

Analyse und Wertung der Operation

Die öffentliche Wahrnehmung und die Würdigung der Operation »Eastern Exit«, welche am »Vorabend« und im Vorfeld der bevorstehenden Rückeroberung Kuwaits und eines Luftkrieges gegen den Irak stattfand, gingen unter.

Hätte diese erfolgreiche Rettung von Botschaftern, hochrangigen Diplomaten und einer großen Anzahl von zivilen Personen aus über 30 Ländern zu einem anderen Zeitpunkt stattgefunden, wäre das Echo in den internationalen Medien bedeutend größer ausgefallen.

Obwohl »eigentlich keine militärische Operation« im herkömmlichen Sinne, verdeutlicht »Eastern Exit« jedoch die Ausweitung der Aufgaben spezialisierter Kräfte zu Beginn der 90er Jahre. Ein US Navy SEAL-Team zum Schutz eines US-Botschafters abzustellen unterstreicht die Wichtigkeit, welche von Seiten der Militärs einer solchen Operation zugute kommt.

Die folgende Analyse berücksichtigt in ihrer Aussage natürlich auch, dass in einer sich schnell entwickelnden Lage – wie es die Operation »Eastern Exit« darstellt – selten ein optimaler Kräfteeinsatz in Personal und Material möglich ist. Mit diesem Hintergrund ist »Eastern Exit« ein gutes Fallbeispiel dafür, was mit schwierigen Rahmenbedingungen erreicht werden kann.

Vorbereitung

Obwohl bereits Anfang Dezember 1990 US-Botschafter James K. Bishop den im Land weilenden US-Bürgern empfohlen hat, Somalia zu verlassen, und entsprechende Meldungen der Nachrichtendienste über die zunehmende Gewalt und die politische Entwicklung am Horn von Afrika vorlagen, reagieren die US-Streitkräfte verhältnismäßig spät. Die erste Notiz über eine sich abzeichnende NEO erreicht das NAVCENT-Schiff, USS Blue Ridge (LCC-19), erst am 1. Januar 1991.

Auf dem Weg ins Operationsgebiet haben die Planer mit verschiedensten Schwierigkeiten, wie unvollständige Informationslage, nicht bewilligte Mittel (Fahrzeuge, Schiffe) und Verbindungsprobleme, zu kämpfen. Trotzdem sind aufgrund von SOP (Standard Operating Procedure) viele Aktivitäten einer NEO bereits vorgegeben und die Planer können sich um wichtige Aspekte, wie zum Beispiel die Luftbetankung, kümmern.

Interessanterweise treten im Vorfeld der Operation offensichtlich Diskussionen über den Einsatz der US Navy SEAL auf. Eine vertretene Meinung ist, dass die US Marines und die US Navy SEALs noch nicht zusammen trainiert haben, weshalb die Operation nur durch das USMC durchgeführt werden soll. Ein entsprechender Antrag wird richtigerweise von der vorgesetzten Stelle abgelehnt. Aufgrund ihres umfassenderen Trainings sind die SEALs für einen solchen Auftrag prädestiniert. Inwieweit die Streitkräfterivalität in dieser Beurteilung einen Einfluss gespielt hat, soll nicht beurteilt werden.

Training

Ein eigentliches Training für diese spezifische Operation hat nicht stattgefunden. Trotzdem waren die US-Soldaten aufgrund des Trainings im Vorfeld des Irak-Krieges auf einem hohen Ausbildungsstand. Die US Navy SEAL hatte mit dem Schutz des US-Botschafters einen »nicht artreinen« Auftrag auszuführen. Aufgrund ihrer Flexibilität konnten sie den VIP-Schutz sicherstellen und somit den Auftrag erfüllen.

Geheimhaltung

Auch in einer NEO spielen klassische militärische Grundregeln wie zum Beispiel die Geheimhaltung (Operation Security/OPSEC) eine entscheidende Rolle. Auf der Gegenseite standen die Regierungstruppen, verschiedene Rebellenorganisationen, kriminelle Banden und der Mob. Diese Gruppierungen waren dermaßen mit sich selber beschäftigt, dass sie keine ernsthafte Bedrohung für die Operation dargestellt haben. Ohne die real existierende Gefahr zu unterschätzen, haben diese »feindlich« gesinnten Kräfte während der Nacht keine Anstalten gemacht, in die US-Botschaft eindringen zu wollen.

Ausführung

Obwohl die Operation wie geplant durchgeführt werden konnte und erfolgreich war, gibt es eine Reihe interessanter »Lessons learned«:

Militärisch

- Hubschrauber
  Mit nur drei Besatzungen für die CH-53E ist die Durchhaltefähigkeit respektive die Fähigkeit, Langstreckeneinsätze erfolgreich durchführen zu können, nicht gewährleistet. Ohne den ersten Flug mit beiden großen und leistungsfähigen CH-53E SEA STALLION wäre die Operation »Eastern Exit« nicht in der vorgesehenen Art durchführbar gewesen.
- Luftbetankung
  Die Luft-Luft-Betankung ist ein Force Multiplier und wenn in der Nacht durchgeführt, ein entscheidender Vorteil für mögliche Einsätze. Dies bedeutet, dass die Crews so oft wie möglich dieses anspruchsvolle Manöver hätten trainieren müssen und die Maschinen entsprechend ausgerüstet und bereit sein müssen.
- Unterstützung
  Die Spezialkräfte sind sowohl in Zahl als auch Feuerkraft jedem potenziellen Gegner unterlegen. Ein »Gunship« über der Area of Operation bringt eine beträchtliche Verstärkung in der Feuerunterstützung als auch in der Aufklärung. Wie in ande-

ren Operationen haben sich die »Gunships« als eine wertvolle, flexible und multifunktionale Unterstützung erwiesen.
Trotzdem verzögert eine AC-130 den Beginn der Evakuierung um rund eine Stunde, weil aufgrund von Ruhebestimmungen die Crew der SPECTRE nicht früher starten kann. Es überrascht, dass in einer solchen Situation der Feuerunterstützung vor Ort und somit Sicherung der Operation nicht eine höhere Priorität gegeben wird, als dem Einhalten der Ruhezeiten. Zu dieser Situation kann es jedoch nur kommen, weil keine andere Besatzung oder eine andere Maschine verfügbar ist.

- Kommunikation
  Jede Art von militärischen Einsätzen setzt eine sichere und leistungsfähige Kommunikation zwischen den beteiligten Einheiten voraus. Gerade in einer JOINT-Operation zwischen Streitkräften und zivilen Stellen ist die Kommunikation entscheidend. In »Eastern Exit« steht weder eine gesicherte noch eine genügend leistungsfähige Verbindung zwischen der US-Botschaft und der ATF zur Verfügung.
- Einsatz von NVG
  Die US-Streitkräfte (Spezialkräfte und Hubschraubercrews) haben mit dem Einsatz von Night Vision Goggles einen entscheidenden Vorteil gegenüber allen gegnerischen Parteien am Boden.
- Militärisches Personal
  Die militärischen Planer wollten die Operation mit mehr Personal starten. Diesem Antrag wurde nicht entsprochen. Einmal im Botschaftsgelände angekommen, wird erneut ein Antrag um Verstärkung gestellt. Auch diesem wird – nach anfänglicher Zustimmung – nicht entsprochen.
- Koordination
  »Eastern Exit« unterstreicht die Wichtigkeit von streitkräfteübergreifender Zusammenarbeit in der Planung. Nur wer einander kennt, kann im Einsatz auch entsprechend erfolgreich sein.
  Der Koordinationsaufwand vor und während der Operation ist groß und anspruchsvoll. Die Feuerunterstützung durch AC-130 sowie die KC-130-Tanker müssen zum richtigen Zeitpunkt am richtigen Ort sein.

Organisatorisch

- Evakuierung – Ablauf
  Eine Evakuierung von nicht geübten Zivilisten erfordert eine möglichst einfache Vorgehensweise. Die Personen müssen entsprechend instruiert und vorbereitet werden. Dies setzt eine genügend große Anzahl von Personal voraus, das diese Aufgabe übernehmen kann. Die Verweilzeit der SEA KNIGHTs am Boden wurde auch durch den Umstand verlängert, weil die Zivilisten im Umgang mit der Ausrüstung (Schwimmwesten, Anschnallen im Innenraum oder Sitzordnung) nicht geübt waren. Dass dies in der Dunkelheit stattfand, hat den Prozess zusätzlich erschwert. Natürlich konnte im konkreten Fall auf das Anziehen der Schwimmwesten ein höherer Stellenwert gelegt werden, als in einer Evakuierung mit einem höheren Bedrohungsgrad oder sogar unter Beschuss.
- Evakuierung – Übersicht
  In einer Evakuierungsoperation muss zu jedem Zeitpunkt die Übersicht vorhanden sein. Das setzt standardisierte und eingeübte Abläufe (SOP) und genügend Personal voraus.

- Evakuierung – Identifikation
  Eine Evakuierung von hochrangigen Persönlichkeiten und wichtigen Personen setzt auch deren Identifikation voraus. Das bedeutet, dass die Spezialkräfte über entsprechende Fotos verfügen müssen.
- Personal – Doppelfunktionen
  Während der Operation »Eastern Exit« müssen Soldaten, welche für eine andere Funktion vorgesehen sind, für andere Aufgaben abgezogen werden. Doppelfunktion und Improvisation kann unter anderen Umständen den Erfolg gefährden.
- US-Botschaft
  Die Planer, die Piloten und die beteiligten Spezialkräfte sind erstaunlicherweise nicht im Besitz von aktuellem Kartenmaterial. Die Piloten fliegen mit veralteten Karten im Maßstab 1: 50.000 sowie mit veralteten Fotos. Auch wenn heute in Zeiten des Hightech hoch entwickelte GPS zur Standardausrüstung gehören, ersetzt jedes technische Instrument nicht ausreichendes und genaues Kartenmaterial. In gefährdeten Ländern können die entsprechenden Botschaften und andere Orte für Evakuierungsoperationen entsprechend vorbereitet werden. Dies umfasst zum Beispiel die Hubschrauberlandezone oder Hindernisse innerhalb der Botschaft.
- USS GUAM – Arbeit auf dem Flugdeck
  So sehr die Operation von den fliegerischen Fähigkeiten der Piloten der beiden HMM abhing, darf nicht vergessen werden, dass die Abwicklung der anlandenden Hubschrauber auf einem nächtlichen Deck des Hubschrauberträgers ebenfalls eine Meisterleistung der involvierten Deckmannschaften der USS GUAM darstellt.

Verhalten des Gegners während der Operation

Einen eigentlichen und genau bestimmten Gegner gab es nicht. Alle Parteien in Mogadischu sind gegen die Evakuierungsaktion ausländischer Staaten, wenn auch mit unterschiedlichen Motivationen.

Auf Seiten der Rebellen wird befürchtet, mit dem Einfliegen von ausländischen Soldaten könnte einerseits eine Kräfteverschiebung zugunsten der somalischen Regierung stattfinden, andererseits die Elite der Regierung außer Landes gebracht werden.

Ein Bürgerkrieg, wie er sich in Somalia entwickelt hat, ist gekennzeichnet vom Zerfall staatlicher Ordnung und einem Machtvakuum, welches sowohl von den Rebellen als auch von kriminellen Banden ausgefüllt wird. Aus diesem Grund ist »der Gegner« auch nicht einfach als solcher zu bestimmen. Es gibt zu viele Parteien in diesem Konflikt.

Eine Gefahr für die zahlenmäßig stark unterlegenen US-Streitkräfte hätte nur bestanden, wenn ein massiver und koordinierter Einsatz »feindlich gesinnter« Kräfte stattgefunden hätte. Je länger der Evakuierungseinsatz gedauert hätte, umso größer wäre diese Gefahr geworden. Vor allem während des Tages, nachdem im Morgengrauen die ersten US-Hubschrauber ein- und ausgeflogen waren, hätte eine solche Gefahr bestanden. Sowohl in der ersten Nacht als auch in der zweiten Nacht sind die US-Streitkräfte aufgrund ihrer technischen Ausrüstung jeder gegnerischen Partei überlegen. Auch der Feuerkraft des im Luftraum von Mogadischu fliegenden AC-130 SPECTRE-Kampfflugzeuges haben die »feindlich gesinnten« Kräfte nichts Vergleichbares entgegenzusetzen.

Wie ein Eingreifen des »Gunships« in eine Auseinandersetzung am Boden in der US- und in der westlichen Öffentlichkeit aufgenommen worden wäre, ist schwierig zu beurteilen. Der Umstand, dass erst nach dem Abfliegen des letzten CH-46E SEA

KNIGHT die Mauern der US-Botschaft durch den Mob überwunden wurden, zeigt ebenfalls auf, dass die gegnerischen Kräfte außerhalb der Mauern entweder die Lage über die Kampfkraft der US-Streitkräfte richtig eingeschätzt haben oder gar nie einen solchen Organisationsgrad erreichten, welcher für einen koordinierten Angriff auf die US-Botschaft nötig gewesen wäre.

Psychologischer Effekt der Operation und Image

Angehörige verschiedener Staaten sitzen in den ersten Tagen des Januars 1991 in Mogadischu fest und sind in ihrer Sicherheit bedroht. Mehrere Staaten unternehmen Versuche, ihre Staatsangehörigen außer Landes in Sicherheit zu bringen. Obwohl schließlich auch andere Länder wie zum Beispiel Italien oder Kenia, welche ebenfalls eine größere Anzahl von Personen auf dem Luft- und dem Seeweg außer Landes schaffen können, erfolgreich sind, sind es nur die US-Streitkräfte, welche zu diesem Zeitpunkt in der Lage sind, die Zivilisten beim ersten Versuch erfolgreich und so früh auszufliegen.

Aufgrund der Tatsache, dass die USA Angehörige von über 30 Ländern evakuiert haben, verdeutlich eindrücklich, welche Fähigkeiten man den US-Streitkräften zumisst. Mit der Evakuierung haben die USA sowohl innen- als auch außenpolitisch klar ausgedrückt, dass die US-Regierung gewillt und befähigt ist, bedrohte US-Staatsbürger evakuieren zu können und zu wollen. Eine Art militärischer Operation, welche aufgrund der Verschiebung von Konflikten und Kriegen hin zu asymmetrischen Konflikten und nichtstaatlichen Auseinandersetzungen in den kommenden Jahren voraussichtlich vermehrt durchgeführt werden wird.

Internationales Recht

In den vergangenen Jahren mussten mehrere Staaten eingreifen, um ihre Staatsbürger zu retten respektive zu evakuieren. Dabei sind die offenen Fragen des internationalen Rechts für solche Operationen ein interessanter Aspekt.

Die internationale Rechtsprechung behandelt militärische Operationen wie »Eastern Exit«, also Evakuierungsoperation zur Rettung eigener Staatsbürger, nicht eindeutig. Die Rechtsprechung lässt vielmehr widersprüchliche Interpretationen zu. Der Grund hierfür liegt unter anderem in der Ausrichtung des Völkerrechts.

Das internationale Recht ist in seiner Art auf solche Situationen nicht ausgerichtet. Obwohl in der somalischen Hauptstadt Mogadischu ein eigentlicher Krieg zwischen verschiedenen Parteien voll im Gange war, bleiben die involvierten Parteien bewusst oder unbewusst unterhalb der Schwelle eines bewaffneten Angriffs »Armed Attack« nach UN-Charta, Artikel 51. Würde die Schwelle zu einem bewaffneten Angriff überschritten, ist ein Eingreifen zur Rettung der eigenen Staatsbürger im Sinne des Rechts auf Selbstverteidigung völkerrechtlich zulässig.

Bisher konnte in Konflikten von einer Vertrauensverpflichtung der beteiligten Staaten ausgegangen werden. Die Staaten bauten auf die so genannte Gegenseitigkeitserwartung, eine Art völkerrechtliches Gewohnheitsrecht, das eine gegenseitige korrekte Behandlung der jeweiligen Angehörigen zum Inhalt hatte. Marodierende Bürgerkriegsbanden und »Warlords« verfolgen jedoch ihre eigenen Ziele. Sie halten sich nur so lange an das Völkerrecht, als dass es ihnen direkte Vorteile verschafft.

Die juristische Zulässigkeit einer »humanitären Intervention« wird im Völkerrecht und in der UN-Charta widersprüchlich interpretiert. Die UN-Charta, Artikel 2, Ziffer 4, verbietet mit dem universellen Gewaltanwendungsverbot jegliche Androhung und Anwendung von militärischer Gewalt. Die Gewalt darf sich weder gegen die territoriale Unversehrtheit oder noch gegen die politische Unabhängigkeit eines Staates richten. Bislang konnte sich ein Staat darauf berufen, dass das Gewaltanwendungsverbot der UN-Charta die Rettung eigener Staatsangehöriger unter Gebrauch von militärischer Gewalt nicht ausschließt, wenn der andere Staat den Schutz und die Unversehrtheit ausländischer Staatsangehöriger nicht mehr wahrnehmen kann oder will und das Leben dieser Bürger gefährdet ist. Die erfolgreiche Operation »Thunderbolt« 1976 in Entebbe/Uganda oder die misslungene Operation »Eagle Claw« 1980 im Iran zeugen vom Willen einzelner Staaten, eigene Staatsbürger mit militärischer Gewalt im Ausland zu retten. Bisher wurde noch kein Staat für einen derartigen Einsatz durch die UN-Vollversammlung verurteilt. Für die Rechtmäßigkeit wird angeführt, dass die militärischen Interventionen im Ausmaß und Umfang eine relativ geringe Gewaltanwendung darstellen und die territoriale Unversehrtheit sowie Unabhängigkeit der betreffenden Staaten nicht nachhaltig beeinträchtigen sollen.

Als Argumente für die juristische Zulässigkeit einer Intervention werden der Schutz der Menschenrechte und der Grundfreiheiten (Artikel 1, Ziffer 3) sowie die Ansicht, dass ein Angriff auf das Leben von Staatsangehörigen im Ausland ein Angriff auf Teile des eigenen Staates und deshalb mit dem Recht auf Selbstverteidigung (UN-Charta, Artikel 51) vereinbar ist, herangezogen.

Der Internationale Gerichtshof hat sich bisher noch nicht abschließend zu der Frage geäußert.

Inwieweit sich ein Staat, welcher über die militärischen Fähigkeiten sowie die eigene politische Unterstützung zur Rettung von Staatsbürgern verfügt, von rechtlichen Überlegungen beeinflussen lässt, entscheidet letztlich die amtierende Regierung. Eine gewisse dissuasive Abschreckung durch erfolgreich durchgeführte Operationen kann nicht abgestritten werden.

Mittel

Hubschrauber

Typ	CH-53E SEA STALLION
Hersteller	Sikorsky Aircraft
Triebwerke	3 x General Electric T64-GE-416
Leistung	3 x 4.380 SHP
Länge	30,30 Meter
Höhe (Rotorkopf)	5,32 Meter
Höhe	8,64 Meter
Hauptrotordurchmesser	24,07 Meter
Gewicht (max.)	31.666 Kilogramm (interne Beladung) 33.369 Kilogramm (externe Beladung)
Geschwindigkeit	150 Knoten (172,5 Meilen) pro Stunde
Reichweite (interner Treibstoff)	540 nautische Meilen (621 Meilen)
Reichweite (mit Luftbetankung)	unbestimmt
Bewaffnung	2 x XM-218 .50
Besatzung	5 (Pilot, Copilot, 2 Bordschützen und Crew Chief)

Zuladung	55 Passagiere
Zuladung (medizinische Evakuierung)	24 Bahren
Mission	Truppentransporter
Eingeführt	1981

Typ	CH-46E SEA KNIGHT
Hersteller	Boeing Vertol Company
Triebwerke	2 x General Electric T58-16
Leistung	1.770 SHP
Länge	25,69 Meter
Länge (mit gefalteten Rotoren)	13,89 Meter
Hauptrotordurchmesser	15,54 Meter
Breite (mit gefalteten Rotoren)	4,49 Meter
Höhe	5,08 Meter
Hauptrotordurchmesser	15,54 Meter
Gewicht (max.)	11.032 Kilogramm
Geschwindigkeit	145 Knoten (166,75 Meilen) pro Stunde
Reichweite (Kampfeinsatz)	132 nautische Meilen
Bewaffnung	
Besatzung (normal)	4 (Pilot, Copilot, Crew Chief und Flugmechaniker)
Besatzung (Kampf)	5 (Pilot, Copilot, Crew Chief und zwei Flugmechaniker)
Zuladung (Kampf, max.)	14 Soldaten mit zwei Bordschützen
Zuladung (medizinische Evakuierung)	15 Bahren und zwei Betreuungspersonen
Zuladung (Fracht, max.)	2.270 Kilogramm
Mission	Truppentransporter
Eingeführt (E-Version)	1978

Tanker

Typ	KC-130T
Hersteller	Lockheed Aircraft Corporation
Triebwerke	4 x Allison T56-A-16 Turboprops
Leistung	4 x 4.910 shp (3.661 kW)
Spannweite	40,39 Meter
Länge	22,16 Meter
Höhe	11,68 Meter
Gewicht (max.)	79.450 Kilogramm
Geschwindigkeit	464 Kilometer pro Stunde (Meereshöhe)
Dienstgipfelhöhe	9.140 Meter
Reichweite	1.852 Kilometer mit 20.430 Kilogramm Zuladung
Bewaffnung	keine
Mission	Transport- und Tankerflugzeug
Eingeführt	1983

Abkürzungen und Glossar

A9	Hochmobile Einsatzeinheit für Spezialaufgaben von Scotland Yard
A11	Diplomatic Protection Group
AAA	Anti-Aircraft-Artillery
AB	Air Base
AFB	Air Force Base
APC	Armored Personnel Carrier
ARCENT	Army Central Command
ARCP	Aerial Refueling Control Point
AT	Antiterror
ATF	Amphibious Task Force
BBC	British Broadcast Company
BLT	Battalion Landing Team
C7	Technische Einheit von Scotland Yard
C11	Scharfschützeneinheit der Metropolitan Police
C13	Anti-Terrorist Squad von Scotland Yard
CAS	Close Air Support
CENTAF	Central Command Air Force
CENTCOM	Central Command (CENTCOM)
CIA	Central Intelligence Agency
CINCENT	Commander-in-Chief Central Command
CIT	Counterintelligence Team
CJCS	Chairman of Joint Chiefs Staff
COBRA	Cabinet Office Briefing Room
CQB	Close Quarter Battle
CRW	Counter Revolutionary Warfare Wing
DDR	Deutsche Demokratische Republik
DEA	Drug Enforcement Agency
DELTA FORCE	Spezialeinheit der US Army (Antiterroreinheit)
DPG	Diplomatic Protection Group
DRMLA	Democratic Revolutionary Movement for the Liberation of Arabistan
ECC	Evacuation Coordination Center
EDA	Eidgenössisches Departement für auswärtige Angelegenheiten (schweizerische Bezeichnung für das Außenministerium)
EJPD	Eidgenössisches Justiz- und Polizeidepartement
EMD	Eidgenössisches Militärdepartement (schweizerische Bezeichnung für das Verteidigungsministerium)
EPIRB	Emergency Position Indication Radio Beacon
FAC	Forward Air Controller
FBI	Federal Bureau of Investigation
FCE	Forward Command Element
FEL	Fliegender Einsatzleiter
GIGN	Groupe Intervention de Gendarmerie Nationale

GSG 9	Grenzschutzgruppe 9 (Antiterroreinheit des deutschen Innenministeriums)
HEEDS	Helicopter Emergency Egress Device System
HLZ	Helicopter Landing Zone
HMLA	Helicopter Marine Light Attack
HMMWW	High Mobility, Multi Purpose Wheeled Vehicle
KAPO	Kantonspolizei
KLM	Koninklijke Luchtvaart Maatschappij (Königliche Luftfahrtgesellschaft)
LAAW	Light Assault Anti-tank Weapon
LCAC	Landing Craft Air Cushion
LPD	Amphibious Transport Dock
LPH	Landing Platform Helicopter
LPU	Life Preserving Unit/Schwimmweste
LST	Tank Landing Ship
MEB	Marine Expeditionary Brigade
MEDEVAC	MEDicale EVACuation (medizinische Evakuierung) Militärischer Rettungshubschrauber
MI5	Military Intelligence Department 5 (Inlandnachrichtendienst)
MI6	Military Intelligence Department 6 (Auslandnachrichtendienst)
MPS	Maritime Prepositioning Ships
MSG	Marine Security Guard
NAVCENT	Navy Central Command
NEO	Noncombantant Evacuation Operation
NVG	Night Vision Goggles (Nachtsichtgerät)
NWS	National Weather Service
OMC	Office of Military Cooperation
OpSec	Operation SECurity (Geheimhaltung der Operation)
PC	Police Constable
PC	Precious Cargo (Codewort für Kurt Muse)
PDF	Panamanian Defense Force
PJ	Pararescue Jumper
PTT	Post-, Telefon- und Telegrafenverwaltung
ROE	Rules Of Engagement (Verhaltensregeln über den Einsatz von [Waffen-] Gewalt)
SA	Surface-to-Air (Missile)
SAS	Special Air Service
SE	Sondereinheit
SEAL	Sea Air Land
SNM	Somali National Movement
SOAR	Special Operation Air Regiment
SOCCENT	Special Operations Command Central
SOGE	Sonderstab »Geiselnahme«
SOP	Standard Operating Procedure
SOS	Special Operations Squadron
SOW	Special Operations Wing
SP	Special Projects

SPG	Special Patrol Group
SPM	Somali Patriotic Movement
STAPO	Stadtpolizei
TACRON	Tactical Air Control Squadron
TF	Task Force
TRAP	Tactical Recovery of Aircraft and Personnel
UHF	Ultra High Frequency
UNO	United Nations Organization (Vereinte Nationen)
USAF	United States Air Force
USC	United Somali Congress
USMC	United States Marine Corps
USN	United States Navy
USS	United States Ship
VW	Volkswagen

Literaturverzeichnis

Associated Press (1982). Der Überfall auf die polnische Botschaft. Neue Zürcher Zeitung. Ausgabe 13. September 1982. Nr. 223. Seite 34.
Associated Press (1982). Gesuch um Auslieferung der Botschaftsbesetzer. Neue Zürcher Zeitung. Ausgabe 13. September 1982. Nr. 228. Seite 34.
Associated Press (1993). Fighting Said to Intensify in Somalia's Capital. 11. January 1991. New York Times.
BBC (2000). Siege at the Iranian Embassy 1980. Iran and the hostage-takers. 26. April 2000.
BBC (2000). Siege at the Iranian Embassy 1980. Lucky to be alive. 26. April 2000.
BBC (2000). Siege at the Iranian Embassy 1980. Six days of fear. 26. April 2000.
BBC (2000). Siege at the Iranian Embassy 1980. The cult of the SAS. 26. April 2000.
Bishop, James K. (1991). Escape from Mogadishu Foreign Service Journal/ March 1991, 26–31.
Brehm, Jack (2000). May others a live. The true story of a PJ, a member of America's most daring rescue force. Crown Publishers. New York.
Brock, George et al (1980). SIEGE – Six Days at the Iranian Embassy. Macmillan London Ltd.
BZ (1982). »Das ist eine gefährliche Sache«. Berner Zeitung. Ausgabe 7. September 1982.
BZ (1982). »Wir lassen uns nicht erpressen«. Ausgabe 10. September 1982. Seite 1.
BZ (1982). Belebte Ruhe nach dem Botschaftssturm. Ausgabe 11. September 1982. Seite 1.
BZ (1982). Der erfolgreiche 80-jährige. Ausgabe 8. September 1982.
BZ (1982). Die Geiselnehmer drohen Sprengung an. Berner Zeitung. Ausgabe 7. September 1982. Seite 1.
BZ (1982). Die Stadtpolizei als »Busipo«. Berner Zeitung. Ausgabe 7. September 1982.
BZ (1982). Ein »Stern« ging auf am Elfenweg. Ausgabe 11. September 1982.
BZ (1982). Eine Lösung ohne Blutvergießen. Ausgabe 8. September 1982. Seite 1.
BZ (1982). Erinnerungen an den Weltkrieg. Ausgabe 7. September 1982.
BZ (1982). Extreme psychische Belastung. Ausgabe 8. September 1982.
BZ (1982). Gespannte Ruhe und viele Gerüchte. Ausgabe 8. September 1982
BZ (1982). Lob und Dank aus Warschau. Ausgabe 11. September 1982.
BZ (1982). Oberst Wysocki alias Florian Kruszyk. Ausgabe 11. September 1982.
BZ (1982). Straffreiheit kommt nicht in Frage. Ausgabe 9. September 1982. Seite 1.
BZ (1982). Überraschung ist alles. Ausgabe 10. September 1982.
CNN (1996). After nearly 11 years, EgyptAir hijacker sentenced. CNN
Colucci, Frank (1991). Night flight to Somalia. Defence Helicopter/ August-September 1991. 24–27. Proceedings, Naval Review.
Connor, Ken (2002). Ghost Force – The Secret History of the SAS. Cassel Military Paperbacks. London.
Crawford, Steve (1998). The SAS Encyclopedia. The Definitive Companion to the World's Crack Regiment. Miami. Lewis International, Inc.
Criminal Court for the island of malta and the Island affliliated with it (1988). The Republic of Malta against Omar Mohammed Ali Rezaq. 4. April 1988. Senior Attorney of the Republic, Dr. V. DeGaetano.

Darman, Peter (1994). SAS – The World Best. London. Sidgwick & Jackson.
Davis, Barry (1997). SAS – The Illustrated History. London, Virgin Books.
Davis, Barry (2001). The complete Encyclopedia of the SAS. Virgin. London.
Davis, Davies (2000). The Complete Encyclopedia of the SAS. Virgin Publishing Limited. London.
de la Billière, Peter Sir (1995). Looking for Trouble. Harper Collins Publishers. London.
Der Bund (1982) Polens Botschaft in Bern besetzt. Ausgabe 7. September 1982. Nr. 208. Seite 1.
Der Bund (1982). »... auch inskünftig keine Übergriffe dulden«. Ausgabe 10. September 1982. Nr. 211. Seite 1.
Der Bund (1982). »Der Medienzirkus in Bern«. Ausgabe 10. September 1982. Nr. 211. Seite 27.
Der Bund (1982). »Die Schweizer haben ihr Bestes getan«. Ausgabe 10. September 1982. Nr. 211. Seite 27.
Der Bund (1982). »Wir werden selber mit den Besetzern fertig«. Ausgabe 9. September 1982. Nr. 210. Seite 1.
Der Bund (1982). Ähnliche Besetzungen schon 1955 und 1958. Ausgabe 7. September 1982. Nr. 208. Seite 19.
Der Bund (1982). Aus dem Ausland lauter Komplimente für Bern. Ausgabe 11. September 1982. Nr. 212. Seite 21.
Der Bund (1982). Ausgabe 7. September 1982. Der Sonderstab. Nr. 208. Seite 19.
Der Bund (1982). Ausgabe 7. September 1982. Heimatarmee. Nr. 208. Seite 19.
Der Bund (1982). Belagerungszustand mit Manöverstimmung. Ausgabe 7. September 1982. Nr. 208. Seite 19.
Der Bund (1982). Botschaftsbesetzung: Gespräche, Hektik, Spannung. Ausgabe 8. September 1982. Nr. 209. Seite 1.
Der Bund (1982). Bundesgericht oder kantonales Strafgericht. Ausgabe 11. September 1982. Nr. 212. Seite 21.
Der Bund (1982). Der Haupttäter bleibt dubios. Ausgabe 11. September 1982. Nr. 212. Seite 21.
Der Bund (1982). Die Berner reagierten gelassen. Ausgabe 10. September 1982. Nr. 211. Seite 27.
Der Bund (1982). Die langen Tage und die langen Nächte. Ausgabe 10. September 1982. Nr. 210. Seite 25.
Der Bund (1982). Eine Geisel befreit. Ausgabe 9. September 1982. Nr. 210. Seite 1.
Der Bund (1982). Florian Kruszyk, Verbrecher und Patriot. Ausgabe 10. September 1982. Nr. 211. Seite 1.
Der Bund (1982). Für Fensterplätze wird jeder Preis bezahlt. Ausgabe 8. September 1982. Nr. 209. Seite 19.
Der Bund (1982). Grenadiere übten Sturm der Botschaft. Ausgabe 10. September 1982. Nr. 211. Seite 27.
Der Bund (1982). Joseph Bochenski. Ausgabe 11. September 1982. Nr. 212. Seite 21.
Der Bund (1982). Knacknuss für die Justiz? Ausgabe 10. September 1982. Nr. 210. Seite 25.
Der Bund (1982). Mit dem Brunch kam die Befreiung. Ausgabe 10. September 1982. Nr. 211. Seite 1.

Der Bund (1982). Nach der Befreiung die drängenden Fragen. Ausgabe 11. September 1982. Nr. 212. Seite 1.
Der Bund (1982). Stete Auseinandersetzung mit dem Ernstfall. Ausgabe 11. September 1982. Nr. 212. Seite 21.
Der Bund (1982). Terrorbekämpfung: Im Ausland national – in der Schweiz kantonal. Ausgabe 8. September 1982. Nr. 209. Seite 19.
Der Bund (1982). Vermittler Bochenski. Ausgabe 8. September 1982. Nr. 209. Seite 19.
Der Bund (1982). Was die Massenmedien im Ausland aus Bern berichten. Ausgabe 10. September 1982. Nr. 210. Seite 25.
Der Bund (1982). Wer sind sie? Ausgabe 8. September 1982. Nr. 209. Seite 19.
Dionne, E. J. JR. (1985). 50 on plane die as gunmen hurl grenades when Egypt storms hijacked jet in Malta. 25. November 1985. New York Times.
Dionne, E. J. JR. (1985). Detainee in Malta is named as chief of hijacking gang. 27. November 1985. New York Times.
Dionne, E. J. JR. (1985). Hijacking toll climbs to 60; Tactics of Egyptian troops in assault are questioned. 26. November 1985. New York Times.
Dionne, E. J. JR. (1985). Malta now wary on disaster cause. New York Times.
Dolan E. Ronald (2001). A History of the 160th Special Operations Aviation Regiment (Airborne). Federal Research Division. Library of Congress. Washington.
Doss, Robert A. (1992). Out of Africa. Escape from Mogadishu. Naval Review. 103–105.
Geraghty, Tony (1995). Who Dares Wins. The Special Air Service, 1950 to the Gulf War. Warner Books. London.
Gordon, Michael R (1985). Maltese says 3 high U.S. officers helped coordinate assault on jet. 2. Dezember 1985. New York Times.
Gwertzman, Bernard (1985). U.S. backs raid, regrets death. 25. November 1985. New York Times.
Harclerode, Peter (2001). Secret Soldiers – Special Forces in the War against Terrorism. Cassel Military Paperbacks. London.
Harclerode, Peter (2001). Secret Soldiers – Special Forces in the War against Terrorism. Cassel Military Paperbacks. London.
Harclerode, Peter (2001). Secret Soldiers – Special Forces in the War against Terrorism. Cassel Military Paperbacks. London.
Hunter, B. Thomas (1996). Operation Acid Gambit. The Rescue of Kurt Muse. Journal of Counterterrorism & Security International.
Hunter, Thomas B (1997). The SAS Assault at Princes Gate, Special Operations Journal 1997.
Joint Pub 3-07.5. (1997). Joint Tactics, Techniques and Procedures for Noncombatant Evacuation Operations. 30. September 1997.
Junger, Sebastian (1997). A wet hell. Esquire Magazine. May 1997.
Kifner, John (1985). Gunmen's ties, and the motive not yet clear. 28. Dezember 1985. New York Times.
Kifner, John (1985). Key question remains: who ordered attacks? 28. Dezember 1985. New York Times.
Lewis, Jon E. (2001). The mammoth book of Elite Forces – Graphic account of military exploit by world's special forces. Carroll & Graf Publishers. New York.

MacDonald, Peter (1994). SAS im Einsatz. Die Geschichte der britischen Spezialeinheit. Motorbuch Verlag Stuttgart.
Marine Corps Association (1998). With Marine Forces Afloat in Desert Shield and Desert Storm (U.S. Marines in the Persian Gulf, 1990–1991).
Maurer, Peter (2007). BrennPunkt 28/30. Besetzung der polnischen Botschaft in Bern 1982. Sendung des Schweizer Radios, Rendezvous vom 8. August 2007.
McKenna, Pat (1998). The Devil & the Deep Blue. Adrift in raging sea, N.Y. Air Guard crew struggled to survive the »Storm of the Centry«. Airman. Magazine of America's Air Force. December.
Miller, Judith (1985). Attack »was our only hope«, pilot of flight 648 declares. 25. November 1985. New York Times.
Miller, Judith (1985). Fire, not bullets, reported to kill most victims on hijacked plane. 28. November 1985. New York Times.
Miller, Judith (1985). From takeoff to raid: The 24 hours of flight 648. 27. November 1985. New York Times.
Miller, Judith (1985). Malta says 3 high U.S: officiers helped coordinate assault on jet. 1. Dezember 1985. New York Times.
Miller, Judith (1985). Maltase reported to have barred role for U.S. officers in jet raid. 3. Dezember 1985. New York Times.
Miller, Judith (1985). Shot in head or caught in inferno, passengers live to tell ordeal. 26. November 1985. New York Times.
Miller, Judith (1985). U.S. assistance reported in Malta raid. 1. Dezember 1985. New York Times.
Miller, Judith (1985). U.S. is reported to have sent aid for Malta rescue. 30. November 1985. New York Times.
Muse, Kurt, Gilstrap, John (2006). Six Minutes to Freedom. Citadel Press. New York.
Neue Zürcher Zeitung (1982). Besetzung der polnischen Botschaft beendet. Ausgabe 10. September 1982. Nr. 210. Seite 33/34.
Neue Zürcher Zeitung (1982). Intensive Bemühungen auf dem Verhandlungsweg. Ausgabe 8. September 1982. Nr. 208. Seite 33.
Neue Zürcher Zeitung (1982). Polnische Nachlese zu der Berner Aktion. Ausgabe 13. September 1982. Nr. 212. Seite 14.
Neue Zürcher Zeitung. (1982) Überfall auf die polnische Botschaft. Ausgabe 7. September 1982. Nr. 207. Seite 27.
Neue Zürcher Zeitung (1982). Vor der entscheidenden Phase? Ausgabe 9. September 1982. Nr. 209. Seite 33.
Neue Zürcher Zeitung (1982). Warschau fordert Schutz seiner Diplomaten. Ausgabe 7. September 1982. Nr. 207. Seite 27.
Neue Zürcher Zeitung (1983). Die Affäre der Besetzung der polnischen Botschaft. Ausgabe 25. August 1983. Nr. 197. Seite 34.
New York Times (1985). Official asserts arabic accent points to hijackers' identity. 24. November 1985. New York Times.
New York Times (1985). The story of a wounded passenger: »I froze, pretending to play dead.« 28. November 1985. New York Times.
New York Times (1985). U.S. may move anti-hijacking experts. 5. Dezember 1985. New York Times.

Norton-Taylor, Richard (2002). Siege SAS men »told not to take prisoners«. Guardian unlimited. July 24, 2002.

Ohls, Gary J. (EASTERN EXIT – Rescue »... From the Sea«. Naval War College Review, Autum 208, Vol. 61. No. 4. Naval War College Press. Newport, RI.

Perlez, Jane (1991). U.S. and Italy Evacating Foreigners in Somalia. 6. Januar New York Times.

Pflug, Jackie Nink (1996). Miles to go before I sleep – My Grateful Journey Back from the Hijacking of EgyptAir Flight 648. Hazelden. Center City, Minnesota.

Reuters (1982). Polen zeigt Verständnis für die schweizerische Haltung. Neue Zürcher Zeitung. Ausgabe 16. November 1982. Nr. 267. Seite 34.

Schweizer Depeschenagentur (1982). Besetzer der polnischen Botschaft identifiziert. Ausgabe 10. September 1982. Nr. 211. Seite 33.

Schweizer Depeschenagentur (1982). Die Besetzer der polnischen Botschaft kommen vor das Bundesstrafgericht. Neue Zürcher Zeitung. Ausgabe 16. November 1982. Nr. 267. Seite 34.

Schweizer Depeschenagentur (1983). Behauptung von Botschaftsbesetzer Kruszyk dementiert. Neue Zürcher Zeitung. Ausgabe 3. März 1983. Nr. 50. Seite 32.

Schweizer Depeschenagentur (1983). Neue Behauptung von Botschaftsbesetzer Kruszyk. Neue Zürcher Zeitung. Ausgabe 1. März 1983. Nr. 50. Seite 36.

Shipler, David K. (1985). Anti-terrorism can also have its price. 1. Dezember 1985. New York Times.

Shipler, David K. (1985). Interpol reported warned of raids on airports. 28. Dezember 1985. New York Times.

Siegel, Adam B. (1992). An American Entebbe, Center for Naval Analyses, 2002.

Siegel, Adam B. (2002). Eastern Exit: The Noncombatant Evacuation Operation (NEO) from Mogadischu, Somalia in January 1991, Center for Naval Analyses, 2002.

Soupiset, Mark (2001). Surviving the Perfect Storm, USAA (January/February) 2001.

Taillon, J. Paul de B. (2001). The Evolution of spezial forces in counter-terrorism: The British and Amercian Experiences. Praegers Publishers, Westport.

Taillon, J. Paul de B. (2002). Hijacking and Hostages: Gouvernment responses to terrorism. Praegers Publishers, Westport.

Taylor, Peter (2002). Six day that shock Britain. Guardian unlimited. July 24, 2002.

Taylor, Peter (2002). The SAS unmasked. July 25, 2002.

Thomson, L. (1994). SAS – Great Britain's Elite Special Air Service. Oseceola. Motorbooks International.

UPI (1985). List of passengers and crew members on Egyptian plane. 25. November 1985. New York Times.

Waller Douglas C. (1994). The Kommandos – The Inside Story of America's Secret Soldiers. Simon & Schuster. New York.

Warner, Philip (1982). The Special Air Service. William Kimber. London.

Witkin, Richard (1985). Airport security tight, greeks say. New York Times.

Internet

www.1stmarinedivisionassociation.org
www.af.mil
www.airdisaster.com
www.army.mil
www.bundesgrenzschutz.de
www.defenselink.mil
www.fas.org
www.globalsecurity.com
www.globalsecurity.net
www.naval-history.net
www.navy.mil
www.stephen-stratford.co.uk
www.usmc.mil
http://aviation-safety.net
http://www.tkb.org

Weitere Quellen

Gespräche mit involvierten Personen und Experten.

Umrechnungstabelle

Längen				
Name der Einheit	Zeichen	Umrechung in SI-Einheiten		
inch	in	1 in	=	25,4 mm
foot	ft	1 ft = 12 in	=	0,3048 m
yard	yd	1 yd = 3 ft	=	0,9144 m
mile (statute)	mi	1 mi = 1,760 yd	=	1,609 km
nautical mile (int.)	nmi	1 nmi	=	1,852 km
Geschwindigkeit				
knot (int.)	kn	1kn = 1 nmi/h	=	0,5144 m/s
mile per hour	mi/h, mph	1mi/h	=	0,4470 m/s
Masse				
pound	lb	1lb = 16 oz	=	0,454 kg
Volumen				
Gallon	US gal	1 gal	=	3,785 dm^3
Fläche				
Acre	acre	1 acre	=	4.046,86 m^2

Fußnoten

Speed – Aggression – Surprise (SAS)

1 Neben den regulären Polizeieinheiten standen in Nordirland auch die SAS sowie die 14th Intelligence Company im Einsatz gegen die IRA.

2 Die Besetzung der iranischen Botschaft war nicht der einzige Zwischenfall in London in den siebziger und achtziger Jahren:

Datum	Opfer
1977	Ein ehemaliger Premierminister von Nordjemen wird zusammen mit seiner Frau und einem weiteren Diplomaten im Royal Garden Hotel angeschossen
Dezember 1977	Zwei syrische Diplomaten werden durch eine (eigene ?) Bombe getötet.
Januar 1978	Der PLO-Vertreter Said Hamani wird in seinem Büro ermordet.

3 Obwohl erste Kampfhandlungen bereits am 4. September ausbrachen, begann die irakische Invasion im Iran am 22. September 1980. Beide Länder führten in den folgenden Jahren einen erbitterten sowie verlustreichen Krieg.

4 Ein zweites Ausbildungslager soll es in Basra im Süden des Iraks gegeben haben.

5 Die Diplomatic Protection Group (DPG) wurde im September 1974 aufgestellt, als die Angriffe der IRA gegen Wohnungen und Botschaften einen Höhepunkt erreichten.

6 Die Bewachung der Botschaften zu diesem Zeitpunkt war ein Thema. John Ezard, ein Reporter der Zeitung »Guardian«, hatte rund eine Woche vor dem Überfall auf die iranische Botschaft die Wirksamkeit der Bewachung ausländischer Vertretungen überprüft und war auf Mängel gestoßen.

7 Die Einheit C13 wurde im Jahr 1971 als ein Vier-Mann-»Bomb Squad« aufgestellt. Auslöser war die Explosion einer Bombe im nördlichen London beim Haus des damaligen Sekretärs der konservativen Partei, Robert Starr. In den folgenden Jahren wurde die Einheit ausgebaut und umfasst 1973 mehr als 200 Angehörige. 1976 wurde die Einheit in »Antiterrorist Squad« umbenannt. 1976 nach Ende der IRA-Bomben-Kampagne reduzierte sich die Mannstärke auf rund 30. Mit dem Aufkommen von Aktionen arabischer Gruppen in London richtete sich die C13 verstärkt auf diese Gefahr aus. 1980 umfasst C13 rund 87 Mitglieder.

8 Insgesamt stehen sechs Unterhändler im Einsatz:
Superintendent Fred Luff,
Detectice Chief Inspector David Veness,
Detective Superintendent Ray Tucker
Detectice Superintendent Trevor Lloyd-Hughes und zwei weitere.

9 Die Metropolitan Police zieht auch einen Psychiater hinzu. Es handelt sich dabei um Professor Dr. John Gunn vom Bethlehem Maudsley Hospital von Denmark Hill. Zu seinen Aufgaben gehört es unter anderem, aufgrund der aufgezeichneten Gespräche zwischen der Botschaft und »Zulu-Control« den psychischen Zustand sowohl der Geiseln als auch der Terroristen zu beurteilen und die Einsatzleitung entsprechend zu beraten.

10 Entspricht ungefähr 320 Kilometer.

11 Viele ehemalige Angehörige von Spezialeinheiten wechseln nach ihrer Dienstzeit in verwandte Berufe der Sicherheitsbranche. Die Spezialeinheiten erhalten aufgrund der engen Kontakte der ehemaligen Angehörigen zur Einheit oftmals vitale Informationen auf dem informellen Weg zugespielt.

12 Zu jedem Zeitpunkt befinden sich Teile des 22nd SAS Regiment in Alarmbereitschaft. Die entsprechenden Squadrons lösen sich turnusgemäß ab. Am 30. April 1980 befand sich der B Squadron Pagoda Troop in Alarmbereitschaft.

13 Der offizielle »Marschbefehl« aus dem englischen Verteidigungsministerium für den Einsatz in London für die Männer des Special Air Service kommt in Hereford an, als die Männer schon weg waren.

14 Später wird herauskommen, dass die 91 inhaftierten Gefangenen zum Zeitpunkt des Botschaftszwischenfalls bereits exekutiert worden sind.

15 Je nach Quelle soll der iranische Außenminister aus Dubai oder aus Teheran angerufen haben.

16 Mit »Immediate Action« wird der Plan bezeichnet, wenn ein sofortiger Einsatz nötig wird. Ein solcher Einsatz ist natürlich mit einem entsprechend hohen Risiko sowohl für die eingesetzten Spezialkräfte als auch für die Geiseln verbunden.

17 Das Bestreiten der Präsenz von SAS-Angehörigen ist in der britischen Politik ein normaler Vorgang. Erst zu einem späteren Zeitpunkt wird auf den Einsatz der SAS eingegangen.

18 In einem Interview mit BBC News sagt Chris Cramer rund 20 Jahre nach dem Zwischenfall aus, dass Ron Morris, Sim Harris, Trevor Lock und Chris Cramer am ersten Tag besprochen haben, dass er, Chris Cramer, eine ernsthafte Erkrankung vorspielen soll, um freizukommen. Mit diesem Schachzug hofften die vier einzigen nichtarabischen Geiseln wertvolle Informationen über die Situation aus der Botschaft bringen zu können. Zu den Informationen zählen die Anzahl sowie die körperliche und psychische Verfassung der Terroristen, die Anzahl der Geiseln und deren Aufenthaltsorte, die Art und Weise der Bewaffnung und die Organisation der Terroristen.

19 Michael Rose wurde 1940 im damaligen British India geboren. Er trat im Jahr 1959 ins Gloucester Regiment Territorial und in die Army Volunteer Reserve ein. Spätere Stationen waren 1962 das Royal Air Force Volunteer Reserve (RAFVR) und 1964 die Coldstream Guards. Nach der Absolvierung des Staff College, Camberley, wurde Rose Major General des 16th Parachute Regiment von 1973 und 1975. Von 1979 bis 1982 war er kommandierender Offizier des 22nd SAS Regiment. Von 1983 bis 1985 führte er die 39th Infantry Brigade. Von 1987 bis 1988 war Michael Rose Kommandant der Infanterieschule, bevor er erster Director Special Forces wurde. Von 1989 bis 1991 war er General Officer der North East District and Commander 2nd Infantry Division. 1991 bis 1993 diente er als Kommandant Staff College, Camberley. Von 1993 bis 1994 war Rose Commander UK Field Army und Generalinspekteur der Territorialarmee. 1994 bis 1995 war er Kommandant der United Nations Protection Force in Bosnien-Herzegowina. Seine letzten Positionen vor seiner Pensionierung waren Deputy Commander-in-Chief Land Command 1995, Adjutant-General und Aide-de-Camp General für die Queen bis 1997. Michael Rose diente in Deutschland, Aden, Malaysia, den Golf-Staaten, Dhofar, Nordirland und den Falkland-Inseln. General Sir Michael Rose wurde für seine Verdienste mit verschiedenen Orden und Auszeichnungen geehrt, darunter dem Queen's Gallentry Medal (QGM) 1981, dem CBE 1986, wurde zum Ritter geschlagen (CBE), dem Knight Commander (KCB) 1994 und dem Distinguished Service Order (DSO) 1995. Michael Rose ist einer der höchst dekoriertesten britischen Offiziere in den letzten Jahrzehnten des 20. Jahrhunderts.

20 Übersetzung: »Um 19.07, am 5. Mai 1980, Ich, John Dellow, übergab die Kontrolle über den Zwischenfall in der iranischen Botschaft an Oberstleutnant H. M. Rose.«

21 »Flash-Bang«, »Stun Grenade« oder »Sound Grenade« sind Spezialgranaten (Verblüffungsgranaten). Sie blenden etwa mit 50 000 Watt und verursachen durch die Explosion einen ohrenbetäubenden Lärm. Sie sind zirka 15 cm lang, haben einen Durchmesser von 8 cm und bestehen aus einem weichen, bei der Explosion splitterfrei zerstäubenden Material aus Magnesium (erzeugt das grelle kalte Licht) sowie Knallquecksilber (verursacht den Lärm).

22 Übersetzung: »Trevor, leave off!« = »Trevor, hau ab«.

23 George Cross

Mit der Präzision eines Schweizer Uhrwerks

1 Lebensläufe der Geiselnehmer:
Florian Kruszyk:
Geboren am 6. Dezember1940 in der polnischen Ortschaft Wysocko-Wielki, absolviert er später die polnische Offiziersschule. Von 1962 bis 1965 ist er Mitglied des polnischen Sicherheitskorps und anschließend Geheimdienst-Mitarbeiter. Seit 1967 wird Kruszyk in Polen wegen Unterschlagungen und Urkundenfälschung mit Steckbrief gesucht. Im Westen wird Florian Kruszyk zum ersten Mal im Jahr 1967 aktenkundig, als er sich im österreichischen Lager Traiskirchen als politischer Flüchtling meldet. Bereits in seinem ersten Jahr kommt er auch in Österreich mit der Justiz in Konflikt. Am 11. Juni 1968 muss Kruszyk in Wien wegen eines Vergehens gegen das

Passgesetz (Stempelfälschung) und Verstoß gegen das Staatsschutzgesetz (er hat die polnische Botschaft in Wien mit Informationen über die polnischen Flüchtlinge beliefert) vor ein Gericht. Er erhält eine Freiheitsstrafe von elf Monaten, die er in Karlau absitzt. Im Anschluss daran wird er abgeschoben, reist jedoch später illegal wieder nach Österreich ein. Nach seiner Freilassung überfällt er am 19. April 1969 das jüdische Juweliersehepaar A. und M. L. in ihrer Wohnung im Bezirk Leopoldstadt. Er gibt sich als Mitglied einer arabischen Widerstandsbewegung (palästinensische »El Fatah«) aus. Er fordert 10.000 Dollar. Wie sehr er politisch motiviert ist, lässt den Umstand erkennen, dass er sich an der 19-jährigen Tochter R. vergeht und, um sie möglicherweise in erpresserischer Absicht zum Schweigen zu bringen, noch kompromittierende Fotos von der nackten jungen Frau macht. Die Gruppe um Kruszyk raubt Schmuck im Wert von 100.000 Schilling und flüchtet. Zehn Tage später wird die Bande an der jugoslawischen Grenze verhaftet.
Nach der Haftentlassung 1978 verlässt Kruszyk Wien und taucht in der Schweiz auf. Im solothurnischen Dulliken mietet er sich ein Zimmer, meldet sich aber bei den Gemeindebehörden nicht an. Am 16. August 1978 beantragt er politisches Asyl. Die Überprüfung seiner Person führt zu Ungereimtheiten, worauf sein Gesuch abgelehnt und er ins Ausland abgeschoben wird. Neben der Abschiebung wird zusätzlich eine unbefristete Einreisesperre ausgesprochen. Eine später durchgeführte Zimmerdurchsuchung bringt ferner noch gefälschte Ausweispapiere zu Tage. Sie lauten auf den Namen Wysocki.
Im Jahr 1979 taucht Kruszyk in den Niederlanden auf. Dank der Heirat mit der holländischen Gewerbelehrerin M. M. aus Assen erhält er im Jahre 1980 die Aufenthaltsbewilligung. Er ist weiter aktiv. Kruszyk gründet eine rechtsnationale »Stiftung für ein demokratisches Polen« und waltet selber als Präsident. Schon in den Niederlanden droht er verschiedentlich mit einem Angriff auf die polnische Vertretung in Den Haag. Gleichzeitig wird er aber bei den holländischen Behörden vorstellig, dass er sich von polnischen Sicherheitsbehörden verfolgt fühlt.
Um den Folgen des Bankrotts seines seit 1980 geführten Restaurants »Chopin« zu entgehen, setzt er sich wieder ab und taucht unter. In der bayrischen Landeshauptstadt München taucht er 1982 wieder auf. Er hält sich unangemeldet in Deutschland auf. Seine späteren Komplizen lernen ihn unter dem Namen »Wysocki« im Sommer 1982 kennen. Kruszyk alias »Wysocki« informiert seine Landsleute über die angebliche Organisation, die paramilitärische Abteilung »Aufständische Heimatarmee« bei der »Polnischen nationalen Befreiungsfront«, und spricht auch von einer bevorstehenden Besetzung einer polnischen Niederlassung. Dabei sollen Länder wie Belgien, Österreich oder die Schweiz zur Diskussion gestanden sein.
M. M., geboren am 5. Mai 1962.
M. P., geboren am 14. Oktober 1959.
K. W., geboren am 18. November 1949.
Offenbar hatte Kruszyk seine Mittäter so weit beeinflussen können, als dass sie an seine wirren politischen Ziele glaubten und die geplante illegale Aktion unterstützten.

2 Später wird sich herausstellen, dass die »Replika SMG Hudson«, Nachbau CSSR-Skorpion VZ, nicht funktionstüchtig ist.

3 Gegenüber einer Schweizer Boulevardzeitung bezeichnet sich Florian Kruszyk als Erben, der durch die Rote Armee 1945 vernichteten antikommunistischen Heimatarmee.

4 Später wird sich herausstellen, dass Kruszyk mit dem Namen auf die Exilregierung angespielt hat, welche während des Zweiten Weltkriegs von der britischen Hauptstadt London aus den Widerstand und den Aufstand gegen die deutschen Besatzer in Warschau plante. Die Absicht der Exilregierung war es, noch vor dem Einmarsch der russischen Befreier, wichtige Städte und Zentren in Polen durch einen Aufstand zu besetzen. 16 Monate nach dem blutig niedergeschlagenen jüdischen Aufstand im Ghetto von Warschau erheben sich die Polen am 1. August 1944. Geplante alliierte Versorgungsflüge scheitern an der Weigerung der sowjetischen Führung, den Flugzeugen Landerecht in Russland zu erlauben. Bis zum 2. Oktober 1944 sterben 160.000 Polen beim missglückten Aufstand. Die Rote Armee, welche sich bis zu diesem Zeitpunkt in Sichtweite von Warschau auf dem anderen Ufer der Weichsel vorgekämpft hatte, schaute tatenlos zu und lassen die polnischen Widerstandsverbände verbluten. Als die Deutschen den Aufstand

niedergeschlagen haben, rückt die russische Armee wieder vor und deportiert nach der Eroberung von Warschau die Überlebenden des Aufstands. Die Deutschen haben ihnen viel Arbeit abgenommen, denn die russische Führung hat eigene Pläne, wie es mit Polen nach dem Krieg weitergehen soll.
Die Nachfolgeorganisation der polnischen Exilregierung zeigt sich indes von der Entwicklung überrascht und weiß nichts von einem »Kommando der aufständischen polnischen Heimatarmee«.

5 Der SOGE wurde 1975 als Folge verschiedener Entführungen mit anschließender Erpressung ins Leben gerufen. Er ist das Instrument der Eidgenossenschaft in der Bewältigung von erpresserischen Krisensituationen. Der SOGE steht unter der Leitung des Vorstehers des Eidgenössischen Justiz- und Polizeidepartments und hat den ständigen Auftrag, Entscheidungsgrundlagen für den Bundesrat auszuarbeiten. Weiter unterhält der SOGE die Verbindung zu den entsprechenden Stellen im In- und Ausland.

6 Die Schweizerischen Polizeikorps verfügen über keine eigenen Helikopter oder -staffeln. Für Einsätze müssen sie auf Maschinen der Flugwaffe zurückgreifen. Der Einsatz ist mit entsprechenden Abkommen geregelt. Beim 1982 bereitgestellten Helikopter handelte es sich um eine Alouette III. Der Helikopter war bedingt nachtflugtauglich und mit einer Winde ausgerüstet.

7 Gemeint ist damit die Geiselnahme der israelischen Sportler während der Olympischen Sommerspiele 1976 in München/Deutschland.

8 Zum Zeitpunkt des Zugriffs standen in der Nachbarschaft der polnischen Botschaft zwei Ärzte und 22 Mann der Berner Sanitätspolizei mit vier Rettungsfahrzeugen und entsprechendem Material zur Verfügung. Darüber hinaus waren Spitäler in der Stadt Bern alarmiert worden. Bei den Ärzten handelte es sich um Mediziner, welche Erfahrungen in Kriegsgebieten gesammelt hatten. Die Polizei forderte diese Ärzte an, weil sie mit den Sprengfallen und Sprengstoff rechnen mussten.

Desaster in Malta

1 Griechische Zeit

2 Bei der Boeing 737-266 handelt es sich um eine Boeing 737-200. „66 steht für die Kundennummer der EgyptAir. Die Boeing hatte die MSN (Manufacturer's Serial Number) 21191. Die Maschine wurde im Jahr 1976 von Boeing als die 450. Maschine der 737-Baureihe gebaut. Der Erstflug der Maschine war am 26.2.1976, ausgeliefert an EgyptAir wurde sie am 4.3.1976. Laut Aussagen von Flugkapitän Galal handelte es sich um die gleiche Maschine, mit der rund sechs Wochen zuvor die fünf Palästinenser des ACHILLE-LAURO-Zwischenfalls von Ägypten hätten ausgeflogen werden sollen. Die Boeing wurde von der US Navy abgefangen und nach Sizilien begleitet, wo sie landete. Darüber hinaus wurde die Maschine nur wenige Monate nach der Ablieferung an EgyptAir im August 1976 auf dem Flug von Kairo nach Luxor bereits einmal entführt.

3 Griechische Zeit

4 Es gibt unterschiedliche Informationen über die Anzahl der Personen an Bord von »Flug 648«: Die Angabe von insgesamt 95 Personen (85 Passagiere, zwei Cockpitbesatzungen, vier Stewardessen und vier Sky-Marshals) stammt aus dem Bericht »Criminal Court for the Island of Malta ans the islands affiliated with it« – »The Attorney General«.
In einem Bericht von FBI Special Agent Robert F. Clifford vom 12. Februar 1993 ist von 97 Personen (91 Passagiere und einer Crew von sechs Personen) die Rede. Quelle dieser Zahl ist die ägyptische Luftfahrtgesellschaft EgyptAir.
27 Personen (Passagiere und Crew) waren ägyptischer Nationalität.

5 Laut Aussagen der Airline waren auf jedem Flug jeweils vier Sky-Marshals. Jeder Sicherheitsbeamte war mit einer 9-mm-Browing und einem Ersatzmagazin bewaffnet.

6 In US-Quellen wird als Zeit der Übernahme der Boeing 737 auch 21.35 Uhr genannt.

7 In der späteren Gerichtsverhandlung wird der Verteidiger von Rezaq aussagen, dass sein Mandant nicht der ursprüngliche designierte Anführer gewesen sein soll. Erst aufgrund des Todes von Charoke während des Fluges hätte Rezaq die Führung übernommen. Wenn dem so gewesen wäre, warum ist dann nicht Charoke ins Cockpit der Boeing gestürmt und hat diese ver-

mutlich wichtigste Aufgabe in den ersten Minuten der Entführung übernommen? Für die These der Verteidigung würde sprechen, dass Rezaq der jüngste Terrorist von allen gewesen ist.

8 Wer der Anführer der drei Männer zu Beginn der Entführung ist, gibt es unterschiedliche Informationen. Es gibt Quellen, welche besagen, dass Rezaq erst nach dem Tod von Chakore die Führung übernommen hat.

9 Dieser Gruppierung werden auch ein Anschlag und die damit verbundene Tötung von Albert Atrakchi, einem Sicherheitsbeamten der israelischen Botschaft in Kairo, nachgesagt. Auch die Frau von Atrakchi sowie eine weitere israelische Person wurden beim Angriff verletzt. Der Anschlag erfolgte im August 1985 und war der erste seit der Unterzeichung des Friedensabkommens zwischen Ägypten und Israel im Jahr 1979. Der Gruppierung werden Verbindungen zu Libyen nachgesagt.

10 »Flug 648« war der zweite Zwischenfall mit einem Verkehrsflugzeug innerhalb von fünf Monaten, welcher auf dem Athener Flughafen begann. Die griechischen Behörden haben im Nachgang zur Entführung kategorisch abgelehnt, dass die Waffen in Athen an Bord gekommen sind. Sie vermuteten vielmehr, dass die Waffen bereits in Kairo an Bord der Maschine geschmuggelt wurden und somit bereits in der Kabine hinterlegt waren.
Der erste Zwischenfall ereignete sich am 14. Juni 1985, als eine Maschine der Trans World Airline (TWA) mit 153 Personen an Bord von Athen kommend auf dem Flug nach Beirut entführt wurde. Ein US-Bürger wurde getötet und weitere 39 US-Geiseln während 17 Tagen festgehalten.

11 Methad Mustafa Kamal

12 Bei dem so genannten Sky-Marshal handelt es sich um einen nichtuniformierten, speziell geschulten Flugsicherheitsbegleiter. Oft haben diese auch Luftsicherheitsbegleiter genannten Sicherheitskräfte einen polizeilichen Hintergrund. Sie begleiten Passagierflüge, um die Sicherheit der Passagiere, der Besatzung und des Flugzeuges zu gewährleisten. Hauptauftrag ist die Verhinderung von Flugzeugentführungen und die Bekämpfung von Terrorismus im Flugzeug.

13 Laut einem maltesischen Bericht wurden mindestens 26 Schüsse während dieser Schießerei abgegeben.

14 Beim zweiten Palästinenser handelt es sich vermutlich um Mohamed Abu-Siad Nur-El-Din.

15 Laut Aussagen der EgyptAir begleiteten vier ägyptische Sky-Marshals den »Flug 648«. Warum sie mit einer Ausnahme während der Entführung nicht in das Geschehen eingegriffen haben, ist unklar. Es gibt verschiedene Erklärungsmöglichkeiten:

1. Sie standen unter Schock.
2. Sie kamen nicht zu ihren Waffen, weil diese zum Beispiel in der »Over Head«-Gepäckablage lagen.
3. Sie mussten ihre Waffen verstecken und kamen im Verlauf der Entführung nicht mehr dazu, die Waffen ergreifen zu können.
4. Alle Passagiere mussten sich auf andere Plätze setzen.
5. Es war ihnen nicht möglich, eine koordinierte Aktion gegen die Entführer zu unternehmen.
   Alle Pistolen sind in der nachträglichen Durchsuchung der Boeing 737 gefunden worden. Lediglich die Browing von Medhat Mostofa Kamel war laut einem maltesischen Untersuchungsbericht ausgeschossen (keine Patronen mehr im Magazin). Sein volles Reservemagazin wurde auch gefunden, was beweist, dass er nicht mehr zum Nachladen gekommen ist.

16 45.000 Fuß entsprechen zirka 13.710 Meter über dem Meer.

17 14.000 Fuß entsprechen 4.260 Meter über dem Meer. Flugkapitän Galal sagt später aus, dass eine Flughöhe höher als 14.000 Fuß gar nicht möglich gewesen wäre.

18 Griechische Zeit. Die Zeitdifferenz zwischen Malta und Griechenland beträgt eine Stunde.

19 Maltesische Zeit

20 Maltesische Zeit

21 Maltesische Zeit

22 Fünf Meilen entsprechen rund acht Kilometern.

23 Maltesische Zeit

24 Maltesische Zeit

25 Tamar Artzi aus dem Reviv im Kibbuz in der Negev-Wüste ist in Athen zugestiegen, um via der ägyptischen Hauptstadt Kairo nach Bangkok/Thailand zu fliegen. EgyptAir hat die kostengünstigste Variante angeboten. Der Flug von Athen nach Kairo war ihr allererster Flug. Ihr Name wird in maltesischen Dokumenten mit Tamar Arzi angegeben.

26 Ihr Name wird in maltesischen Dokumenten mit Nitzan Mendelsen angegeben.

27 DELTA FORCE kam nie bis ins Mittelmeer. Die Flugzeuge, welche die Antiterroreinheit hätten transportieren sollen, fielen aus.

28 Spätere Untersuchungen werden ergeben, dass die Kugel mit dem Revolver von Nur-El-Din Mohamed Abu-Siad (B50810) abgegeben wurde.

29 Angeblich soll der ägyptische Verteidigungsminister, Lieutenant General Abdel Abu Ghazala, den US-Botschafter in Ägypten, Nicolas A. Veliotes, um US-Unterstützung angefragt haben. Es gibt verschiedene Gründe für die ägyptische Anfrage: Möglicherweise befürchtete Kairo eine Auseinandersetzung mit dem Nachbarstaat Libyen und wollte sich mit einer US-Rückendeckung absichern oder nach dem ACHILLE-LAURO-Zwischenfall von vor sechs Wochen wollte Kairo die Beziehungen zu den USA wieder verbessern. Ranghöchster Offizier war Major General Dudley Wiegand. Seine eigentliche Aufgabe in Ägypten vor dem »Flug 649«-Zwischenfall war die Funktion eines Verbindungsoffiziers (Chief of the Office of Military Cooperation in der US-Botschaft in Kairo) für das US-Militärhilfeprogramm für Ägypten. Während des Zwischenfalls gab es noch Unstimmigkeiten im Zusammenhang mit der Funktion der US-Angehörigen. Die Regierung Maltas wollte keine Präsenz von uniformierten Angehörigen von US-Streitkräften. Major General Dudley Wiegand hat denn auch während der Operation zivile Kleidung getragen. Die Amerikaner haben an der Operation nicht aktiv teilgenommen.

30 Auch ein Eingreifen der USA ist nicht auszuschließen. Die US Naval Air Station Sigonella auf Sizilien ist nur 20 Flugminuten entfernt.

31 Thunderbolt = »Blitz und Donner«

32 Laut eines maltesischen Berichtes soll die Ladung mindestens zwei Kilogramm gewogen haben.

33 10 Inch entsprechen 25,4 Zentimetern

34 Laut dem maltesischen Bericht wurden mindestens 35 Schüsse mehr oder weniger ungezielt abgefeuert.

35 Zu diesen Passagieren gehören: Sollano Baes, El Wkel, El Shami und Abdelkawi.

36 Die Handgranaten werden später über 20 Meter von der Boeing entfernt gefunden.

37 Ein Beispiel eines intensiven Debriefings von freigelassenen Geiseln ist die Operation »Thunderbolt« respektive Operation »Jonathan« der israelischen Streitkräfte aus dem Jahr 1976. Obwohl unter massivsten Zeitdruck wurden sämtliche nur erdenklichen Maßnahmen eingeleitet, um an möglichst viele nützliche Informationen zu gelangen. Das ging sogar so weit, dass Angehörige der israelischen Sicherheitskräfte in Frankreich die ehemaligen Geiseln aufsuchten. Nachzulesen im Buch: »Kommandounternehmen – Spezialeinheiten im weltweiten Einsatz«, Kapitel »Israelischer Raid in Afrika – 90 lange Minuten in Entebbe«, Seiten 99 bis 128. Kaj-Gunnar Sievert, Mittler, ISBN 3-8132-0822-2.

38 Es handelt sich dabei um Dahouk, eines der vier Mitglieder der Einheit, welcher beim Versuch, über die fahrbare Passagiertreppe in die Boeing einzudringen, verletzt wurde.

39 So genannte auch »Flash-Bang«, »Stun Grenade« oder »Sound Grenade« genannte Spezialgranaten, (»Verblüffungsgranaten«). Sie blenden etwa mit 50.000 Watt und verursachen durch die Explosion ohrenbetäubenden Lärm. Zirka 15 cm lang, 8 cm Durchmesser und besteht aus einem weichen, bei der Explosion splitterfrei zerstäubenden Material aus Magnesium (erzeugt grelles kaltes Licht) und Knallquecksilber (verursacht Lärm).

40 Zitat: In all, 57 were killed by the Egyptian kommandos and only three directly or indirectly by the air pirates.«

»In« und »Out« in sechs Minuten

1 8 mal 12 Fuß = 2,44 Meter mal 3,66 Meter (8,93 m^2)

2 100 Fuß = ca. 35 Meter

3 Der Codename »Acid Gambit« wurde durch einen Computer generiert, welcher zwei zufällige Wörter bestimmte.

4 Die Befreiung von Kurt Muse (»Objective Prime One«) war nicht der einzige Auftrag von DELTA in dieser Nacht. Die Gefangennahme von General Manuel Noriega (»Objective Prime«) sollte durch ein anderes Team ausgeführt werden. Diese Operation scheiterte jedoch.

5 Die Angehörigen von DELTA, welche mindestens den Rang eines Unteroffiziers haben, werden intern Operator genannt. Diese Bezeichnung bedeutet in der Übersetzung etwa »Einsatzkraft« oder »Ausführender«. Damit will man die Mitglieder der Einheit von den anderen Soldaten auch begrifflich unterscheiden können. Andere Begriffe wie »Agent« (Agent) oder »Operative« wurden offensichtlich geprüft, aber fallen gelassen, da diese Bezeichnungen schon von anderen Organisationen (z.B. Central Intelligence Agency/CIA) verwendet wurden oder auch juristische Gründe dagegen sprachen.

6 Just Cause = gerechte Sache

7 McDonnell Douglas hat 1984 die Firma Hughes übernommen und wurde selber im Jahr 1997 mit Boeing fusioniert.

8 Die Planer waren nicht nur an Angaben über die Örtlichkeiten oder über die Bewachung interessiert. Auch der mentale Zustand und die Gesundheit von Kurt Muse waren von größter Bedeutung für die bevorstehende Operation. Es galt herauszufinden, wie die physische und psychische Konstitution war, denn je nach seiner Verfassung hätte dies einen Einfluss auf die Ausführung der Operation respektive auch auf den Zeitpunkt haben können. Ein Psychiater der US Army verfolgte denn auch die Berichte.

9 Quarry Heights ist ein Gelände, welches den US-Streitkräften gehört, und diente zur Zeit der US-Invasion in Panama als Sitz des Commander in Chief, U.S. Southern Command.

10 Der Gefechtslärm kam von einem Angriff auf einen PDF-Bus in der Nähe von Fort Amador.

11 Seriennummer 69-6570

12 Seriennummer 69-6574

13 Die »Top Hat Multiship«-Taktik wurde erst rund einen Monat vor »Just Cause« entwickelt und war der erste scharfe Einsatz.

14 1.000 Fuß entsprechen rund 305 Meter.

15 Ursprünglich sollte »Air Papa 07« bei einer weiteren Operation der DELTA FORCE, der Festnahme von General Noriega, Feuersupport geben. Doch es kommt nicht dazu. Stattdessen unterstützt die AC-130 mechanisierte US-Verbände bei einem Vorstß durch Panama City zum Gelände der US-Botschaft.

16 »Bravo Drei unter Beschuss von der Küche.«

17 »Bravo Drei in Position.«

18 Das CAR-15 ist eine »verkürzte« Ausführung des M-16-Sturmgewehrs. Das Gasdruckladergewehr mit dem Nato-Kaliber 5,56 mm und einer Magazinzufuhr über Stangenmagazine mit 30 Schuss wird von verschiedenen US-Spezialeinheiten verwendet.
Je nach Ausführung und Zusatzausrüstung ist das CAR-15 ab drei Kilogramm schwer. Es kann im Einzelschuss und in Serienfeuer eingesetzt werden. Zusatzausrüstungen sind unter anderem Zielfernrohre, Reflexvisiere, Nachtsichtgeräte und unterhalb des Vorderschaftes ein Granatwerfer, Typ M203.

19 Die Autorotation ermöglicht es einem Hubschrauber, ohne angetriebenen Hauptrotor zu landen. Dieses Flugmanöver ist vergleichbar des Gleitens eines Flugzeuges mit ausgefallenen Triebwerken. Für die Durchführbarkeit einer Autorotationslandung ist die Flughöhe entscheidend: Nur bei ausreichender Höhe über dem Boden kann ein (aufgrund etwa eines Motorausfalls) zu langsam drehender Rotor in der ersten Phase der Autorotationslandung wieder ausreichend Drehgeschwindigkeit aufnehmen.

Out of Africa

1 Operation »Sharp Edge« begann am 25. Mai 1990 mit der Entsendung von Überwassereinheiten aus dem Mittelmeerraum an die Westküste Afrikas vor Liberia. In die Operation involviert waren die USS SAIPAN (LHA-2), die USS PONCE (LPD-15), die USS SUMTER (LST-1181) und der Zer-

störer USS PETERSON (DD 969). Unterstützt wurde die US Navy durch das 2nd Battalion 4th Marines. Im Rahmen der längsten Noncombantant Evacuation Operation (NEO) der US Navy wurden zwischen dem 5. August 1990 und dem 9. Januar 1991 insgesamt 2.609 Personen, davon 330 US-Bürger, evakuiert. Mit dem Abzug der letzten US-Kriegsschiffe am 9. Januar 1991 endete die Operation »Sharp Edge«. Neben der NEO leisteten die US-Streitkräfte in dem von einem Bürgerkrieg heimgesuchten Land auch humanitäre Hilfe.

2 Entspricht rund 4,82 Kilometer

3 Entspricht rund 3,3 Meter

4 Im Falle von »Eastern Exit« hat Secretary of State James A. Baker III US-Präsident George Bush über die Anfrage informiert und daraufhin am selben Tag noch das präsidiale O.K. erhalten.

5 Lockheed AC-130 Spectre des 1st Air Force Special Operations Wing aus Saudi-Arabien.

6 Bei den Tankern handelte es sich um Marine Lockheed KC-130 HERCULES des 3rd Marine Aircraft Wing (Marine Aerial Refueler Transport Squadrons 252 und 352), welches zu diesem Zeitpunkt in Bahrain stationiert war.

7 Zu dieser Zeit konnten noch wenige Schiffe LCAC aufnehmen.

8 Die für diese in diesem Kapitel beschriebene Operation verwendeten Zeiten beziehen sich alle auf die lokale Zeit in der somalischen Hauptstadt Mogadischu. Folgende Liste soll die verschiedenen Zeitzonen respektive Zeitrechnungen zu Beginn der Operation »Eastern Exit« zum Zeitpunkt des Ablegens der beiden US-Kriegsschiffe USS GUAM und USS TRENTON in Oman veranschaulichen.
14.30 Uhr, Washington DC Time,
19.30 Uhr, Zulu Time, London (Greenwich Mean Time/GMT),
22.30 Uhr, Charlie Time, Zeit in Somalia, Mogadischu,
23.30 Uhr, Delta Time, Zeit in Oman, Muskat.
Die GMT wird sowohl vom US-Verteidigungsministerium als auch vom US-Außenministerium als Standard-Zeitrechnung für ihre weltweiten Aktivitäten verwendet.

9 Robert A. Doss trat im Alter von 17 Jahren als Infanterist in das US Marine Corps ein. Über verschiedene Ränge und Funktionen wurde er Offizier und Hubschrauberpilot im USMC. Doss flog Einsätze im Rahmen der Operationen »Desert Shield« und »Desert Storm« (1991) auf der Arabischen Halbinsel sowie während der Operation »Eastern Exit« in Somalia. Nach seiner Rückkehr wurde er Hubschrauberfluglehrer in Whiting Field, Florida. Während dieser Zeit wurde er zum Fluginstruktor des Jahres gewählt und erhielt den Marine Corps' General John A. Lejeune Leadership Award. Doss flog weitere Einsätze während der Operation »Decisive Endeavor« (1996) auf dem Balkan und »Assured Response« (1996) in Liberia. Für seine Verdienste erhielt er diverse Auszeichnungen, wie zum Beispiel die »Meritorious Service Medal«, die »the Air Medal with Combat ›V‹ for valor«, die »two strike/flight Air Medals«, dreimal die »Navy und die Marine Corps Commendation Medal« sowie den »the Combat Action Ribbon« und einige weitere. Er diente 24 Jahre im Marine Corps und absolvierte in dieser Zeit über 4.000 unfallfreie Flugstunden. Er führt heute ein eigenes Unternehmen.

10 Für die Planung wurde ein Combined Command Center an Bord der USS GUAM eingerichtet. In diesem Center arbeitete die Marine Air-Ground Task Force (MAGF), welche aus verschiedenen Teilstäben bestand: einem Command Element (CE), Kommandant Colonel J. J. Doyle, einem Ground Command Element (GCE), Kommandant Lieutenant Colonel R. P. McAleer, einem Air Command Element (ACE), Kommandant Lieutenant Colonel R. J. Wallace und einem Combat Service Support Element (CSSE), Kommandant Major W. N. Saunders.

11 Vergleiche Fußnote 12. Sie gibt eine Übersicht über die Versuche verschiedener Staaten, ihre Staatsangehörigen zu evakuieren.

12 Laut Siegel gab es in der Phase der Verschiebung der beiden US-Kriegsschiffe Missverständnisse im Zusammenhang mit der Geschwindigkeit. Im Befehl des CINCCENT hieß es explizit »best speed of advance« (»best SOA«). Zwischen der definitiven Designation der zu entsendenden Schiffe und dem Zeitpunkt des Aufbruchs lagen zwischen acht bis zehn Stunden. Unter der Betrachtung eines »best SOA« bedeutete dies für die USS TRENTON 19 Knoten und für die USS GU-

AM 24 Knoten, was realistisch für die Flottille 19 Knoten bedeutete. Ein ursprünglich erteilter Befehl, die Schiffe lediglich mit 14 Knoten in südlicher Richtung fahren zu lassen, beruht somit mit großer Wahrscheinlichkeit in einer Unkenntnis des genauen CJCS-Befehls. Eine höhere Geschwindigkeit zieht einen entsprechend höheren Verbrauch nach sich. Mit einem »best SOA« würden die Schiffe das Einsatzgebiet mit einer zirka 65- bis 70-prozentigen Bunkerkapazität erreichen und hätten genügend Treibstoff, um noch für rund zwei Wochen im Einsatzgebiet kreuzen zu können. Mit einer entsprechend geringeren Geschwindigkeit würden die Schiffe auf der einen Seite mit einer höhere Bunkerkapazität eintreffen, könnten ungefähr zwei Tage länger vor Ort ohne Versorgung operieren, würden jedoch rund 24 Stunden später eintreffen. Der Zeitpunkt der Ankunft war jedoch für diesen Einsatz essentiell und nicht die Durchhaltefähigkeit vor Ort. Es scheint so, als ob der Treibstoffsituation vor Ablegen der beiden Schiffe zu wenig Aufmerksamkeit geschenkt worden ist, denn die Schiffe wurden, während sie in Muskat auf das Auslaufen warteten, nicht aufgetankt.

13 Entspricht rund 2.778 Kilometer. Auf Europa übertragen entspricht diese Distanz einem Flug von Hamburg (Deutschland) nach Nikosia (Zypern/östliches Mittelmeer).

14 Über die Anzahl der auszuführenden Luft-Luft-Betankungen gibt es unterschiedliche Angaben. Während eine Quelle von fünf Treffen mit dem Tanker spricht, reden andere Quellen von sechs Treffen. Aufgrund des Umstandes, dass die Schiffe nach dem Start weiter in Richtung des Operationsgebiets fahren und dadurch die Distanz ständig verkürzen, erscheint dem Autor die Angaben von fünf Betankungen eher wahrscheinlich.

15 Entspricht rund 1.648 Kilometer. Auf Europa übertragen entspricht diese Distanz einem Flug von Hamburg (Deutschland) nach Brindisi (Süditalien).

16 Entspricht rund 863 Kilometer. Auf Europa übertragen entspricht diese Distanz einem Flug von Hamburg (Deutschland) nach Trient (Norditalien).

17 Obwohl sich seit dem 17. August 1990 mehrere Lockheed KC-130-Tankerflugzeuge in der Region befanden, wurden lediglich zwei Luft-Luft-Betankungen im Rahmen einer Übung durchgeführt.

18 Entspricht 12,7 mm

19 Das AN/ALE-39 Counter Measure Dispenser System (CMDS) ist ein System, welches bis zu 60 Flares und Chaff ausstoßen kann. Das CMDS wird durch das AN/AAR Missile Approach Warning System aktiviert, welche anfliegende Raketen entdeckt und entsprechende Gegenmaßnahmen durch Ausstoss von Chaff und Flares einleitet.

20 Flares (engl., etwa: Stichflammen) sind Täuschkörper gegen Lenkwaffen mit Infrarotsuchkopf. Die beim Ausstossen von Flares entstehende Wärmestrahlung hat zum Ziel, anfliegende Lenkwaffen vom eigentlichen Ziel abzulenken, das heißt von der Wärmestrahlung des Flugzeuges auf die Wärmestrahlung der Flares zu lenken.

21 Als Chaff bezeichnet man auch ein Täuschmittel, mit dem Radargeräte gestört werden können. Durch das Ausstoßen der heute metallbedampften hauchdünnen Kunstfasern oder leitfähigen Kohlefasern entsteht ein falsches Radarecho, welche radargelenkte Lenkwaffen täuschen soll.

22 Mehrere Staaten versuchen in den ersten Januar-Tagen des Jahres 1991, ihre Staatsbürger aus Mogadischu zu evakuieren. Zu diesen Staaten zählen unter anderem:

Land	Datum	Anzahl Personen	Art der Evakuierung
Ägypten	13. Januar	96	per Flugzeug via Mogadischu
China	11. Januar*	144	Frachtschiff MV YONGMEN
Deutschland	Januar	0	Versuch mittels Flugzeug aus Nairobi/Kenia
Frankreich	5. Januar	16	Fregatte LA MOTTE PICQUET (mittels Beiboot)
	7. Januar	21	Marines Schiff JULES VERNE (mittels Tender)
	8. Januar	47	Marines Schiff JULES VERNE
	9. Januar	12	Fregatte LA MOTTE PICQUET (mittels Helikopter)
Italien	2. Januar	15	Frachtschiff VENETIAN UNIVERSAL
	4. Januar	0	abgesagt aufgrund von Kämpfen in der Stadt
	5. Januar	205	per Flugzeug via Mogadischu

	6. Januar	0	abgesagt aufgrund von Kämpfen in der Stadt
	7. Januar	250	per Flugzeug via Mogadischu
	8. Januar	0	vorgesehen mittels Flugzeug, abgesagt aufgrund von Kämpfen in der Stadt
		25	Fregatte ORSA
	9. Januar	139	per Flugzeug via Mogadischu
	11. Januar	0	abgesagt aufgrund von Kämpfen in der Stadt
	12. Januar	200	per Flugzeug via Mogadischu
Kenia	17. Januar*	1.100	Kreuzfahrtschiff AMBASSADOR I
Sowjetunion	4. Januar	0	Versuch mittels Flugzeug kommend aus Aden/Jemen

Interessant ist, dass verschiedene involvierte Staaten am selben Tag unterschiedlich erfolgreich waren. Während die Franzosen beispielsweise am 8. Januar mittels amphibischer Evakuierung erfolgreich waren, gelang es den Italienern am selben Tag nicht, eine Evakuierung mittels Flugzeug durchzuführen.

* Ankunft im Hafen von Mombasa/Kenia.

23 US-Botschafter Bishop war über diese Nachricht wenig erfreut: »Hard to believe that among the 240.000 American deployed to the Gulf there are not two platoon who could be out in position to provide assistance in timeframe shorter than 27 hours.« Übersetzung: »Schwer zu glauben, dass es unter den 240.000 Amerikanern, welche an den Golf verlegt wurden, keine zwei Platoons gibt, welche in einem Zeitraum von weniger als 27 Stunden zur Unterstützung verlegt werden können.«

24 Die Tanker stammen von den Einheiten VMGR-252 und VMGR-352 (Marine Aerial Refueler Transport Squadron).

25 60 war die maximale Anzahl Soldaten des Sicherungselementes, welche der kommandierende General des 4th Marine Expeditionary Brigade bewilligte. Die Anzahl war jedoch weniger, als der Commander Landing Force (CLF) ursprünglich forderte.

26 Es darf nicht vergessen werden, die Operation »Eastern Exit« fand am Vorabend der Invasion in Kuwait und später im Irak statt. Es sollte möglichst viel Munition gespart werden. Dass diese Haltung nicht bei allen Soldaten gleich gut aufgenommen und akzeptiert worden ist, ist leicht verständlich.

27 Militärische Operationen können sich über mehrere Zeitzonen erstrecken. Während der Operation »Eastern Exit« wurde in drei verschiedene Zeitzonen geplant und ausgeführt:
Zulu-Time (Greenwich Mean Time/GMT), Zeit in London (Großbritannien),
Charlie-Time (entspricht drei Stunden früher), Zeit in Mogadischu (Somalia),
Delta-Time (entspricht vier Stunden früher), Zeit auf den US-Schiffen in dieser Zeitzone.
Während die US Navy in der Zulu-Zeit operierte, führte die USAF, das US Marine Corps und das CENTCOM in Charlie-Zeit, was gleichzeitig auch der Mogadischu-Zeit entsprach. Das Außenministerium und das Verteidigungsministerium rechnen für ihre weltweiten Missionen jeweils in der Zulu-Zeit. Der Unterschied der Charlie-Zeit zu der Zeit in Washington D.C. entspricht acht Stunden Zeitdifferenz. Das Fallbeispiel »Eastern Exit« wird mit der lokalen Zeit in Mogadischu – also Charlie-Zeit – beschrieben.

28 Entspricht einem Abfluggewicht von rund 31.780 Kilogramm

29 Entspricht rund 863 Kilometer

30 Die USS GUAM konnte den beiden Hubschraubern noch bis zu einer Entfernung von rund 60 Meilen Navigationsunterstützung leisten.

31 Entspricht rund 1.229 Meter über Meereshöhe

32 UHF (300 to 3.000 MHz), Dezimeterwellen (300 bis 3.000 MHz)

33 Je nach Schätzung sollen zwischen 25 bis 200 Gallonen Treibstoff (75 bis 757 Liter!) ausgelaufen sein.

34 Entspricht rund 4.494 Kilogramm

35 Entspricht rund 343 Kilometer

36 Entspricht rund 417 Kilometer

37 Entspricht rund 98 Kilometer
38 Entspricht rund 9.080 Kilogramm
39 Entspricht rund 7,6 bis 15,2 Meter Höhe
40 Entspricht rund 280 Kilometer pro Stunde
41 Der Deputy Chief of Mission sagte später: »When I saw the words Marines on the sides of those large helicopters, I knew we were safe.« Übersetzung: »Als ich die Worte ›Marines‹ auf der Seite der großen Hubschrauber sehen konnte, wusste ich, wir sind sicher.«
42 380 nautische Meilen entsprechen rund 703 Kilometer
43 Als Strömungsabriss (englisch: *stall*) bezeichnet man in der Aerodynamik die Ablösung der Luftströmung vom Flügel. Es wird in der Folge zu wenig Auftrieb produziert, was zu einer instabilen Fluglage und im schlimmsten Fall zum Absturz führen kann.
44 Entspricht rund 230 Stundenkilometer
45 Entspricht rund 28 Stundenkilometer
46 Die technische und praktische Reichweite der Übermittlungsgeräte an Bord der CH-53E reichten lediglich für eine Aufnahme der Verbindung zu den Schiffen der US Navy innerhalb einer Distanz von rund 75 Meilen (knapp 140 Kilometer). Auch das primäre Langstreckennavigationssystem OMEGA des CH-53 war für diesen Einsatz nicht ausgelegt. Da es auf bodengestützte Sender basiert und der Indische Ozean in dieser Region zu wenig mit entsprechenden Sendern versehen war, konnte eine Navigation nur mit Unterstützung der ebenfalls in dieser Region fliegenden Tankern und Gunships sichergestellt werden. Auch verfügten die Flugzeuge und die Hubschrauber über keine gesicherten Übermittlungskanäle, weshalb alle Funkverbindungen über quasi »offene Kanäle« ungeschützt abliefen.
47 Vier Amerikaner, ein philippinische Staatsangehörige und 17 Kenianer
48 Die ursprüngliche Planung der Operation »Eastern Exit« sah vor, die Evakuierten, einmal auf die US-Kriegsschiffe gebracht, nach Mombasa zu bringen und in Kenia an Land gehen zu lassen. Eine Meldung der Kenianer, keine Somalis an Land zu lassen, führte zu weiteren Komplikationen. Wäre diese Variante durchgeführt worden, so hätte die Gefahr bestanden, dass somalische Staatsbürger ohne Beziehungen zu den USA oder zu anderen Staaten auf den US-Kriegsschiffen festsitzen würden.
49 Counterintelligence Team (CIT)
50 Der Rückzug der Scharfschützen wie auch das Verhalten der restlichen US Marines und US Navy Seal ist ein sehr gutes Beispiel eines deeskalierenden Verhaltens. Gemäß den ROE hätte das Team das Feuer erwidern können. Die Folgen wären nicht absehbar gewesen.
51 Kein leichtes Unterfangen, wie sich herausstellen sollte. Es fehlte ein zentraler Schalter für das Licht auf dem Gelände. Die US Marines mussten von Gebäude zu Gebäude gehen und die Lichter löschen. Das Licht zu einem Gebäude konnte zum Beispiel nur durch Kappen des Stromkabels gelöscht werden.
52 Die Wichtigkeit der NVG unterstreicht auch der Umstand, dass die 60 Mann mit mehr als einem NVG in den Einsatz geflogen sind. So führte zum Beispiel eine Gruppe von elf US Marines 17 NVG mit sich.
53 Viele Haustiere werden durch ihre Besitzer getötet. Ein Hund stirbt nach Abgabe von Gift nicht, weshalb ein US Marine dem Tier die Kehle durchschneiden muss, um es von seinen Qualen zu erlösen.
54 Entspricht rund 48 Kilometer
55 Entspricht rund 45 Meter über dem Grund
56 Entspricht rund 15.2 Meter Höhe
57 Entspricht knapp 150 Stundenkilometer
58 Der Empfang der Männer, Frauen und Kinder erforderte einiges an Planung und Organisation. Am 4. Januar 1991 wurde aus diesem Grund ein Testlauf durchgeführt, um bei dem zu erwartenden Andrang Erfahrungen zu sammeln. 50 Freiwillige übernahmen die Rolle der angekommenen Evakuierten. Mehrsprachige Angehörige der US Navy und des USMC wurden unter der Besatzung gesucht, welche in der Übung als auch im Ernstfall die Rolle der Übersetzer wahr-

nehmen sollten. Mediziner standen bereit. Die großzügige und gut ausgestattete Krankenstation der USS GUAM war für den Fall eines Massenandrangs entsprechend vorbereitet. Die Piloten der SEA KNIGHT wurden angehalten, etwaige Verletzte schon während des Überfluges zu melden. Auch später während der Überfahrt nach Oman war der Betreuungsaufwand groß. Aufgrund von Sicherheitsbestimmungen durften die Zivilisten nicht ohne Begleitung die genau definierten Aufenthaltsräume verlassen. Über 200 freiwillige Angehörige der US-Streitkräfte stellten sich zur Verfügung, den Zivilisten die Zeit auf dem Kriegsschiff so einfach wie möglich zu gestalten.

59 Einige Personen benötigten medizinische Hilfe. Unter anderem eine amerikanische Frau, welche vor der Evakuierung durch einen Schuss verletzt worden war, und ein Mann, welcher zusammengeschlagen wurde.

60 Zivilisten aus über 30 Ländern wurden in mehreren Wellen aus dem Gelände der US-Botschaft auf die beiden US-Kriegsschiffe vor der Küste Somalias geflogen. Angehörige aus folgenden Ländern wurden durch die US-Streitkräfte evakuiert (in den Klammern die Anzahl):
Belgien (1), Kanada (1), Kolumbien (1), Dänemark (6), Äthiopien (1), Frankreich (2), Deutschland (26), Ghana (1), Indien (6), Italien (15), Kenia (17), Kuwait (7), Liberia (1), Niederlande (1), Nigeria (5), Norwegen (1), Oman (2), Pakistan (1), Philippinen (2), Portugal (2), Katar (1), Somalia (25), Sri Lanka (1), Sudan (26), Schweden (1), Tansania (1), Thailand (1), Türkei (5), Vereinigte Arabische Emirate (2), Großbritannien (17), Vereinigte Staaten (61), Sowjetunion (39). Insgesamt 281 Personen: 162 Männer, 82 Frauen und 37 Kinder.

Danksagung des Autors

Nachdem ich im April 2004 in der Verlagsgruppe Köhler/Mittler mein erstes Buch »Kommandounternehmen – Spezialeinheiten im weltweiten Einsatz« veröffentlichen konnte, erhielt ich viele Reaktionen. Diese Erfahrungen sowie neue Kontakte bekräftigten mich in der Absicht, ein zweites Buch mit neuen Fallbeispielen zu schreiben.

Der ganze Prozess von der Idee, der Planung, der Recherchen, den Treffen sowie dem Schreiben hat mit einer Operation von Spezialeinheiten eine wichtige Gemeinsamkeit. Eine solche Aufgabe ist nicht alleine machbar. Dabei durfte ich erneut auf bewährte Unterstützung von Personen zählen, die schon bei meinem ersten Buch mit von der Partie waren, sowie Personen, welche neu hinzukamen.

Es ist mir deshalb wiederum eine große Freude, einer Reihe von Personen und Institutionen für ihre wertvolle Unterstützung zu danken.

Von Anfang an dabei und für deren Hilfe und Unterstützung ich mich ganz herzlich bedanken möchte, waren Dr. Jürg Stüssi-Lauterburg, Chef der Bibliothek am Guisanplatz, vormals Eidgenössische Militärbibliothek, des Departements Verteidigung, Bevölkerungsschutz und Sport (VBS), in Bern. Seine Ratschläge und seine Kritik haben mich wiederum angespornt, das Ziel nie aus den Augen zu verlieren. Der Dank gilt auch ausdrücklich seinem Team, welches mich in den Recherchen stets unterstützt hat.

Oberstleutnant a. D. Erich Grätzer, Gründer und erster Kommandant der einzigen Fallschirmspringer-Spezialeinheit der Schweizer Armee, der damaligen Fallschirm Grenadier Kompanie 17, war wie beim ersten Buch von Anfang an dabei.

Für die Kontakte in die USA gilt mein Dank Thomas Hofmänner sowie der Public Affairs, Abteilung der Botschaft der Vereinigten Staaten, in Bern.

Für das kritische Gegenlesen danke ich Jürg Kürsener, ehemaliger wissenschaftlicher Berater des Chefs der Armee, Markus Hungerbühler, den ich als ehemaligen Legal Adviser der Task Force SUMA 2005 in Indonesien kennen gelernt habe, Lukas Fürrer, Stellvertretender Verteidigungsattaché der Schweizer Armee in Washington, USA, sowie Lea Wertheimer und Barbara Signori. Sie alle haben in ihrer Freizeit mein Projekt unterstützt. Mein Dank gehört auch Margrit Roth für das Gastrecht. Ein Teil meiner Texte habe ich in der Abgeschiedenheit und der Ruhe der Winterpause in ihrem Hotel »La palombe« im Languedoc geschrieben.

Ich danke der Polizei des Kantons Bern für die Unterstützung.

Weitere wichtige Personen, die ich nicht vergessen will und denen auf unterschiedliche Art und Weise mein Dank für die vergangenen Jahre seit dem ersten Buch gehören, sind mein Grafiker, der namentlich nicht genannt werden will, »deine Grafiken sind ein Mehrwert für das Buch«, das Wolfsrudel sowie »azura«.

In den USA danke ich Mike Doolittle aus CT, Bob Donahue aus ME, Mike aus FL und einigen mehr.

Ein Buchprojekt ist nicht realisierbar, ohne die Unterstützung eines Verlags. Ich danke auch dem Verlagshaus Köhler & Mittler für die erneute Möglichkeit, mein zweites Buch bei Ihnen verlegen zu lassen.

Darüber hinaus danke ich all jenen, die ausdrücklich nicht erwähnt werden wollen und es – wie in ihrer militärischen Tätigkeit – vorziehen, im »Schatten zu bleiben«. Sie haben mir über meine eigenen Erfahrungen und Kenntnisse hinaus Rede und Antwort gestanden. Für dieses Vertrauen danke ich ihnen sehr.

April 2010 Kaj-Gunnar Sievert